丁帆 著

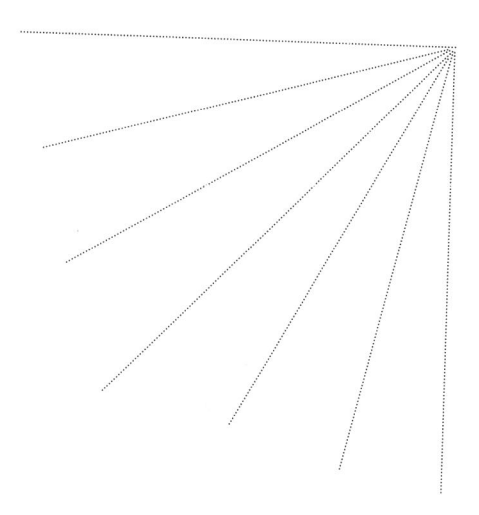

把世界留给
黑暗 与 我

丁帆书评集

译林出版社

图书在版编目（CIP）数据

把世界留给黑暗与我：丁帆书评集 / 丁帆著.
南京：译林出版社，2025.5. -- ISBN 978-7-5753
-0257-9

Ⅰ.G236

中国国家版本馆CIP数据核字第2024C6U752号

把世界留给黑暗与我　丁帆／著

责任编辑　魏　玮
装帧设计　陆　莹
校　　对　蒋　燕　王　敏
责任印制　闻媛媛

出版发行	译林出版社
地　　址	南京市湖南路1号A楼
邮　　箱	yilin@yilin.com
网　　址	www.yilin.com
市场热线	025-86633278
排　　版	南京展望文化发展有限公司
印　　刷	南京爱德印刷有限公司
开　　本	850毫米×1168毫米 1/32
印　　张	10
插　　页	4
版　　次	2025年5月第1版
印　　次	2025年5月第1次印刷
书　　号	ISBN 978-7-5753-0257-9
定　　价	68.00元

版权所有·侵权必究

译林版图书若有印装错误可向出版社调换。质量热线：025-83658316

目 录

辑一　重读经典

拯救与反叛
—— 重读《牛虻》　3

怎样确定历史的和美学的坐标
—— 重读《钢铁是怎样炼成的》　42

瓦尔登湖旋舞曲　50

梭罗：把世界留给黑暗与我　55

辑二　今天，我们怎样阅读

突破文化沟通的屏障
—— 读《我的米海尔》　65

读《冠军早餐》和《囚鸟》　67

基督的再生与永恒
—— 读《基督的最后诱惑》　70

"人性因素是杰作所不可或缺的"
——肯尼斯·克拉克《何为杰作》的
  当代性阐释　　　　　　　　　74

现实世界中作家的历史倒影
——《文学法兰西：一种文化的诞生》读札　85

新世纪中国文学应该如何表现"风景"
——读《风景与认同：英国民族与阶级地理》　94

辑三　知识分子的幽灵

思想误植的背后
——读《赛义德笔下的知识分子》　　125

怎样看待知识分子与僭主政治
——读里拉《当知识分子遇到政治》　　130

消逝的知识分子就消逝在大学里？
——《最后的知识分子》读札　　135

文学艺术的暴力与现代乌托邦的反思（上）
——以约翰·凯里《知识分子与大众：
  文学知识界的傲慢与偏见，1880—1939》
  为案例　　　　　　　　　　148

文学艺术的暴力与现代乌托邦的反思（下）
——以约翰·凯里《知识分子与大众：
  文学知识界的傲慢与偏见，1880—1939》
  为案例　　　　　　　　　　173

辑四 文学与革命

歌者因何而歌：赫尔岑的自由观
—— 读伯林《俄国思想家》之一　　211

"理性万岁，但愿黑暗消灭"：别林斯基的批评
—— 读伯林《俄国思想家》之二　　220

"白银时代"文学的最后回望者（一）
—— 解读伯林《苏联的心灵：共产主义时代的俄国文化》并与中国现代文学比较　　239

"白银时代"文学的最后回望者（二）
—— 解读伯林《苏联的心灵：共产主义时代的俄国文化》并与中国现代文学比较　　255

高尔基告诉作家："一切在于人，一切为了人！"
—— "十月革命"前后的高尔基　　271

高尔基又告诉作家："敌人不投降，就叫他灭亡！"
—— 1928年以后的高尔基　　283

以革命的名义去完善人性的理想
—— 汉娜·阿伦特《论革命》　　296

辑一 重读经典

拯救与反叛

——重读《牛虻》

引 子

《文艺报》让我撰写关于"重读经典"的文章,这个提议立马触动了我最敏感的神经。要说对我一生影响最大的文学作品,那就是艾捷尔·丽莲·伏尼契的长篇小说《牛虻》了,它在我的人生成长道路上,在我世界观的形成中,在我价值观的定位上,都留下不可磨灭的印迹,它是我文学思想启蒙的"圣经"。

1966 年,我们得到了一批只可私下偷偷阅读而不可言传的"枕边书",于是,这本读得似懂非懂的《牛虻》,就成为我在那个时代叛逆心理的历史见证。最初阅读时,我是有负罪感的,并不敢也不能与别人来讨论这本小说的好坏,更不可能意识到它"革命加恋爱"的背后,隐藏着的人性拯救和自我救赎的主题内涵,因为我没有那种能力和境界。

1968年10月下乡插队时,我带着这本"黄书"踏上了"九九艳阳天"的生活征程,这个细节我在三十年前的随笔之中就描述过,在2023年《当代》文学杂志"乡村风景"专栏的开篇之作《驶往浪漫的夜航船》里,我又一次复述了初读《牛虻》的懵懵懂懂。无疑,是这本"黄书"陪伴着我度过了六年艰难的岁月,可以毫不夸张地说,没有这本书,我也许活不到今天,更不可能走上文学的道路。而且,这部小说让我深深地爱上了浪漫悲剧审美的文学,一个人能够在悲剧中屹立不倒,那才是真正的英雄,那一刻,这种"个体无意识"就深深地扎入我的文学审美观念中。即便是像《红与黑》中于连那样的在道德上有瑕疵的人,也仍然不失为一个悲剧英雄的形象。当玛蒂尔德小姐亲吻着于连的头颅时,那不只是爱情的力量。正是这种为自身人生道路而牺牲的精神,让人物站立起来了!于连虽然不是道德的英雄,但却是一个敢于为自己的人生道路献出头颅的悲剧英雄。所以,我1979年在《文学评论》杂志上发表的第一篇论文,其核心观念就是以埃斯库罗斯的悲剧观来审视作家作品。

当年我只是被小说主人公亚瑟悲惨的生活遭遇和坚忍不拔的意志深深地感动,从直觉上感受到人在苦难的境遇中,只能靠着自己坚强的意志活下去的真谛。亚瑟拒绝了别人的拯救,与从小浸入骨髓里的宗教永别,思想的反叛,让他走上了既不同于资产阶级革命，又不同于无产阶级革命的道路。革命的目的是什么？直到上世纪90年代，我才悟出了这本书的真正含义——拯救人性才是人类一切革命的终极目标。

同样是"革命加恋爱"题材的小说，亚瑟式的"出走"却要比《青春之歌》里林道静单纯的"五四"式的"出走"深刻得多，也比老鬼《血色黄昏》的从"出走"到"回归"更有思想的广度、力度和深度。从中国百年文学史的角度来看，真正有深度的"五四"式"出走"题材的作品应属茅盾的《蚀》三部曲和短篇小说集《野蔷薇》，但是，同样是通过历史的大事件，在虚构和非虚构之间营造故事情节和塑造人物，茅盾的悲剧作品中虽有强烈的浪漫悲剧色彩，虽有思想和审美的力度，但是比起《牛虻》来，悲剧中的思想穿透力，人物的精神"复活"与升华的境界，还是有很大差距的。

在我的人生道路上，牛虻式的救赎与自我救赎，成为我价值观的坐标，也让我像牛虻那样，从宗教的迷狂中走出思想的中世纪。

为了重读这部长篇小说，我把中国青年出版社1953年7月第1版的竖排版《牛虻》，和译林出版社1995年6月第1版的横排版进行对读，试图将其连缀成一篇个人阅读史的文字，以期反映出各个时代阅读语境不同而造成的阅读效果的差异性。1966年至1977年为第一阶段，1977年后至2000年前后为第二阶段，2020年以后为第三阶段。

一

我本想略去 1966 年懵懵懂懂阅读时的感受，因为那时我汲取的只是男主人公坚强的意志和人性品格，以及他对恋人表面冷酷而内心炽烈的表达方式。但是，从版本学的角度来考察当年阅读的版本，也许我们仍然可以看到那个时代的阅读环境对理解《牛虻》的影响。

当年我们看到的译本都是从苏联转译过来的俄译版本，坊间传说这部作品在英国绝版了，是第二次世界大战期间，一名苏联记者在美国发现了贫困交加的作者伏尼契，才让《牛虻》得以在上世纪 40 年代的苏联和 50 年代的中国复活。这种说法明显就是一种不靠谱的谣传，因为《牛虻》1897 年在英国出版，1898 年就有了俄译本，那时一战还没有开始呢。

1953 年中青社的版本译者是李俍民先生，我以为他的译笔还是不错的，因为他是以俄译本为蓝本，并参照了英译本进行翻译的。但是，受到苏联文学理论的影响，译者和出版方在"出版者的话"里说："本书是依据一种英文原本（纽约 Grosset & Dunlap 的版本）并参照两种俄译本（苏联青年近卫军出版局 1950 年的版本和苏俄国家儿童出版局 1949 年的版本）翻译和校订的。原本上原有作者的几句序言，说明她对那些帮助她搜集资料的机关人员表示感谢。本书略去了这段序言，另外采用了儿童出版局的俄译本上叶戈洛娃所写的序文。……本书的插图都采自青年近卫军出版局的俄译本，注文也大多是就这个俄译本上的注文加以补充的。两种俄译本都把原文里一些宗教气氛过浓和一些跟主要情节无关的繁琐的描写删节了，只是删节的地方不尽相同。我们以为这种删节并不违背原著的精神，而且为了照顾读者的接受能力，是必要的。所以我们也根据青年近卫军出版局的俄译本，将译文作了一些删节。"毫无疑问，他们是把蓝本和参照本本末倒置了。

正是这样的说明，致使当初像我这样接受能力较差的读者，对时代背景和宗教的认知停留在了革命党对敌的肤浅认知层面上，甚至认为这个青年意大利党人就是推翻宗教组织的意大利共产主义党人。作品的"序"中只字未提这是一场资产阶级的革命，以当年中学生的理解能力和判断能力，我们认为只有无产阶级才是唯物主义的无神论者，有神论是属于资产阶级唯心主义的，并不知道许多资产阶级党人也是无神论者。尽管耶·叶戈洛娃在其序言里作了背景介绍，但是那模棱两可的背景交代让我们这些非专业且接受能力差的读者，产生了更加错位的误读。尤其是扉页中间那四行醒目的大字把这本书的主题定性烘托出来了：

但就《牛虻》的本质，就他的强毅、他那种忍受考验的无限力量，以及能受苦而毫不诉苦的人的典型而言，我是赞成的。我赞成那种认为个人的事情丝毫不能与全体的事业相比的革命者的典型。

——引自《钢铁是怎样炼成的》

毫无疑问,上世纪60年代初,我们读到的外国风行小说,大多为俄国作品,从他们的"黄金时代"的普希金,到"白银时代"的诸多作家作品。一些作品因种种原因,并没有及时翻译过来,比如与《牛虻》极其相似的自传体长篇小说,1933年就出版的诺贝尔文学奖得主蒲宁的《阿尔谢尼耶夫的一生》,直到2004年,才由译林出版社首译成中译本,以及"卫国战争"中大量的战争题材小说曾经在上世纪五六十年代流行,及至1977年,瓦西里耶夫的《这里的黎明静悄悄》才在中国的《世界文学》上分两期转载,虽然是"供批判用",却给我们带来了极大的震撼,尤其是看到他后来出版的长篇小说《未列入名册》,真正的现实主义英雄的感召力便超越了奥斯特洛夫斯基的《钢铁是怎样炼成的》。

其实,对我们这一代人影响最大的并不是高尔基的小说,也不是契诃夫的小说,更不是托尔斯泰的《战争与和平》《复活》《安娜·卡列尼娜》,而是奥斯特洛夫斯基的自传体长篇小说《钢铁是怎样炼成的》,从1952年到1995年,此书的中译本在我国就印刷过57次,总计250万册。其小说中的箴言,往往成为抄写在精美日记本扉页上的人生金句,用以勉励自己,或作为赠送给朋友的纪念礼物：

> 人最宝贵的是生命。生命对于每一个人只有一次，人的一生应该这样度过：当回忆往事的时候，他不会因为虚度年华而悔恨，也不会因为碌碌无为而羞愧；在临死的时候，他能够说："我的生命和全部精力都献给了世界上壮丽的事业——为人类的解放事业而斗争。"

后来，最后一句改成了流行的大标语"为共产主义事业奋斗终生"，正是在这样"红色经典"的文学教育环境中，我们走在社会主义的大路上。然而，那时的中学生却鲜有人去读《牛虻》，除了像流氓宋宝琦这样的糊涂人外，视其为黄色书籍者并不多，60年代前期，人们把阅读的注意力都集中在"红色经典"上了。

无疑，在《牛虻》内容提要中，突出了牛虻的革命英雄主义精神，我1966年偷读时，就误把牛虻当成了光辉形象，比苏联女英雄卓娅和中国小说《红岩》中的江姐和许云峰还要坚强的英雄形象。他独来独往、神出鬼没的性格特征，让青少年更加痴迷神往。

我们这些当年不通版本学的初浅阅读者，阅读时并不理解小说的背景对理解作品的意义，也并不知晓这两部作品写作的先后，还以为《钢铁是怎样炼成的》出版于《牛虻》之前，加上推广宣传奥斯特洛夫斯基的英雄事迹，便使他的小说更加有权威性。

所以，当我在1966年读完《牛虻》时，便一头雾水，明明是歌颂革命英雄主义的作品，怎么就成了"黄书"？由此而产生了许许多多的疑问，比如，在耶·叶戈洛娃的"序"中，她将牛虻的亲生父亲蒙泰尼里当作革命的主要政敌的言论，引导我们在阅读过程中，处处都对这个虚伪的红衣大主教产生了巨大的愤恨。然而，让我不能理解的是，蒙泰尼里最后的疯狂忏悔，难道是假的？他以自己的死来洗刷自己的罪孽，这是为什么啊？直到上世纪90年代以后，我才有了一把打开人性密码的钥匙。

那幅加彩的封面插图（书中的第五幅插图）——两个火枪手在射击，一个是牛虻持单枪射击，另一个是持双枪开火，让我断定此书一定是外国的战斗故事。尚武时代我们渴望成为英雄，现实生活中没有战争，我们就在小说故事中寻找，除了《水浒传》《三国演义》《三侠五义》《七侠五义》，就是红色经典的战斗故事了，听说过《三个火枪手》，但没看过，这个封面图就使我产生了好奇。

值得庆幸的是，这本外国书中有七幅插图，插图不仅大大增加了阅读兴趣，也帮助读者增强对作品的记忆。刘心武的短篇小说《班主任》中"流氓学生"宋宝琦就是从插图入手，把小说《牛虻》曲解成流氓小说的。当然，这是一个反面例证，却也使我不禁想到，插图本小说作品的这个优良传统，在中国百年小说史上丢失了多少年，如果说在那些贫困的时代里，不堪承受印刷成本的昂贵，那么，在富裕的时代里，成人书籍中加几幅插图也不是什么奢侈的事情，可是如今无人理睬这个，连当年套用苏联青年近卫军出版局版本的插图的勇气都丢失了。殊不知，这七幅插图恰恰就是作品主题的形象化阐释，同时，也增强了小说的视觉冲击力。

那年，我读的是1953年竖排版的《牛虻》，虽然阅读时容易错行，但是，此书有一个十分优良的传统，让我们这些当年接受能力差的读者十分受用——西方小说在正文前列出的"人名表"，一下子就让你厘清了小说人物的关系。这大概是借鉴话剧演出前给每个观众发一张剧情介绍的惯例吧，观众进场前就拿到一份节目单，其中"人物表"和"剧情介绍"是必不可少的。这样方便读者阅读的好形式，却在我们百年小说史上消失了。在此，我强烈呼吁作家和出版社恢复这种长篇小说不可或缺的优良传统。

那段岁月里，我们这一代少年阅读者，只是追求小说中的故事情节，对故事发生的时代背景根本就不感兴趣。《牛虻》成书于1897年，作者虽然生于爱尔兰，但是，那个时代爱尔兰是属于英国的，所以，艾捷尔·丽莲·伏尼契应该属于英国国籍。但是，我注意到了一个细节，那就是1953年版的《牛虻》版权页上赫然写着"著者 英国"的字样，而爱尔兰正式脱离英国是1949年4月18日，比中华人民共和国1949年10月1日成立早五个多月，为什么1953年中国青年出版社还是把作者说成是英国作家呢？我猜想，无非是几个原因：一是原著作者注明自己就是英国国籍，为尊重原著，尊重作者，译者李俍民和中青社这样翻译是对的，但是，在封面处理上采取的是直接注明作者名字，不写国籍，也是一种策略吧；二是这部书的翻译工作绝不是在1949年开始的，我推算至少是在1948年以前，所以版权页上标成英国国籍是说得过去的；三是作者死于1960年，译者和出版社完全有机会与原作者进行沟通，为什么没有改成爱尔兰，就不言自明了。可是上世纪90年代后，许多译本将其国籍篡改为英国，这显然是不尊重历史的表现。

1966年至1977年，我虽然只是浅显地去解读作品的思想内涵，但牛虻这个革命者的形象却给了我在人生苦难中活下去的勇气，我多么渴望像牛虻一样从"出走"中"复活"成另一个"自我"，回到人世间，以一个批评家的姿态，在现实生活中成为一个独立的、大写的"人"，形成他那种批评世界与人的讽刺风格。

我的许多学生在酒酣之际说，我很多时候说话太刻薄了，是的，他们没有看到我身后拖着牛虻那道长长的身影。

在重大的历史事件中，将人物原型进行艺术的加工，这是西方"史诗小说"的一大特点，也就是说，在虚构和非虚构之间搭起一座艺术审美的桥梁。这种"艺术的桥接"，却没有在中国长篇小说中得到充分的利用和展开，无疑，这是非常遗憾的事情。从这一点上来说，无论是托尔斯泰的《战争与和平》，还是雨果的《悲惨世界》，都是伏尼契的《牛虻》的先行者，从这个意义上来说，我们阅读《牛虻》时，如果不知道作者伏尼契是在六十五年后的1897年去书写从1832年开始的革命运动，从青年意大利党（前"烧炭党"）人玛志尼领导的多次武装起义中，塑造了牛虻这个具有特殊性格的个人英雄主义者，我们就无法理解这部作品的真实内涵。正如苏联文学批评家叶戈洛娃在俄译本的"序"中所言："1833年塔斯加尼事件，构成了长篇小说《牛虻》第一卷的历史背景。"

但是，带着某种时代意识形态印迹来对作品进行过度阐释，就会损害原著"人性的、历史的和审美的"真实表达。

我们初读1953年《牛虻》译本，及叶戈洛娃的"序"的时候，正是斯大林时代对"革命文学"进行格式化的时代，也正是"社会主义现实主义"文学理论在中国文坛大行其道的时代，于是，塑造革命英雄主义的热潮让人们激动不已，成为一种"集体无意识"，所以，在整个20世纪的后半叶，我们都沉浸在苏式的《牛虻》导读中："但是这本书的价值，并不在于对他们个人命运的描写，伏尼契创造了一部浸透着革命英雄主义的作品。这部长篇小说中最优秀的篇幅，就是描写牛虻为意大利人民忍受苦难和英勇牺牲的那些故事。牛虻的强毅和无畏，他那钢铁似的坚韧力量，他那对敌人的憎恨和轻蔑，以及不为任何拷打凌虐所屈的骄傲而且伟大的精神，是极其壮丽的。"是的，这样的解读影响了中国几代读者，像我这样一直在模糊意识中度过半生甚至一生的读者是很多很多的。直至上世纪末，再次进行专业性阅读的时刻，才完全颠覆了叶戈洛娃的宣传性的导语。小说中牛虻引用莎士比亚戏剧中的那句台词，让我猛然醒悟："假如我必须死，我会把黑暗当作新娘。"

还有，叶戈洛娃说："在青年意大利党成立的二十年以后，马克思曾批评玛志尼忘记了意大利农民，说他'只知道城市，只知道城市里的自由主义的贵族和有知识的公民'。"殊不知，叶氏犯了一个常识性的错误，她把真实世界中马克思批评青年意大利党人所犯的政治错误，与虚构作品中的主角挂上了钩，忽视了文学作品的虚构审美是超越现实世界的常识。而且，与那些夸夸其谈的革命党人不同的地方，正是牛虻在底层生活过，与那些苦难的农民以及生活在底层的三教九流都有着密切的来往，苦难的生活让他切切实实地认识到了人生和人性的本质，所以他才嘲笑和批评那些空谈政治的革命党人的浅薄和愚昧，因为，人生的经验让牛虻知道革命真正的动力，就是在意大利边境上活动的那些可以为革命做出无畏牺牲的"山民"和"走私军火者"等下等人那里。

二

1977年底，刘心武短篇小说《班主任》的问世，犹如一声春雷，掀开了"伤痕文学"的序幕，记得那一天，我刚拿到个人订阅的《人民文学》第11期，便躺在宿舍的床上，一口气读完了这篇短篇小说，尤其让我震撼的是，小说直接发出的"救救被'四人帮'坑害了的孩子"的强音，让我沉思许久。

无疑,《班主任》这篇小说的核心内容,就是围绕着对小说《牛虻》不同的态度而展开的思想交锋,尤其是"好学生"谢惠敏和"流氓学生"宋宝琦,在那个时代里,对《牛虻》是"黄色小说"的看法却是惊人一致,这让我不得不重读《牛虻》。

在《班主任》中,我不仅看到了牛虻在那个时代凄凉的背影,还寻觅到了自身潜意识中始终找不到的逆反心理,尽管我和小说作者持有共同的疑惑和价值判断,但是,我坚信那并不是一部"黄色作品"。当然,由于这篇小说提出的价值判断的疑问,为日后大批"革命加恋爱"的世界名著解禁起了不可磨灭的历史作用,由此为文坛批评的批判性思维,打开了思想禁锢的大门。

显然,《牛虻》有三条主线并行:一条是从天真无邪的少年亚瑟到满脸疤痕的列瓦雷士(绰号"牛虻")的神秘曲折的人生苦难故事描写;另一条是男女主人公亚瑟和琼玛的爱情故事描写;再一条就是亚瑟与蒙泰尼里的父子感情与信仰纠葛的故事描写。

《班主任》围绕着《牛虻》究竟是不是"黄书"这个核心情节而展开,显然,这就是我们这一代在少年时期所经历的思想历程,谢惠敏和宋宝琦们的判断也代表着当时许许多多中学生,以及大多数读过这部作品的读者的普遍看法。幸运的是,我在"出走"时代里生成的叛逆心理,让我在十年前的1968年,就带着这本不可对他人言的人生"圣经",走向了广阔天地,因为我想做像牛虻一样的个人英雄。

当我读到班主任张老师的中学时代,也就是50年代,许多人都没有仔细读过这本书，只听别人朗诵过片段，不由得露出了一丝得意的微笑，不应该啊，上世纪50年代不正是苏联文学在中国畅销的时代吗，连奥斯特洛夫斯基都赞扬过的书籍，那是共青团的必读书呀。当然，正是张老师犹豫不定的思绪和谨慎的判断，才有了改变《牛虻》是"黄书"的契机，作者刘心武为《牛虻》翻案的可能性才能成立，其发出的时代最强音"救救被'四人帮'坑害了的孩子"才能成为"新时期文学"的第一声号角，尽管小说《班主任》在艺术上还不够完美，但其在文学史上的地位却是不容置疑的。

正是这篇小说中的中学生对《牛虻》的"抹黄"震撼了我的心灵，我才开始了为五六十年代小说翻案的重评工作。所幸的是，《班主任》发表两年之际，1979年第5期的《文学评论》杂志上同时刊登了刘心武的创作谈，以及我为上海老作家峻青翻案的文章《论峻青短篇小说的艺术风格》。

无疑，那个时刻，当我读到从"流氓学生"宋宝琦那里搜查出来的"黄书"《牛虻》的时候，我的阅读情绪立马就兴奋起来了。

谢惠敏感到张老师神情有点异常，忙把那本书要过来翻看。她以前没听说过，更没看见过这本书。她见里头有外国男女谈恋爱的插图，不禁惊叫起来："哎呀！真黄！明天得狠批这本黄书！"

张老师皱起眉头，思索着。他回忆起自己中学时代的情况。那时候，团支部曾向班上同学们推荐过这本小说……围坐在篝火旁，大伙用青春的热情轮流朗读过它；倚扶着万里长城的城堞，大伙热烈地讨论过"牛虻"这个人物的优缺点……这本英国女作家伏尼契写成的作品，曾激励过当年的张老师和他的同辈人，他们曾从小说主人公的形象中，汲取过向上的力量……也许，当年对这本小说的缺点批判不够？也许，当年对小说的精华部分理解得也不够准确、不够深刻？……但，不管怎么说——张老师想到这儿，忍不住对谢惠敏开口分辩道："这本《牛虻》可不能说成是黄书……"

显然，作家刘心武是想在这篇小说里为《牛虻》正名，因为整整一代的中国青少年都将这部纯而又纯的小说当成了黄色书籍，这一点并不可笑，因为那是一个黑白颠倒的时代，也许正是一种隐匿的叛逆性格，以及所遭遇的人生逆境，让我对这部作品有了不可与他人言的截然不同的看法。

然而，班主任张老师是我们前一辈人，他竟然也在经历了"文化大革命"的风暴后，产生了"也许，当年对这本小说的缺点批判不够"这样的疑惑，便让我当年就产生了这样的疑问：难道我们只是要"救救被'四人帮'坑害了的孩子"？那些曾经经历过文化劫难的前辈人，包括有点犹疑的张老师在内的许许多多有识者，就不需要拯救吗？

也许如今的读者无法理解，那个时代中学生里的好学生和坏学生，为什么对《牛虻》的评价会是惊人的一致，都认为这部书是黄色作品。尽管其出发点不一致，却得出同样愚昧无知的答案。

宋宝琦从中汲取的是什么呢？作为一个被派出所抓去的流氓学生，他倒是有反叛意识的，他甚至连书中的许多字都不认识，更不懂这本书表达了什么思想内容，却在对班主任张老师的坦白交代过程中，把他偷来这部作品的阅读动机讲得很清楚了。

张老师翻动着《牛虻》，责问宋宝琦："给这插图上的妇女全画上胡子，算干什么呢？你是怎么想的呢？"

宋宝琦垂下眼皮，认罪地说："我们比赛来着，一人拿一本，翻画儿，翻着女的就画，谁画的多，谁运气就好……"

张老师愤然注视着宋宝琦，一时说不出话来。宋宝琦抬起眼皮偷觑了张老师一眼，以为一定是自己的态度还不够老实，忙补充说："我们不对，我们不该看这黄书……我们算命，看谁先交上女朋友……我再也不敢了！"

是的，在那个美丑不分的文化专制时代里，倘若从"犯罪"心理学的角度解剖宋宝琦这样无知的少年犯，"看谁先交上女朋友"的动机，显然就是一种流氓犯罪行为。给插图上的女人画上胡子就会有桃花运，这样的荒唐举止，也只有在那个"男女之大防"的时代才会有。外国女人皆"黄"，他可以随意去亵渎，而满大街样板戏宣传画上的女人，他敢去涂抹吗？那是"现行反革命"行为。

其实，旧版《牛虻》中的七幅插图里只有两幅是关于琼玛的，一幅出现在第126页后，那是革命党人正在讨论问题，却被窗外一群走江湖的马戏班卖艺人的喧嚣声打断了，尤其是杂耍班里那个驼背小丑，引起了牛虻痛苦的回忆，琼玛和牛虻探头向窗外望去的瞬间，成为这幅插图的中心构图，这是琼玛朦朦胧胧地意识到，眼前的列瓦雷士就是当年死去的亚瑟的那一刻，牛虻下意识地握住了琼玛的手，那时，我多么想让牛虻向琼玛倾诉他十几年来的痛苦遭遇啊，然而，作者就是不解开这个谜团。宋宝琦们却在琼玛的嘴上画上胡子，他们无知的下意识行为，既是对那个缺乏人性的时代的病态反叛，同时又是对人性美的一种亵渎。

另一幅就是第206页的第四幅画，它在这部小说第二卷的最后，正是牛虻发病很重的那一刻，琼玛在已经确认眼前这位费利斯·列瓦雷士"牛虻"先生，就是当年被她扇了一记耳光，投水自杀的恋人亚瑟时，她在深深的忏悔中投向亚瑟的怀抱："你那脸上的假面具尽管不妨继续保持，如果这对你有什么安慰的话；可是为了你自己，你切不可在灵魂上也戴上一副假面具呀！"当谜团解开之时，我们看到的是一幅摄人心魄的画面，穿着一袭连衣长裙的波拉太太琼玛，被跪在地上的"牛虻"亚瑟亲吻着手腕，那一幕纯洁的爱情画面便永远定格在我的脑海之中，那是我当年对由苦难中得来的悲剧爱情崇高之美的膜拜之情，岂能让别人亵渎呢？

一直到上世纪90年代以后，许多电视剧拍摄了革命时代那些真正的流氓"拍婆子"的故事情节，虽然是那样的"血色浪漫"，但我仍然以为这是对纯真爱情的亵渎。因为，那种行为虽然是对禁忌时代的反叛，其病态的反抗却恰恰又是牛虻所不屑的伪贵族精神。"同情与怜悯"的亚里士多德的悲剧意识，让小说伟大，让人物伟岸。正是从贵族坠入生活最底层所获得的人生经验，才促使牛虻在任何情况下都保持着对下层贫民的深切关怀，而非那种居高临下的伪绅士的关注。这一点，是我生活在农村最底层时，最最深切的人生感受，这些经验胜过我读过的许许多多在逆境中成长的中国小说，包括路遥的《人生》和《平凡的世界》，因为我早已在小说《牛虻》中汲取了这样的人文关怀意识。

其实，牛虻跪在琼玛足下亲吻她的手腕的黑白插图，也看不出它是什么画种，且显不出优美，但那种幽暗的色彩、光影和构图，却是具有爱情悲剧视觉冲击力的。直到1992年在贾平凹家里，他送了一幅第39号《外面的世界很精彩》的《红与黑》设色水墨画给我，它让我立刻想起了《牛虻》中的这第四幅画，不过，匍匐在红色石榴裙下的那个男子是猥琐的，显然，他不想让自己女人的魂魄被外面的世界勾了去。这与亚瑟的头颅直沉到琼玛的臂弯里去，形成了巨大的爱情浪漫悲剧美学的反差。《牛虻》插图画龙点睛之审美功效，是不言而喻的。

当然，谢惠敏这样的"好学生"认为《牛虻》一书也是"黄色"的，那是病态时代里的病态读者的普遍共识。由此我想到的是，文学教育，如果脱离了人性审美，被固化了的意识形态所控制，就会坠入真善美与假恶丑混淆颠倒的困境之中。亚瑟能够走出宗教控制的束缚，走上为自由而战的革命道路，正是作家作品对那个时代僵化的专制文化教育的"二次启蒙"，因为"好学生"谢惠敏比"流氓学生"宋宝琦所受的精神创伤更深，前者是"内伤"，后者是"皮外伤"，从这个角度来看，《班主任》虽然在艺术上并不是精品，但是从文化和文学的启蒙上来说，无疑是为那个是非颠倒的文化时代敲响了警钟。

当然，即使是在 1977 年，我认为刘心武的代言人张老师的认知，还是停留在那个时代的阴影中，并没有透彻解读《牛虻》的真正含义所在，作品的最后，张老师是这么想的："现在，我们不仅要加强课堂教学，使孩子们掌握好课本和课堂上的科学文化知识，获得德、智、体全面发展，不仅要继续带领他们学工、学农，把理论和实践结合起来；而且，还要引导他们注目于更广阔的世界，使他们对人类全部文明成果产生兴趣，具有更高的分析能力，从而成为社会主义革命和社会主义建设的更强有力的接班人……"

几十年来，我们的文学教育缺少的恰恰就是人性的教育，缺乏的是对先进文学作品的人性和审美的观照，变相地篡改了阅读者对文学世界中真善美内涵的阐释，过分地夸大了"资产阶级思想"和"阶级斗争"的作用，就连对资本主义进行"现实主义批判"的作品，也在禁读的范畴之内，这才是谢惠敏那个时代拒绝阅读一切世界文学作品的悲剧后果所在。

当然，我们无法在那个时代，站在今天的高度来重新认识这部也是诉说"革命加恋爱"作品的深刻内涵，因为我们既对革命无知，也对恋爱茫然，就无从认知《牛虻》真正的含义。我们是从红色经典阅读开始了文学之梦，在"革命加恋爱"的小说模式里，我们在革命中汲取的是英雄主义，在恋爱中偷窥的是禁忌的"黄色"描写。我们无法辨识出人性的内涵，更无法具备从美学的角度去看待一件艺术作品的能力。

三

如今，当我再一次阅读《牛虻》的时候，就会被其中所阐释的人性内涵而感动，也就是说，我对这部作品的主题阐释进一步升华了，这不仅是小说本身在书写过程中有意识或是无意识传递出来的思想，也是我在"误读"中发现的新的主题阐释——贯穿小说始终的人性描写才是这本书最大的亮点。它让我对长篇小说"三元素"（亦是红黄蓝"三原色"）的次序进行了重新调整，即以往我是以"历史的、审美的和人性的"为顺序排列的，而2020年以来的世界性大瘟疫的到来，彻底颠覆了我对长篇小说审美三元素的次序排列，我将"人性的"红色元素置于第一位了。因为污秽与血的悲剧，是每一个大变局时代折射出人性的最不可或缺的元素，长篇小说的历史背景事件，往往就是通过红色的血来书写的，它是最能够体现描写对象真善美与假恶丑的思想内涵的元素。从这个角度来重读《牛虻》，我们可能看到的是更有深度的主题思想的表达。

毋庸置疑，在这部"革命加恋爱"蓝色基调的作品中，我们的全部注意力都集中在革命者的英雄主义的"典型性格"上，艰苦卓绝的苦难磨炼，使他成为年轻人的榜样，为建立一个民主自由的共和国，他敢于抛头颅洒热血，正是应合了当年许许多多向往自由的青年人的崇高理想。"生命诚可贵，爱情价更高，若为自由故，二者皆可抛。"裴多菲的这首诗正是对小说《牛虻》的最好阐释，而《钢铁是怎样炼成的》的创作方法和理念也是沿着这条路径走下来的，只不过其信仰是建立在共产主义基础上的。

这种视死如归的革命精神，正如小说中引用莎士比亚的那句台词一样："假如我必须死，我会把黑暗当作新娘。"从这个角度来理解牛虻对琼玛那种近于病态的炽烈爱情，你就会认识到人性的复杂性是建立在"革命加恋爱"的双重悖论中的道理。这正是其他"革命加恋爱"小说中，人物总是以"平面人物"出现，而鲜有"圆形人物"的真正原因。唯有"二重性格组合"的人物塑造，才使得小说进入具有"复调"意味的叙述历程。

其实，反观牛虻对爱情的忠贞，其刻骨铭心、始终不渝的坚定，也是一曲感天动地的颂歌，这朵圣洁的玫瑰，不，应该是一朵从苦难土壤中生长出来的美丽的罂粟花，一直延续到他走上刑场,都始终没有凋谢。也许,有许许多多的读者在小说的"尾声"中读到牛虻,不,是亚瑟,给琼玛最后的遗书时,都会热泪盈眶。开头一句"亲爱的琼",到诉说他对琼玛一生的爱欲,揭开了其独特甚至病态爱情表达方式的谜底,再到最后一句"话已说完。别了,亲爱的",这种爱情的表白,虽然在那个革命年代里,被打上了"黄色"的标记,但其实还是被许多青年偷偷地接受了。所以,牛虻式的爱情,绝不仅仅属于那个革命时代里的谢惠敏和宋宝琦,还属于许多把这种爱情隐藏在潜意识之中的革命青年。"革命加恋爱"的双重悖论,像幽灵那样盘桓在许多读者的心间,虽然是模糊不清的"无意后注意",却也是难以抹杀的事实,正如牛虻在和玛梯尼讨论爱情和革命问题时说的那样:"你还记得德国的一个传说吗?说一个男人看到一个跟他一模一样的幽灵,自己就死了。记得吗?那个幽灵深更半夜出现在他面前,是一个孤寂的地方,那幽灵悲痛欲绝,使劲地搓着自己的手。"这个充满着悖论的幽灵,其实正是人性在"革命加爱情"十字路口彷徨的写照,在为革命而死和为爱情而生之间,牛虻选择的是前者,在这种两难的抉择中,我万分犹豫。自由的信仰,与最真挚崇高的爱情,孰轻孰重,是每一个读者价值观的自由选择,这正是此书的看点所在。两种人性价值的冲突,连作者伏尼契都无法抉择。

这封给恋人的遗书,甚至连署名都没有写,最后留给琼玛的是一首短诗:

> 无论我活着，
> 或者是死亡，
> 我永远都是，
> 快乐的牛虻。

这是他和琼玛小时候背诵的诗歌，显然，此处的签名是多余的，唯有这首诗，才能见证牛虻灵魂深处对琼玛无与伦比的爱情，每次看到这里，我已经是看不清书中的字迹了。爱情是人类不可或缺的人性元素，没有爱情的生活，就是一个无盐的世界。这虽然是一个人性的常识问题，但是，在某种时空中，却被严重地扭曲了，以致将爱情的蓝调变成了黄色的性欲，这种误判，是一个时代的悲剧。当然，对于"三原色"中的黄色在文学作品中的呈现，也并非是简单的否定就可以阐释的人性与美学问题。

四

围绕着《牛虻》的主要线索是什么的问题，我也是经历过几个认知阶段的：从一开始的爱情的单线主题，到"革命加恋爱"的双线结构，再到革命与宗教冲突中人性大搏战的终极主题表达。当我将《牛虻》中父与子的人性冲突，放在一个更高层面的哲学悖论问题上来进行深度的剖析时，发现这部小说真正的主线是牛虻与蒙泰尼里之间宗教和人性的格斗，两个主人公，一个成为革命的牺牲品，另一个成为宗教的殉葬品。谁是胜利者呢？是无解的。

不仅仅爱情具有崇高之美，灵与肉在这里升华是无可争议的事实，人性中的亲情冲突，往往也是小说的焦点。所以，在第三时间段阅读《牛虻》的时候，我才真正意识到小说的主要矛盾是围绕父子展开的，这一条线索一直被爱情的纠葛叙述所冲淡和遮蔽着，被牛虻艰苦卓绝的个人英雄主义精神所湮没。前年，当我为《当代》杂志开设"乡村风景"系列散文专栏，再次阅读这部作品时，猛然醒悟：打破宗教信仰的禁忌，打碎供奉在神坛上的偶像，从而展开一场父与子之间的意识形态搏战，这才是那个时代青年意大利党人对争取自由的终极承诺。所以，把亚瑟和自己亲生父亲蒙泰尼里之间的矛盾冲突升格为核心叙述，使之成为小说主题的中心，而将爱情描写和英雄主义的叙述降至副中心的位置，其小说的思想意义和美学意义，就会超越小说表层的"革命加恋爱"普泛型叙述，从而超越时代和国别的局限，成为人类意义上的不朽的史诗性作品。

小说故事情节的叙述、人物形象的塑造，以及所要表达的终极思想，都是围绕着信仰的冲突起始和终结的，人性冲突的火花燃烧成了一片信仰危机的火海，那才是这部作品永远能够在不同时代中延续下去的理由。而这恰恰是 70 年来被读者所忽略的。

如果说"拯救与反叛"是这部小说的主题内涵的话，那么，拯救他人和自我救赎，salvation（拯救）就成为横亘在许多长篇小说叙事中一道无法解决的人类命运的难题。

近年，我读过的两部试图完成拯救叙写的长篇小说，都让我觉得有一点点遗憾，一部是《星空与半棵树》，另一部是《欢迎来到人间》，两位作者都想在长篇小说中完成人类拯救的主题表达，但都无法给出最完美的答案。或许是作家面对残酷的现实勇气不够，所以他们为了作品的面世，不得不做出描写和深化这一重大主题的重大让步。

《星空与半棵树》其实就是一部悲情的批判现实主义的力作，在血色的暗夜里，作者通过"天文望远镜"这个具有浪漫色彩的意象，去展现远距离的一片灿烂星空，使其成为作品主旋律中的副旋律，那是作者试图给的拯救人类灾难的一丝希望，虽然那是一个距离现实生活十分遥远的梦想，但是，暗夜里的辉煌难道不是人类的希望吗？我们不都是生活在这样的梦境之中吗？这样的艺术处理在当下同类题材的作品中，已经算是非常到位了，却仍然让我感到一丝难以直面惨淡人生的遗憾。

《欢迎来到人间》这部作品的主题表达往往会让读者的注意力放在别处，毫无疑问，作品的终极目的就是想解决人的灵魂拯救的难题，但是，又有多少读者把目光聚焦到这个关乎人类共同命运的主题上来呢？主人公傅睿也好，护士小蔡也好，他们作为医护人员，只能拯救病人的肉体，却无法拯救他们的灵魂。这就使得傅睿这样的医治他人的肉体痛苦的医生，陷入无法完成的"拯救他人"和"灵魂自我救赎"的手术之中。这种在两难命题中不能自拔的宿命，使得小说的主旋律呈现出欲言又止的模糊表达状态。由于作者不敢清晰地表达拯救和自我救赎的命题，其所想要阐释的哲思内涵就难以被读者理解，因此，呈模糊状态的主题表达的深度哲思就被许多读者忽略、浅解和淡化了，这不仅仅是作家和读者的悲哀，也是文学的悲哀，更是一个时代的悲哀。

而《牛虻》在"拯救与自我救赎"这个主旋律的表达上就十分明晰与深刻。当然，由于作家所处的时代空间不同，作者书写的勇气也就不同，其受到的局限性也就不同。我可以毫不犹豫地得出这样的结论——《牛虻》真正的主题应该是，一个从宗教蒙昧中成长起来的青年，在蒙受了谎言的欺骗后，他毅然决然走出宗教迷狂的魔圈，在苦难的生活中，成为一名争取个性自由解放的资产阶级革命者，从而用革命的方式和自我牺牲的精神，最后完成了拯救他人和自我救赎的使命。从小说的结构上来说，如果说"革命加恋爱"的叙事是小说平铺直叙的"主歌"的话，那么，激动人心高潮呈现的"副歌"，则是牛虻与蒙泰尼里意识形态敌对的双方，在人性关怀的感召下，均以自我牺牲的精神，完成了震撼人心的"自我救赎"。虽然他两一个是无神论者，另一个是有神论者；一个是唯物主义者，另一个是唯心主义者，但是，他们的牺牲精神，都是建立在怀疑和打碎宗教泯灭人性的哲学基础上的，这才是这部小说真正的"诗眼"所在。牛虻年轻时从宗教中获得了自我解放，最后为救赎他人苦难和解放人类的革命，走上了鲜血淋漓的刑场；蒙泰尼里在他的儿子亚瑟死后，意识到他自己就是双手沾满鲜血的刽子手，人性的感召让他幡然醒悟，这个红衣大主教并没有像基督那样走向十字架，而是在宗教意识的疑惑中崩溃而死去，以肉体毁灭的方式完成了"自我救赎"。

《牛虻》从亚瑟坐在比萨神学院图书馆里读书开始，到最后红衣大主教蒙泰尼里心脏破裂而暴死，都是围绕着灵魂拯救而展开故事情节和人物矛盾冲突的。你看，从1953年中青社保留的俄译本第12页的第一幅插图中，我们就可以深深地体味到亚瑟与其并不知晓的生父蒙泰尼里之间的亲密与和谐，那是宗教的力量让亚瑟获得了青春活力和亲情；也是在图书馆里，蒙泰尼里让他学习了许多知识，获得贵族式的教养。

而让亚瑟对这些戴着虚伪面纱的宗教彻底失望，并与之彻底决裂的因素，其一是他在忏悔过程中，把青年意大利党的革命行动的秘密泄露，从而被那个神父出卖了；其二就是他知晓了自己就是大主教蒙泰尼里的私生子。前者是政治因素，后者是人性因素，所以，我们要读懂《牛虻》，如果不能充分阐释交织其中的爱恨情仇，理解矛盾冲突形成的深层结构，就无法理解二人心灵世界里最最隐秘的理性与情感表达。

苏联文学理论家耶·叶戈洛娃说："伏尼契写出来：在少年时代热烈地信仰上帝的牛虻，怎样根据自己亲身的经验，认识了宗教以及它那博爱的说教的真正价值。事实上，在那好听的话语后面，就存在着伪善、叛变和谎言。除了奥地利之外，教会就是牛虻主要的政治敌人。这部小说的主要人物之一，就是原来只是一个神父，后来升做主教和红衣主教的蒙泰尼里。从表面上看来，他似乎是一个和善而又诚恳的人，老百姓盲目地信仰着他。但蒙泰尼里也是宪兵手中顺从的工具，他老是假装好人，而且说谎。读者可以看到，他凭借着那虚伪的对上帝的爱的名义，犯了极严重的违背良心的大罪，而且结果连他自己也变成了这一罪恶的牺牲品。"

过去，我们就是顺着这一价值判断去理解蒙泰尼里这个万恶不赦的宗教人物的，蒙泰尼里真的是这样的人物吗？如果在这个宗教政治人物身上看不见其存在的人性悖反的双重人格，那你对这部作品的解读就是浅显的，忽略和扭曲了这部作品最深刻的哲理表达。

过去我们阅读《牛虻》，都是将蒙泰尼里作为敌人，因为在政教合一的体制下，红衣大主教和那些神父就是以上帝的名义，做封建皇帝的代言人。无疑，小说无情地揭露了蒙泰尼里的虚伪性，比如他在牛虻被关进监狱里的时候，几次去看望牛虻，都是规劝牛虻皈依宗教，因为他不知道牛虻为什么会对他持有如此刻薄无情的仇恨，试图用爱的教义去感化牛虻："列瓦雷士先生，直到现在，我还没有侮辱过你，对你的信仰、你的朋友没有说过一句轻蔑之词。可不可以请你也同样以礼相待我呢？还是要我有这样的看法：一个无神论者成不了上等人？"无疑，蒙泰尼里让亚瑟从小在图书馆里读书，并每日对他宣传教义，就是希望他的儿子也成为一个唯心主义的"上等人",他自以为用毕生的精力完成了通往"上等人"的天路历程,在铺满鲜花和红地毯的道路上,多少匍匐在他脚下的信徒视他为神,他无法容忍自己放弃在高高的神坛上俯视芸芸众生的那种尊严,因为他自认为在拯救劳苦大众,拯救这个充满着血腥的世界。

而那个早已打碎了神龛的牛虻,无时无刻不在各种场合中用最尖刻的言辞攻击自己的生父,这场战争正如牛虻引用《圣经》中耶稣对圣徒们所说的话那样:"你们不要我带着和平来到世上,我带来的不是和平,而是剑。"但是,这个诺言在牛虻的革命行动中,在即将脱离险境的时候,一刹那就被人性的力量所摧毁了,当牛虻向敌人猛烈射击时,蒙泰尼里"为了和平"的突然出现,让这个革命意志坚强无比的战士,垂下了手中的火枪,被人性泯灭的上校俘获。有谁知道,在牛虻刻骨铭心的仇恨中,潜藏着的是对蒙泰尼里的巨大热爱呢?他放下了"杀老鼠"的火枪,奏响的却是人性的强音。

同样,这样的人物性格的突然反转,也发生在蒙泰尼里的身上。如果说蒙泰尼里用尽全力在拯救牛虻,是出于"爱"的宗教教义,那么,蒙泰尼里并不知晓那个已经早在十三年前就死去的亚瑟,就是眼前充满着仇恨的牛虻,当牛虻说出"神父,我其实并没有淹死,难道你永远不明白这个事实吗"的时候,"蒙泰尼里跪下身来,把脸偎俯在牛虻的胸膛上"。至此,一场宗教与人性的大搏战,就在蒙泰尼里的内心爆发出来了。

往日牛虻的仇恨，以及完全失去理智的言辞攻击，处处触痛这位红衣大主教的灵魂，当蒙泰尼里终于知道这个施以最猛烈抨击的人，就是自己的儿子亚瑟时，他陷入无边的苦海之中，他千方百计地想办法去营救牛虻，但牛虻宁死不屈，面对军事法庭的审判，他宁愿选择了站着死（这个"站着死"的形象成为后来红色经典作品中不可或缺的革命英雄的固定姿态）也绝不忏悔，这是牛虻用报复行为来蔑视坑害自己的宗教，其实，真正的动机就是想让自己的生父蒙泰尼里从宗教的泥潭中走出来。从革命的角度来说，他是对专制制度的挑战，而从个人的角度来说，他是彻彻底底放弃了宗教意义上的拯救，他的自我救赎就是获得灵魂的自由，与其说这是对生父的仇恨与报复心理，还不如说是他对天主教信仰的巨大讽刺。

所以，当牛虻临死前睁大眼睛四处寻找，牧师将耶稣蒙难的十字架放到他嘴唇上时，让我最受感动的那幅悲剧画面出现了：

> 在那鸦雀无声的一片寂静中，他慢慢举起那只打断了的右手，把十字架推开去。十字架上的耶稣就被涂上了满脸的血。
>
> "神父——你的——上帝——满意了没有？"

显然，这句话是说给他的父亲蒙泰尼里听的，牛虻的最后一句话，就是这部长篇小说副旋律的高潮——以他的鲜血去唤醒他的父亲，宗教是无法拯救这个世界的，同时，主教大人也是无法完成"自我救赎"的。这不是一种仇恨，而是一种更加刻骨铭心的爱的表达。他四处寻找的是蒙泰尼里，试图向他表达自己埋藏在内心深处的人性挚爱。倘若有人用弗洛伊德的"弑父心理"去分析牛虻，那就大错特错了。

同样，在蒙泰尼里的灵魂深处，也深藏着一个无法解开的情结，一方面是对宗教信仰的无比虔诚，对贫苦下层人民的深切同情和怜悯，以及他对儿子深深的爱，绝对没有半点虚伪的成分，他试图用自己清贫廉洁的一生去拯救他人，拯救世界，但是，他无法进行自我救赎，这才是他的人生悲剧。忠于教皇就是服膺于政教合一的专制体制，他和许许多多教徒一样，认为这就是上帝的旨意，是愚忠的理性压抑了他内心的人性激情，以致在服从中亲手杀死了自己的儿子。

这个在理性信仰和人性关怀之间无法抉择的痛苦之人，经历的是地狱之火的灵魂炙烤，因为他毕竟不是神，终于在不能自我救赎的人格分裂中疯狂了，他最终因为心脏破裂而死去。他的死被人们解读为罪有应得，就如全文结尾时玛梯尼最后说的那句话那样："太太，心脏破裂症是最好的托词，否则还能怎么说呢？"

作为一个以人性来衡量文学作品主题表达的读者，我的认知可没有玛梯尼那么浅薄，窃以为，蒙泰尼里是另一个脱离苦海的英雄人物，因为他最终还是从宗教的迷狂魔圈里走了出来，人性终于战胜了愚昧的理性，他的疯狂言行，正是他的觉醒。狂人不狂，蒙泰尼里最后说出的每一句引经据典的话，并无半点"反讽"的意味，这是他对革命者儿子牛虻的赞词，更是一曲人性的颂歌：

> 献出那纤弱的身体，
> 献出那惨目的鲜血，
> 为了芸芸众生的渴饮，
> 任鲜血从血管里流尽。

基督徒们，喝吧，你们所有的人，喝吧！难道不是你们的吗？正是为了你们，这血的红流染红了草地；正是为了你们，这活生生的肉体撕成了碎块。吃吧，吃人肉的人啊，吃吧，所有的人都吃吧！这是你们的盛宴，这是你们的佳肴，这是你们欢乐的节日！快些吧，来庆祝吧，加入游行队列，和我们一道前进。女人们，孩子们，年轻人，老人们，都来分享这肉的佳肴吧！

这不由得让我联想起在《牛虻》出版二十一年后，鲁迅先生在其第一篇表现启蒙主题的白话小说中所采取的主题和手法的表现。它之所以在中国取得巨大反响，其佯谬、反讽背后潜藏着的人性反思，与《牛虻》是如出一辙的。《牛虻》似乎更加令人震撼，红衣大主教蒙泰尼里用基督的牺牲精神隐喻一个革命者儿子的意志，让我听到了一种反叛者的足音——他在诅咒那些吃人血馒头的人，发出的诳语是："你们要怎么着？血难道还不够吗？你们这些豺狼。等着吧，到时候一定将你们个个都喂饱！"而其最强音则是他人性的复苏和忏悔：

> 杀死他的是你们！杀死他的是你们！而受苦的是我，因为我不想让你们去死。现在，你们来到了我的身边，说些言不由衷的赞美的话，做着不干净的祷告，我已经后悔了——悔不该干了这样的事！你们这些人应该同你们的罪孽一同陷入无底的污秽的地狱。而他应该活下来，这岂不更好吗！你们这些人，灵魂染上了瘟疫，有什么价值？要为你们付出如此沉重的代价，怎么值得？可是现在后悔已晚——太晚了！我大声呼叫，他听不见；我敲击坟墓的门，他不能苏醒；我独自站在荒凉的空旷处，这个世界已空无所有，唯一留给我的是大地和天空；大地里埋着我的心爱的人，大地上染了他的鲜血；天空是一片虚无可怕。我已经把他献出去了；是献给了你们，啊，你们这些毒蛇的子孙啊！

啊！"灵魂染上了瘟疫"，说得多么好啊！这不就是莎士比亚式的金句台词吗？百年来，在每一次世界大变局和大事件中，我们所有人不都是"灵魂染上了瘟疫"的人吗？正是这样的警示，我们才能得到人生和人性的启迪，其副旋律里回旋的呐喊声，远远胜过小说对牛虻个人英雄主义的宣扬，以及对刻骨铭心爱情的描写。

蒙泰尼里大主教在这里并非是用佯谬的修辞手法来讽刺和谩骂芸芸众生，而是在诅咒整个政教合一的专制制度。其中所蕴含的深刻哲理，既属于历史，也属于当代，同时更属于未来，因为，只有人性的塑造，才能使作品成为超越时空的审美艺术杰作。

从这个意义上来说，最后脱下了红衣道袍的大主教，走下了神坛，成为一个有血有肉的人，他就是站立起来的另一个英雄！而小说的主题随着"典型人物"的性格反转，便进入一个更深层次的哲思层面——蒙泰尼里和牛虻父子共同完成了拯救他人和自我救赎的命题，并示范了当下中国作家想完成而不能、不敢完成的这一主题表达。

五

这个本来不属于本文论述范畴的"余论"，我还是不舍得放弃，所以还是赘言几句吧。

作为一部19世纪后期出版的长篇小说，《牛虻》的创作方法和艺术技巧属于老派，比起当下中国经历过四十年长篇小说艺术方法技巧洗礼的成千上万部作品来说，《牛虻》似乎已经成为古董级的作品了，当今的小说写法和读法，已经进入"后现代"的文化语境之中，《牛虻》式的写法已然成为读图时代的奢侈艺术品了。在快节奏的生活里，慢阅读者几乎成为时代的"零余人"，仔细读完一部长篇小说的专家也是凤毛麟角。然而，除了外在的因素，难道我们不能发现我们的小说创作方法和技巧，已经销蚀了阅读小说的审美快感了吗？那么，小说，尤其是长篇小说吸引读者的基本元素，是否被这几十年来的现代性所抛弃了呢？

我试图从《牛虻》的故事情节、人物描写和细节描写的角度，来警示当下小说创作方法和艺术技巧的危机。

当年，我是一口气读完《牛虻》这部小说的，虽然，我并不懂得小说所要诉说的是什么样的价值观，但是，故事情节的复杂性和悬疑性叙述，让我这个懵懂的少年读者不忍释卷。那全都是因为《牛虻》的故事悬念，在牛虻与琼玛的爱情纠葛中若隐若现，在牛虻与蒙泰尼里的矛盾冲突中引而不发，读者被作者伏尼契的艺术手法吊足了胃口。牛虻和亚瑟、牛虻和蒙泰尼里身世与经历的谜底，始终在读者的猜测中得不到确证，就像琼玛所说的："我会在每个人的脸上看到亚瑟的模样。这是一种幻觉，像是在光天化日之下做的噩梦。刚才，那个讨厌的东西面对着我走过来的时候，我竟荒唐地把他当成了亚瑟。"亚瑟这个幽灵般的人物，一而再，再而三地处于若隐若现的叙述过程中，直到进入小说的高潮前才最后揭开谜底，这种故事结构技巧，虽然似乎有点老套了，但是，正是这样的曲折复杂性吸引了几代读者，同时，它也为人物塑造做出了合理合情的铺陈。

《牛虻》在人物塑造上与众不同的是，"圆形人物""典型性格"的精心刻画，使它不同于一般长篇小说"扁平人物"的描写范式。

小说中形容牛虻是个"幽灵"式的人物。正如玛梯尼引用雪莱的诗句"过去属于死神，未来属于你自己"，从死神中"复活"过来的牛虻，其性格特征，完全有别于过去的他，也有别于其他革命党人。这一个双重性格的"典型人物"，是作者笔下塑造出来的个人英雄主义者，这一突破了概念化、脸谱化的小说人物塑造，让人物成为一个"复活"的大写的人，尤其是人物从贵族坠入底层苦难平民的描写，增强了人物形象的伟岸和人物性格的厚度。

当然，不仅仅是牛虻性格的描写，即便是次要人物的描写也是十分精彩的。作品有两章是描写那个与牛虻同居的吉卜赛女郎绮达·莱尼的，虽然着笔不多，但是，人物性格凸显，令人回味再三。正是这个游走世界的吉卜赛舞女，在阅人无数后，看破了世间红尘，她与牛虻的深谈充满着人生的哲理，表现出一个风尘女子的生活睿智，只有她才能一针见血地说出令牛虻也感到震惊的深刻之见："你关心的是主教。""是仇不是仇，反正你爱他胜过爱世上任何其他的人。"虽然，绮达最后离牛虻远去了，但是她的身影永远定格在《牛虻》的人物形象的高处，为这部悲剧小说增添了绚丽的色彩。许多年后，当我看到风靡一时的电影《叶塞尼亚》时，我暗自将这个充满个性的吉卜赛女郎与《牛虻》中的绮达相比，其悲剧性的人物刻画，显然逊色于后者。

毋庸置疑，长篇小说的故事情节和人物描写的成败，从某种意义上来说，全取决于小说的细节描写。所以，细节描写就成为小说最重要的构成元素，缺少细节描写的小说，尤其是长篇小说，是难以被读者接受的，多少年后，读者能够记住的就是小说中那些动人的细节描写。比如，《牛虻》中几次出现的"白色花瓣"，成了小说故事情节和人物塑造的一种不可或缺的"具象"，同时也成为小说浪漫悲剧的一种诗性的"意象"："他从花瓶里摘下了一朵菊花，慢腾腾地撕下一片又一片的白色花瓣。琼玛于无意中看到他那瘦骨嶙峋的右手，见那手一片一片地撕着花瓣的姿势，心里觉得好不自在，因为她仿佛在什么地方见过这种姿势。"后来，"牛虻从纽孔里的花朵上摘下一片花瓣，慢慢地撕成碎片。琼玛觉得很奇怪，他那种动作很像是另一个人，是谁呢？"再后来，屡屡出现的"衣扣孔上别着的鲜花"成为牛虻衣着细节的标志性饰物，这就大大提升了小说故事性的悬疑效果。

《牛虻》中让我感动的细节描写很多，最难忘的就是在刘心武的小说《班主任》中，"流氓学生"宋宝琦给琼玛画上胡子的那幅插画描绘的情节：琼玛探头望街上的杂耍队伍，这勾起牛虻的痛苦回忆。

还有一幅就是牛虻抱起街头满身鲜血的六岁儿童时的细节描写，"他掏出小刀，敏捷地把划破的衣袖割开，让孩子的头贴在自己的胸口"，面对一个受伤而饥寒交迫的流浪儿童，连侍者也一脸发愣而茫然，"这样一个衣冠楚楚的绅士怀里竟然抱着一个破破烂烂的流浪叫花子"。每次我看到这里，就不禁潸然泪下，是细节的力量震撼和征服了我的心灵。

除了这些，这部小说中细腻的人物心理描写，也是十分精准的，其修辞手法也是非常值得赞颂的，大量《圣经》中的典故被"引用"、"借喻"和"隐喻"过来，读者从中感受到语言的幽默和诙谐以及揶揄的狂欢。

为此，我从中得到的启迪就是：我们绝不可以因为创新的技法，而丢弃了小说的基本常识和规律。

尾　声

作为伴我成长的"圣经"，《牛虻》在我的世界观和价值观的形成中起着至关重要的作用，它让我坚守着人生江湖里人性的底线。

我之所以是个无神论者，并非是受唯物主义论的影响，唯心主义也并不是我思想中的敌人，而《牛虻》让我明白了任何形式的宗教，都是对人性和自由的践踏。

记得二十年前，我去新加坡给硕士生上课，有个北京移民新加坡的学生，送了一本书边刷金的《圣经》给我，我说，我有另一本"圣经"，她问，那是一本什么书呢？我说就是《牛虻》。

我从视《牛虻》为"黄书"的时代浑浑噩噩地走了出来，半个多世纪以来，每每再读，都有说不尽的话题，这就是好书耐读的缘由。

我始终认为，仅凭《牛虻》和伏尼契的许多作品，她是应该获得诺贝尔文学奖的。

我常常反躬自问——《牛虻》是一部酒神的悲剧颂歌吗？我们每一个人，尤其是经历过苦难的人，会不会在每一次苦难来临时的阅读中，寻觅到自我救赎的出路呢？！

2024年1月22日19时一稿于南大和园
1月28日10时修改于南大和园

怎样确定历史的和美学的坐标
——重读《钢铁是怎样炼成的》

1998年《俄罗斯文艺》第2期刊载了两篇关于小说《钢铁是怎样炼成的》的争鸣文章。文章一经发表，各家媒体争相报道，引起不小的波澜。究竟怎样看待这部曾经在我国流行了几十年的"生活教科书"呢？此书还有无它存在的价值与合理性呢？

的确，《钢铁是怎样炼成的》一书中的箴言曾经激励过中国几代"革命人"，"人最宝贵的是生命。生命对于每一个人只有一次，人的一生应该这样度过：当回忆往事的时候，他不会因为虚度年华而悔恨，也不会因为碌碌无为而羞愧；在临死的时候，他能够说：'我的生命和全部精力都献给了世界上壮丽的事业——为人类的解放事业而斗争。'"这已然成为几代中国人的价值坐标，它深深地根植于我们的"集体无意识"中，成为一种20世纪的民族历史积淀，是轻易不能抹去的近乎宗教的情绪。

如果用一种传统文化的中庸方法来解析这种现象，便可以

"历史的和美学的"二律背反来作答。也就是说,《钢铁是怎样炼成的》尽管是那个浮夸虚假年代里斯大林主义的产物,尽管它的"典型环境"充满戕害人性和人道的阶级斗争硝烟,尽管它空洞的理想主义如今看来是何等的幼稚可笑,尽管……但是作为典型的美学形象——保尔·柯察金——却超越了"历史的典型环境",顽强地存活下来了,甚至,还要继续存活下去,了无声息地步入21世纪的文学殿堂。

倘若文学史中的许多复杂现象用这样的方式方法来作解释,那我们就省心多了。可是,连接历史和未来的精神环链往往在这一瞬间便脱落了。我们须得重新寻找精神坐标的历史焊接点!

其实,我以为争鸣的双方,忽略了一个最基本的历史事实,这就是《钢铁是怎样炼成的》在中国大陆登陆时的历史背景和精神背景,这也同时涉及一个最敏感的话题:怎样来重新审视中国当代文学的"十七年文学"?

很显然,"五四""人的文学"是在尼采宣告"上帝死了"的历史背景和精神背景下产生的。它在20世纪犹如一道搏击中国几千年封建统治长空的闪电,震撼了一代"五四"人。然而,它毕竟是历史一瞬间的"闪电","闪电"过后,仍然是黑暗笼罩着的苍茫大地。难怪鲁迅先生老是感喟"两间余一卒,荷戟独彷徨"。如今,当我们在回顾"五四"时每每诉说着它诸多的遗憾,殊不知,它的根本遗憾就在于它从"人"的起点又回到了"神"的原点。

可以说，从左联以后，我们的文学便开始悄然进入一个狭窄的通道——苏联社会主义现实主义理论的大量渗透，直接导致《在延安文艺座谈会上的讲话》成为文学的唯一指南，新中国成立以后的"十七年文学"的直接给养便是苏联文学。尽管1959年以后中苏关系恶化，但是，在一系列政治运动中磨炼出来的文学，却总是在苏联文学的精神体系中亦步亦趋，成为惊人相似的翻版。其根本的缘由，恐怕是我们那个时代同样需要斯大林式的个人崇拜；同样需要阶级斗争这个无产阶级国家机器赖以生存的润滑剂驱动它的运转。于是像《钢铁是怎样炼成的》这样斯大林主义下的精神产物能在中国大行其道是不足为怪的。曾记否，尼古拉·阿列克谢耶维奇·奥斯特洛夫斯基成为家喻户晓的英雄，他与书中的保尔·柯察金一样成为青年人心中的英雄偶像；书中人物的格言时时挂在人们的嘴边，书写在教室的墙上，印在笔记本的扉页上，在毕业典礼的晚会上，人们相互送上这最崇高的箴言，胜似一切亲情，超越一切友谊，甚至，在极其隐秘的爱情交流中，也不乏将此作为"信物"而相互勉励。的确，这巨大的惯性，塑造了新中国几代人的精神偶像。

如今，当我们回首往事时，才真正地体味到这种力量的无比强大。作为"知青"的一代，作为"生在甜水里，长在红旗下"的一代，我们在历经磨难后，为什么能够喊出"青春无悔"的口号，其中最重要的原因，就在于我们不能脱离那个特定时代所给定的精神资源，我们与奥斯特洛夫斯基的精神脐带尚不能割断。

"典型环境"下塑造出的"典型性格"定格在我们的灵魂深处而不能自拔，使我们像"让我们荡起双桨"那样永远生活在那个"美好的回忆"之中。

沈从文曾说过"回忆是有毒的"，乍一读，我们是难以理解的，但是，从社会的进化和人性的发展来看，此论道破了其中的奥秘。当"忆旧"成为一种精神的癖症时，我们须得慎重地对待历史。"十七年文学"中的"三红一创一青"（《红岩》《红日》《红旗谱》《创业史》《青春之歌》）经过历史的沉淀后，我们不难发现它们与《钢铁是怎样炼成的》精神主题的暗通之处。从精神标高上来说，中国60年代以后的小说创作比起《钢铁是怎样炼成的》更加高蹈虚空，最后直接导致了"文革"时期"高大全"式的人物塑造。令人深思的问题是，浩然敢于在21世纪即将到来之时宣告他的《艳阳天》和《金光大道》的历史价值和美学价值的不可忽视，这难道是一次无情的历史玩笑吗?！其中的"历史的必然"是值得人们深思的。

新中国成立以来一段时间我们在全盘接受苏联文学的同时，几乎切断了西方文学进入中国的通道，把一切西方文学的精华和营养都视为资产阶级的糟粕。尤其是对欧美19世纪以来的批判现实主义作家的拒斥，使我们的"十七年文学"听不得半点批判现实的声音，见不得一星悲剧的阴影。一片光明，一片颂歌，一片战歌，使我们的文学失却了对现实生活的感悟能力和表现能力，更失去了人性和人道的主旨。尤其是对《一个人的遭遇》那样作品的彻底批判，以及与1957年"干预生活"作品的斗争，更使我们的文学失却现实批判性。尽管许许多多诸如胡风的无畏勇士用自己的鲜血和头颅去撞击真理之门，却丝毫不能改变文学侍从政治的地位。

从保尔·柯察金到朱老忠、江华、林道静、梁生宝、许云峰、江姐，再到肖长春、高大泉，我们文学中的英雄人物形象越来越高大，越来越不可企及。这不能不归咎于50年代末所提倡的"革命现实主义和革命浪漫主义相结合"的"两结合"创作方针的泛滥。拔高人物形象，无疑是和政治运动有着紧密联系的。如果说保尔·柯察金在苦难的生活经历中还存在着一点"人"的影子，那么，到了六七十年代的中国文学中的英雄人物塑造，已然是通体光明的"全神"形象了。

之所以保尔·柯察金们最终成为一种神谕的偶像，而失却了"典型性格"的张力和弹性，其根本的原因就在于他缺少独特的人格艺术魅力的美感，因为他的思想深处始终认为"没有比掉队更可怕的事情了"，"宁愿忍受一切，只要能归队就行"。怕"掉队"欲"归队"，正是一个英雄个性失落的表现。思想高度统一，不允许任何"异端邪说"的存在，只能产生现代迷信。文学中的艺术典型如若按此法则进行创作，没有不失败的。如果将保尔身上的这种盲从性归于"俄罗斯文学里具有'自我牺牲精神'的文学形象的继承"，那么，我们对伟大的批判现实主义作家老托尔斯泰作品中表现出来的"勿抵抗主义"的宗教情绪还有什么可指责的呢？况且老托尔斯泰还是站在人性和人道主义的出发点上来塑造人物的。

在那个"火红的年代"里，我作为一名少年读者，首先读到的是《钢铁是怎样炼成的》，奇怪的是，这本书给我印象最深的却是保尔和冬妮娅的爱情线索，尤其是那种充满着少年幻想的浪漫情节的描写。当我步入青年时代，偶然从"知青部落"里觅到两本"资产阶级禁书"《红与黑》《牛虻》时，我却更震惊于司汤达和伏尼契的人物塑造。前者中的于连更有其独特个性的艺术魅力，展现资产阶级上升时期赤裸裸的金钱和爱情的利害关系。后者中的亚瑟显然是保尔形象的原版，但是，充分的个性化描写突显出了这个"英雄"摆脱神谕的全过程，作者亦是在人性和人道主义的和谐中完成了人物性格的塑造。尽管这两部名著的作者是被列入"资产阶级"行列的，但他们对"典型性格"的塑造却是符合马克思主义美学原理的，是以人为本的。

当我们这一代人在两种文学形态和美学形态的选择中面临两难时，我们可能在理智上更偏向于对"苦难"的眷恋。1957年被划为右派的作家们在抒发那非人般的苦难遭遇时，却更津津乐道于"被娘打了两下"的美学餍足；知青作家们在诉说着青春的创痛时，却在"青春无悔"的赞歌声中寻觅着那个自恋式的"自我"。他们拾到的都是阿Q的精神遗产。像老鬼的《血色黄昏》那样否定了杨沫的"归队"情结，渴望回到个人"家园"的作品，正是从另一个角度完成了对大写的"人"的又一次重新确立。尽管这部书很粗糙，但它却是对《钢铁是怎样炼成的》和《青春之歌》之类丧失人物个性的描写的反拨。

我们不否认文学作品巨大的教育作用，但须得有一个前提，这就是文学作品不能是政治的"简单传声筒"，它的感化作用主要是停留在道德层面。保尔·柯察金是在那个特定历史时期里具有"特定美感"的英雄形象，他是畸形的。一旦人物离开了他赖以生存的土壤，随着时间的转移，他的光辉便丧失殆尽，这就是马克思主义文艺学的基本原理："历史的和美学的"，首先看它是不是"历史的必然产物"。尽管我们十分留恋那个苦难的岁月，尽管"恋旧情结"让我们不忍心否认历史的过错，然而，"典型性格"却要经得起历史的检验。斯大林时代的文学和"十七年文学"的致命伤就在于它们都是通过人物塑造来达到改写历史、改写典型环境、制造神明的政治目的。我们崇尚美，崇尚英雄，崇尚理想，但我们更尊重历史，尊重真实。连带出来的问题是，当苏联解体之后，当中国的改革进入世界经济一体化的历史进程，西方后现代乃至于前工业时期的许多文化弊病都一齐汹涌而来时，我们的文学作品中表现出人文精神的失落，表现出道德沦丧，表现出对人性的冷漠，表现出对英雄的耻笑，表现出对理想的嘲讽，表现出对美的亵渎……凡此种种，都充分说明了这个时代文学的堕落，但这并不能归咎于作家们没有创作出像《钢铁是怎样炼成的》那样的作品，相反，这些状况恰恰是虚假英雄形象塑造的心理反弹结果。它虽然曾经激励过几代人，但它却不能再激励下一代人了，除去文化背景的差异外，识别虚假是后代的先天禀赋。确实，如何在如今的文学作品中确定认识价值和审美价值坐标是一个迫在眉睫的难题，但这绝不是像《钢铁是怎样炼成的》和《金光大道》之类的"历史报刊书"能承担的历史使命。我们不能因为孩子有病，就用吗啡去医救。钢铁般的阶级斗争是再也不能回到文学的体系中去的，因为它是以丧失人类的人性和人道为前提的。人类最壮丽的事业应该首先充满着人性和人道内涵，以此来鉴别一切文学作品的认识价值和审美价值，大致是不会错的。

瓦尔登湖旋舞曲

那年,我们江苏作家代表团造访波士顿,竟没有去瓦尔登湖,真是觉得对不起梭罗这位伟大的生态主义先驱作家,尤其愧疚的是我,那时我们已经把《瓦尔登湖》纳入了苏教版的高中语文教材,正想去实地探访一番,却未成行。此番来哈佛大学参加一个学术研讨会,无论如何也得去一次瓦尔登湖,了却一桩夙愿。

艳阳高照的金秋,我们扑向了瓦尔登湖,第一眼看到当年梭罗居住过的简陋而狭小的木屋时,发现它比我想象中的还要小得多,那个只有不到十平米的小木屋最多放上一张床就满满当当了,其简陋的程度超乎我原先的想象。在整整170年前的1845年的美国独立纪念日那天,梭罗开始了那段成为旷世传奇的独居生活。两年后,他带着在湖边生活时的原始记录,永远离开了那座亲手所建的木屋。当年梭罗为了逃避工业革命给人带来的喧嚣嘈杂和机械化奢靡生活的时尚,一头扎进了这片并不算大的森林湖泊之畔，过着离群索居的原始人生活。作为从群居社会中突围出来的单个人，他所承受的各种各样的压力是可以想象的。食色性也，其生存的困境不仅仅来自食物的获取，更有生理与文化精神的需求。试想，一个失去了社会属性的人，其内心的痛苦和挣扎是常人难以忍受的。这使我想起了上世纪90年代引进到中国并一时成为畅销书的日本作家中野孝次的《清贫思想》一书，在物欲横流的富足生活中，人为何要逃离文明与奢华，回归自然和原始？而那场由知识分子兴起的清心寡欲的新生活运动为什么又无疾而终？抛弃现代物质文明到北海道去过原始人生活的浪漫理想的破灭，给人类的启迪又是什么？这一切都是二律背反的哲学命题。诚然，每一个厌倦了大都市生活压迫的人都有一种逃避繁华、追求平静的理想主义和浪漫主义的情结，回归大自然的怀抱成为每一个都市人精神疗伤的最佳方法，于是，蝗虫般的旅游者飞翔在世界的每一个角落里，足迹所至，森林涂炭，湖泊污染。工业革命不仅污染了大城市周边的森林湖泊，而且也逐渐蔓延到了偏远的原始腹地。

无疑，瓦尔登湖在梭罗死后的一百多年里，没有被工业革命的粉尘所污染，她那清澈的湖水一眼望去分割成由浅入深的三种颜色：近处，清澈见底的粼粼水波，让你有一种掬一捧湖水醉饮一回的冲动；远处，水色渐渐变绿，宛如绸缎一般随风涌动，几个泳者漂浮在水面上，撕破了平静的湖面，真的有些不忍；再远处，水色已经变成了深蓝，所谓"春来江水绿如蓝"在此体现得淋漓尽致。

我们沿着湖边的森林小道环湖而行，不时惊起一群鸟鸥。呼吸着清新的空气，穿行在粗壮高大的树木丛林中，我想，这就是梭罗当年行走过的灌木丛吧，近两百年的沧桑没有改变那份原始自然生态的气息，唯有沉浸在这样的情境里，你才会忘却城市的烦扰和人类的忧愁。

在离这里不远处生活和工作了十几年的S君告诉我们，像这样的湖泊和森林在马萨诸塞州有很多。我们慨叹美国地大物博的同时，更加羡慕的是他们治理生态的眼光，因为当工业革命一步步侵蚀着这里的土地、森林和湖泊时，他们采取的是退耕还林的政策，有效地保护了大片原始生态。最使我惊讶的是当我们去参观韦尔斯科学院时，所遇见的从未见过的原始生态的自然之美。我对这个学校培养了多少元首夫人和巨贾名媛没有多大兴趣，诸如中国的宋美龄、冰心都是出于此校，让我震惊的却是她拥有的广袤森林和似乎比瓦尔登湖还要大的湖泊，还有那连绵不绝的成片草坪。这是世界上最美的女子校园，每天的每时每刻，你在湖边漫步都能够呼吸到大自然馈赠的最优质的空气，看到美女们惬意地躺在草坪上看书，慵懒地躺在湖边的草坪上晒太阳，你会顿生羡慕嫉妒恨。然而，更能吸引你眼球的却是栖息在湖边枯枝上的野鸭和游弋在湖面上的野天鹅，它们自由放松地与你共同栖息着。

其实，瓦尔登湖水面并不算大，且周边的森林和土地都很有限，加之公路又从这里穿过，面积就更小。她本是一个自然公园，非旅游旺季时游人并不如织,她因一个并不十分伟大的作家而出名,却唤不来人类对她进行深刻思考,只有当世界感觉到工业革命和后工业革命带来的后果不仅是环境的破坏,同时也给人类的精神世界带来了不可疗救的创伤时,才发觉了梭罗行为艺术的意义,以及他的作品深远的历史价值。

这里的中国游客甚少,或恐是因为读过梭罗作品的人并不多。所以,我既为瓦尔登湖庆幸,又为中国游客遗憾。庆幸的是瓦尔登湖没有被如潮的中国游客所惊扰,她的安详依旧;遗憾的是国人尚没有意识到资本世界的工业革命给自己的家园带来的将是一个什么样的后果,因为他们没有从瓦尔登湖这面清澈明亮的镜子里,看到另一个世界的倒影。

梭罗当年诅咒工业文明对原始生态的破坏,文章里描写的那辆冒着白烟的蒸汽火车穿梭在瓦尔登湖旁边,如今那条铁路仍然横卧在那里,不过比起中国大陆的高铁轨道而言,它又是那么落后和原始了。据说中国要为美国西部建设一条几千公里长的高铁,那将是后工业文明在宣示它对原始森林和湖泊的又一次挑战。

当我们离开瓦尔登湖时,那个年老的守门人告诉我们,瓦尔登湖旁边的许多建筑也将面临拆迁,在地下或是天上的梭罗对这个消息不知会如何看待。看到他所供奉的"神的一滴"遭此厄运,他会发出一声叹息吗?

不过,让我思考的另一个问题是,为何梭罗当年也没有能够坚持不懈地在瓦尔登湖过着原始人的生活,而是在两年后又回到了城市和人群中。无疑，人类对大自然的破坏是一种罪孽，但是人类要发展，就必须付出一定的代价，而如何将代价降到最低值，让现代文明去除污秽和血，以美好的姿态平衡人类生活与自然，这才是梭罗作品的意义所在。

在回归自然景观的同时，我们需要真正用大脑去思考人与自然如何相处的问题，而非完成一次旅人的浪漫主义的文化消费。

2015年10月3日写于纽约至上海的飞机上

梭罗：把世界留给黑暗与我

在瓦尔登湖畔踽踽独行的梭罗整天在思考什么呢？他离群索居的目的不就是为了欣赏这片并不起眼的湖光山色吧？当我漫步在瓦尔登湖边小道上的时候，就猛然想到了这个问题。

读梭罗的文字，你会被他充满着野性气息的、优美如画的形而下的生动文学语言所吸引，同时又会被他那艰涩而捉摸不定的形而上哲思所困扰。

其实，作为爱默生的学生，梭罗是他们那个形而上的超验主义最前卫的践行者，他不惜用两年多的孤独去体验人在脱离"有机社会"时的感受，以及用决绝的生存姿态去抗衡资本主义侵入自然和原始的罪恶。

至今尚有许多人还弄不清楚"生态变迁史"与"历史变迁的生态系统"的区别，这一点卡洛琳·麦茜特在《自然之死》第二章《农场、沼泽和森林：转变时期的欧洲生态》中阐释得就非常清晰："关于历史变迁的生态系统观，所重视的是各个历史时期与既定自然生态系统（森林、沼泽、海洋、溪流等）相联系的资源，与影响其稳定性的人类因素之间的相互关系。把历史变迁当作生态变迁，强调的是人类对于包含人类自身的整个系统的冲击，而所谓生态变迁史，即生态系统得以维持或破坏的历史。"[1] 无疑，作为一个自由个体的自然学家的梭罗，他既不是"生态变迁史"的研究专家，也不是"历史变迁的生态系统"的理论探求者。他是一个与这个世界群居人隔绝的孤独者，他才是真正"生活在别处"的"自然人"！爱默生说这是"生活的艺术"，我却以为这是"艺术的生活"。因为梭罗才是一个真正永远"在路上"的行者，爱默生说他"自由自在地在他自己的小路上穿行"，除了获取最基本的生活必需品，他的全部精力都集中在亲近大自然当中，穿梭在原始文明的时空之中，他偏爱植物，偏爱印第安人，都是对现代文明的一种反抗。他有许多在第一线采集植物标本、观察鸟类的记录，以及测量地理环境的档案，却从不交予官方的研究机构，因为他把这些活动当作生活的全部，把它们认定为"艺术地生活着"的享受，所以他的导师爱默生才会这样定义梭罗："在他心目中每一事物都光辉灿烂，代表着整体的秩序和美。他决定研究自然史是天性使然。"在我们看来是孤独、无趣、枯燥的生活，却在他的

---

[1] ［美］卡洛琳·麦茜特著，吴国盛等译，《自然之死》，吉林人民出版社，1999年版。

人生航行日记中变得如此灿烂辉煌、丰富多彩。他孤独而诗意的栖居，他生活的全部文学艺术颤音，都来自"他的眼睛看到的是美，他的耳朵听到的是音乐。他发现这些，并不是在特别的环境下，而是在他去过的任何地方。他认为最好的音乐是单弦；他能在电报机的嗡嗡声中找到诗歌创作的灵感"。用爱默生的话来说就是"他是适于这种生活的"，"他如此热爱自然，在它的幽静中享受快乐"。他是融入自然的自然人，因为他的生活是艺术的，毫无功利性的。亦如梭罗自己所言："当时他问我怎么会心甘情愿地放弃这么多人生的乐趣。我回答说，我确信自己相当喜欢这种生活；我不是在开玩笑。就这样我回到家里上床睡觉了，让他在黑暗泥泞中小心行路，前往布莱顿——或者光明之城。"[1] 显然，把孤独当作黑暗还是光明，其答案在梭罗的世界里俨然是与常人相悖的。究竟是梭罗走进了黑暗，还是人类走向了黑暗？这是莎士比亚的哈姆雷特之问。

诚然，享受"生活的艺术"和寻觅"艺术的生活"成为梭罗的一种孤独的生存法则，无疑，这种生活状态会被生活在群居状态中的人类视为"精神忧郁症"："我不会比湖中放声大笑的潜鸟更孤独，也不比瓦尔登湖本身更孤独。"[2] 所以，梭罗说出了一句

---

[1] ［美］亨利·戴维·梭罗《散步》(节选)，《伤心的"圣诞节快乐"：美国散文选》，孙法理编译，译林出版社，2015年版。
[2] 同上。

至理名言："上帝是孤独的——可魔鬼却绝不孤独！"[1] 群居人类不正是被魔鬼缠身，自己也成为群魔乱舞的一员了吗？无疑，他的生态美学是建立在"非人类中心主义"立场上的，这俨然脱离了"人类中心主义"的价值判断。然而，他用两年多的时间去体验离群索居的生活，其真正的目的却是在孤独之中寻觅和倡扬那种人类的原始野性。

因此，追求原始野性成为梭罗心中的美国精神的一种标尺。梭罗这种反文明进化的行为缘于其反对现代文明的核心价值，这正是他走向那个自由王国的必由之路。也许，我们可以从梭罗的文章中找到答案："每一个后来的名城的建造者都是从类似的野蛮的乳头吸取乳汁的。"[2] 作为一个被现代文明驯化过的人，当我们躺在野蛮的怀抱里吮吸着她的乳汁的时候，我们并没有意识和感觉到这种野蛮文明原始动力的力与美。所以，梭罗呼喊出来的话语是叛逆性的：

> 生命存在于野性之中。最有生命力的是最有野性的。没有被驯服过的野性能使人耳目一新。……使我们喜爱的东西正是那些没有受到文明影响的、自由的、野性的东西。……简而言之，一切好的东西都是野性的、自由的。音乐的乐曲，

---

1 ［美］亨利·戴维·梭罗《散步》（节选），《伤心的"圣诞节快乐"：美国散文选》，孙法理编译，译林出版社，2015年版。
2 同上。

> 无论是乐器演奏的或是歌喉唱出的,例如夏夜的号角,它的野性都令我想到野兽在它们生长的森林里的叫声……野蛮人的野性不过是善良的人和恋爱的人彼此接近时的庄严慑人的野性的微弱象征。[1]

在梭罗的生活词典中,那种诗意栖居的旋律正是用原始野性的音符谱写而成的,文明人对野兽的嚎叫本能地感到恐惧与厌恶,它却成为梭罗世界里的美妙乐章。这就是梭罗能够在孤独枯燥的生活中找到无尽乐趣的秘诀,因为他不愿意被人类的现代文明同化,而降低作为一个高级灵长类动物的自然野性和独立生存的能力:"在成为社会的驯服成员之前,人类自己也有过一段野性难驯的时期。毫无疑问,并不是所有人都可以成为文明的顺民的。因为大多数人都像羊和狗一样,从娘胎里带来了驯服,便去戕害不驯服者的天性,使他们降低到同样的水平,这是没有理由的。"[2]这样的理念是反进化论的,但是,人们为何又对梭罗的理论与实践如此津津乐道呢?或许是现代文明在给人类带来无尽的享受的同时,带走的却是人性中那最宝贵的自然野性吧。

有人认为梭罗的文学水平并不是十分高明,这可能是因为他

---

[1] [美]亨利·戴维·梭罗《散步》(节选),《伤心的"圣诞节快乐":美国散文选》,孙法理编译,译林出版社,2015年版。
[2] 同上。

们没有完全理解梭罗的价值观念。我们可以从梭罗自己对文学的理解中找到确切的答案：

> 表现自然的文学在哪儿？能把风云和溪流写进他的著作，让它们代替他说话的人才是诗人。能把词语钉牢在它们的原始意义上，有如农民在因霜冻融化而高涨起来的泉水里钉进木桩一样的人才是诗人。诗人使用词语，更常创新词语——他把根上带着泥土的词语移植到书页上。他们的词语如此真切、鲜活、自然，好像春天来到时花苞要开放一样，尽管躺在图书馆里霉臭的书页中闷得要命——是的，尽管在那儿，也要为它们忠实的读者逐年开花结果，按自己种族的规律，跟周围的大自然声气相通。[1]

窃以为，梭罗的这段话是对生活在现代文明中的许许多多作家提出的最为恳切的忠告。两百多年来，作家们的自然天性已然被物质化的现代文明所阉割了，自然的野性和自由的天性业已荡然无存，他们对大自然的感悟能力低下，他们失去了"跟周围的大自然声气相通"的能力。也就是周作人所提倡的"土滋味、泥气息"的消失殆尽，让作家们缺少了生命中的元气，"生命的流

---

[1] [美]亨利·戴维·梭罗《散步》(节选)，《伤心的"圣诞节快乐"：美国散文选》，孙法理编译，译林出版社，2015年版。

注"也就消失在文学作品的天际线中了。

我过去对梭罗的作品理解不够深刻,如今再读,却有了很多不同的感受。梭罗为什么厌恶群居而去寻找离群索居的"孤独",难道这只是一种哲学的思考?只是追求那种亲近大自然的生活艺术吗?我想,他还是有着另一层天然的生存意识的:"我发现孤独在大部分时间里都是有益于身心健康的。和别人在一起,甚至和最要好的友伴在一起,很快就令人感到厌烦,浪费精力。我喜欢孤独。我从没有发现一个像孤独那样的好伴侣。"[1] 他打破的是群居人"文明"的思维格局,寻觅"孤独"的诗意栖居,用个体的野性来面对大自然,并与之形成对话的关系。正如梭罗自己所言:

> 我的地平线给森林团团围住,完全属于我一个人;极目远眺,一边是铁路伸到湖边,另一边则是沿着山林公路的篱笆。但就绝大部分来说,我所住的地方就如在大草原上一样孤寂。这里既是新英格兰,同样也是亚洲和非洲。我似乎有着自己的太阳、月亮和星星,似乎有着一个完全属于我自己的小世界。夜里,从没有一个旅客经过我的屋子或来敲我的门,就仿佛我是第一个或最后一个人;除非是春天,村子里偶尔有人跑来钓鳕鱼——他们在瓦尔登湖里钓到的显然更多的是自己的天性,

---

[1] [美]亨利·戴维·梭罗著,许崇信、林本椿译,《瓦尔登湖》,译林出版社,2011年版。

把黑暗当钓饵装在鱼钩上。不过他们很快就退走了,经常提着轻飘飘的鱼篓,"把世界留给黑暗与我"(托马斯·格雷《墓园挽歌》1751年),而黑夜的核心却从未遭受到人类邻居的亵渎。我相信,人类一般说来仍然有点害怕黑暗,尽管妖巫全都给吊死,而基督教和蜡烛也已介绍进来。[1]

一边是象征着现代文明的铁路对自然环境的侵略,另一边是人们对孤独个体的骚扰,一个没有定力的人是无法拒绝"文明"的诱惑的,是没有能力抵抗个体孤独的精神困扰的,面对这个世界的黑暗,谁能如梭罗那样迎娶黑暗的新娘呢?一切人类文明的哲思与感悟在梭罗的眼里都是苍白的,即便是宗教信仰也无法进入他的精神领地。

于是,"把世界留给黑暗与我"便成为我们认识梭罗超验世界的一把钥匙:文明的世界需要的是光明,黑暗的世界属于原始文明;群居的人类需要的是世界的和谐,孤独的个体追求的却是野性的思维,甚至是与自然和兽性的对话。

如此这般,我们能够在《瓦尔登湖》美丽的文字中接受一个另类的梭罗吗?!

---

[1] [美]亨利·戴维·梭罗著,许崇信、林本椿译,《瓦尔登湖》,译林出版社,2011年版。

辑二　今天，我们怎样阅读

突破文化沟通的屏障

——读《我的米海尔》[1]

随着全球一体化文化格局的必然到来，各国的文化交流进一步深入，这种深入再也不是皮相的接触，而是一种揳入民族文化历史心灵深处的至深理解，譬如眼前的一本漂亮的翻译新作《我的米海尔》（译林出版社1998年版），这是中国社科院的青年译者钟志清的出色译作，她通过对大量希伯来文化典籍的深入钻研，通过对这个国家和民族的实地考察，甚至通过对作者本人的调查了解，乃至通过与英译本的比照，把距我们心灵老远的以色列人的现代生存境况，尤其是心灵的栖居状态呈现于眼前，使我们找到了瞭望其民族文化心理的一扇窗，同时也找到了与之进行心灵沟通的渠道。

阿摩司·奥兹作为当代以色列文坛最具影响力的优秀作家，虽然已经出版了九部长篇小说、三部中短篇小说集和五六部杂文

---

[1] ［以色列］阿摩司·奥兹著，钟志清译，《我的米海尔》，译林出版社，1998年版。

随笔集，而且还获得过以色列国家文学奖，然而，他在中国却鲜为人知，这不能不说是一种遗憾，现在他的五部长篇小说陆续在中国面世，又不能不说是一种幸运。正如他在《致中国读者的一封信》中所言："中文和希伯来文都存在了数千年之久，两种语言都留下了世界文学中最伟大的创作。泱泱华夏与区区以色列均面临着将源远流长的古代遗产同充满活力的现代创造协调一致的困难。我们有许多地方要互相学习，有许多地方要互相了解。"

我十分赞同美国普林斯顿大学教授普兰迪的那句话："翻译中最难的不是语言，而是另一种文化。"这几乎就是现代翻译的箴言。老一代翻译家的那种只把语言作为工具，以为有了工具就可以播种的翻译观念已经不适应现代翻译的高标准要求了，再多的华丽辞藻的堆砌也不能掩盖其本身内容诗意性的消解。只有对其翻译对象彻底了解，努力去体验他们的生存环境，你才有可能进入他们的语境之中。否则，你只能是隔岸观火，只能盲人摸象似的去"直译"，必定会在文化上闹出许多笑话来。我以为钟志清之所以在《我的米海尔》一书中能够较准确"传神"地表现出汉娜的心灵世界，最最重要的是，她采取了直接进入其民族文化之中的方式方法，与之共同生活，以数年的工夫用心灵去体验以色列的传统文化和现代意识。当然，只有兴趣还不够，更有意义的是，钟志清对以色列文化的钟情，以及由钟情而产生的再创作的那份激情："命运之神就是这样在砥砺人拉紧生命的纤索、咬住牙关前行。"[1]

---

1 见《我的米海尔》译后记。

读《冠军早餐》和《囚鸟》

我不知道是著名翻译家董乐山先生漂亮的译笔进一步美饰了库尔特·冯内古特的小说《冠军早餐》和《囚鸟》，还是因为作品本身那种文体和语言的魅力所释放出的巨大潜能，反正我在阅读这两部作品时，感受到了一种新颖而鲜活的表述方式。

读《冠军早餐》，仿佛在轻松地阅读一篇篇精美的散文，你尽可以在平白流畅的语言中读出一种情致来，而那裹藏在语言背后的近乎残酷的反讽意味却能给你一种冷飕飕的感悟；你也仿佛在读一部科幻童话，尤其是在作品那一幅幅近乎稚拙的插图（原作者的自绘插图）中，当你突破表层结构的意蕴时，你便能在语言表述的张力中，在童话般的意象之外，获得一种黑色幽默的深刻敏悟。作者无时无刻不在嘲讽美国文化，乃至整个世界的文明进程——人类已经到了"觉得自己投错了国家，或者甚至投错了星球"的文化境地。物质极大的丰裕，并不能代表文化就进入了一个高度文明的阶段。恰恰相反，人类被物质文明所困囿而不能自拔。冯内古特正是通过这一视角，用一种间接的艺术表现手法去传达人类的孤独与迷惘。在这部小说中，主人公在无法与人进行沟通时，只能与自己豢养的鸟和狗说话，这一十分冷峻又撼人心魄的细节描写，充分展露了文明毁灭人类的可怖前景。但是，这些深刻的主题再现却被作者一而再，再而三地用轻描淡写的叙述掩盖着，让你在淡淡的惆怅中去体味奔突于小说内里的熔岩般的地火。甚至，当主人公被卷入巨大的政治旋涡（水门事件）时，作者仍能用那几乎是荒唐的细节描写将读者的视线移开，化沉重为轻松，缩巨大为渺小——他充分地运用了艺术的辩证法，把一个严肃的政治文化命题漫画化，然而，却使我们在黑色幽默的艺术魅力的统摄下，深味其中主题之巨。

《囚鸟》使我们愈发体会到冯内古特语言的幽默和机智。无处不在的语言张力，把我们带入环环相扣的众多故事叙述当中去，从中，我们可以清晰地看到作者对美国文化的深刻反省，以及对人道主义和人性的"守望"。作者对资本主义后工业时代的文化弊病所提出的尖锐诘难，可谓鞭辟入里，独到而深刻。

我们常说"后现代"的写作是晦涩难懂的，但是在《囚鸟》中，冯内古特却以最平实的语言展示了最深刻的内容。作为语言大师，他能够举重若轻，用令人发笑的小故事对人类悲剧性的文化灾难进行无情的鞭挞和嘲讽。譬如爱因斯坦向上帝举报审计师而遭上帝报复的虚拟故事，充分展现了作者的才智，他要抨击的正是美国政治文化中缺乏人道主义和人性的事实；而那个具有讽刺意味的故事——巨富玛丽·凯瑟琳为了"藏富"居然装扮成叫花子，也足以让我们看到美国文化的"病灶"所在，同时，亦使我们反思人类在自身文化进程中的病痛。

与其说冯内古特是一个科幻作家，倒不如说他是一个彻头彻尾的"政治文化寓言"和"政治文化预言"的小说家。他用黑色幽默的方式描绘出的美国政治的现实图景，这些文化命题不仅应引起美国社会的警惕，同时，它亦警示着人类文化在向前发展的过程中可能遇到的种种心理层面的灾难。冯内古特认为，人类不能放弃对人道和人性命题的最根本的追求。

读《冠军早餐》和《囚鸟》，国内的许多作家可能更看重它们那种轻灵的叙述方式和黑色幽默的机智，但我却更看重这两部小说在叙述方式背后所表现出来的对现存文化的愤怒，以及对人类丧失人性和人道的极大忧虑！我以为这才是我们提取美国现代文学的营养和资源时最必要的精华。

基督的再生与永恒

——读《基督的最后诱惑》[1]

作为一本20世纪最"经典"也是最具灵魂震撼力的作品，《基督的最后诱惑》不为中国人知晓，甚至那些诺贝尔文学奖评委亦不为所动（1952年此书作者仅以一票之差落选），这显然是一种文化的错位，作者卡赞扎基斯这个名字享受了半个世纪的"伟大孤独"，至今才又重新被人们所认识，这种人类的悲哀，仅仅归咎于几个评委的有眼无珠吗？

记得在八九年前，南京市电影公司请我带一些研究生去审看《基督的最后诱惑》这部影片，看完影片后还进行了座谈，由于当时对这部影片背景不甚了解，说的大多是一些不着边际的话，不过，我在总结时从直觉出发，认为此片震撼人心之处就在于：基督正是在他一次

---

[1] ［希腊］尼可斯·卡赞扎基斯著，董乐山、傅惟慈译，《基督的最后诱惑》，译林出版社，1999年版。

又一次经受世俗的诱惑过程中获得了灵魂升华，实现了再生与永恒。

这次读到了董乐山、傅惟慈翻译的《基督的最后诱惑》（译林出版社1999年版），真正感受到一次灵魂的洗礼，也为自身在新世纪的"后现代"文化语境中确立人文精神的标尺找到了一个鲜明的参照物。

为什么作者卡赞扎基斯能以如此博大的胸怀去洞悉和重新审视人类灵与肉的互斥互补之间所形成的文化张力呢？这是因为作者自喻，其精神寻路历程是与基督同轨的。他一生创作的过程就是不断在寻觅精神归宿的过程，但是，作为一个大师级的作家，他更注重的是这个寻觅的"过程"，而非最后的"终点"。从这个意义上来说，人类存在的意义就在精神和肉体的不断斗争的过程中，就像那个永不停止推石的西西弗斯一样。因此，当我们看到作者能够亲历阿索斯山修道院禁欲苦行，企图与救世主直接沟通时，当我们看到他重新回到尼采，又从尼采转到佛陀，从佛陀转到列宁，又从列宁转到奥德修斯时，在一次次的流浪漂泊中，作者那种坚韧不拔的寻求面影使我们清晰地看到了一个思想者的足迹。他在个人私生活中的实践，使我们看到一次次灵与肉冲突的思想结晶。作者把这一次次的思想过程演绎成一部部作品，确是他为人类思想和艺术宝库提供的无尽宝藏，可惜的是人们在普泛的阅读中陷入了思想的"盲区"。

作者在《基督的最后诱惑》中塑造了一个全新的基督，作为"新人"，基督不再是神化了的基督，他在世俗生活的肉欲诱惑中走下了祭坛，走出了十字架，他变成了一个在肉体与灵魂之间游移的普通人形象——亦如董乐山先生在译序中所说的"把耶稣看成一个能为20世纪所了解的新时代人物"。可以说,对基督的描写过程是一次降神的过程,难怪像这样的作品一再受到教会的诋毁,但我绝不以为这是对基督和宗教的亵渎,相反,基督正是在灵与肉的最后诱惑和挣扎过程中完成了洗礼,才真正意义上完成了自己的牺牲,才能重新走上十字架,让人类的灵魂安妥。因为,"每个人的精神和肉体都具有一定的神性,所以基督的神秘不是某一教派的奥秘,而是普遍存在的:每一个人身上都爆发着一场神与人的斗争,与此同时每一个人也都渴望二者和解"。因此,作者才让"基督经历了挣扎中的人类经历过的所有阶段"。所有这些,只表述了一种创作意图,这就是与我们人类息息相关的"基督身上深厚的人性的一面","如果基督身上没有这一温暖的人的因素,他就永远不会这样成为我们生活中的楷模"。正是这"人的因素"的发现,才使得基督富有了人性的色彩,才还人类一个"人的基督"。由此,我看到了一幕幕基督过着庸常世俗生活的画面:他交媾,他结婚,他生下了一大群大大小小的基督,他生活在自足的田园牧歌之中……正如作者宣告的那样:"他最后选择原是常人所走的路,多么好,多么理智的选择啊!拯救人类是多么疯狂的想法!能够逃避饥饿、折磨和十字架,安度一生,给了他多大的快乐!"

然而,这并非是说基督放弃了灵的思考!也并非是"基督的最后诱惑","最后的诱惑"来自作者赋予基督的人文哲思——"救世主"死去了(亦如尼采所言"上帝死了")!但"人的基督"仍需在艰难的精神历程中跋涉,欲望的物质世界中存在着巨大的诱惑力量，人类就是要在这欲望和灵魂的冲突中去寻求新的牺牲精神，缘于此，作者才敢将自己与基督相比："我正被钉死在十字架上，我没有屈从于诱惑……"受过诱惑而不屈从于诱惑，这才是"人的基督"更贴近人性的文化选择。这个"最后诱惑"的过程才具有真正的自由之精神！

这部呕心沥血的著作，无疑是作者留给人类的一部20世纪的文学和文化"经典"，更具意味的是，它在20世纪的最后一抹夕阳中来到了中国（作者是于1957年走完了最后一个灵魂文化驿站——中国后即刻死去的），应该说是上帝的赐予，或者说是作者卡赞扎基斯在天之灵的祈望所致。

我以为这部作品是一个具有深度的现代悲剧，它充满着诗性精神，同时也洋溢着酒神精神。这也是作者精诚所至："在我写作《基督的最后诱惑》的日日夜夜里，我怀着莫大的恐惧再一次走过基督迈向髑髅山的步步滴血的历程；我感情激动却充满理解和爱再一次体验了基督的一生和受难。我写下了这一剧烈的痛苦的自白和人类伟大的希望，常常感动得热泪盈眶。我从未感到过基督的鲜血这样既甜美又痛苦地滴滴落进我心里。"

基督的牺牲精神会在人类中再生和永恒吗？尤其是在这物欲横流的时代，要完成灵与肉的精神升华，没有"最后诱惑"的文化哲思和痛苦的实践，怎能重新走上精神的十字架！

1999年12月16日于紫金山下

"人性因素是杰作所不可或缺的"

——肯尼斯·克拉克《何为杰作》[1]的当代性阐释

1974年,我在扬州师范学院图书馆的特藏书库里看到一本油画画册,那里面许多诸如裸体维纳斯的油画让我震撼,在那个禁欲时代偷窥到这样的画面,当然是有一种原罪感的,但是这种莫名其妙的诱惑却让我着迷于西方宗教题材的油画阅读,虽然我对古希腊、古罗马神话并无专业兴趣,更不了解西方文化中的宗教背景,迷恋的只是油画比中国画更有质感的逼真立体的视觉效果。工作以后,我常常与同事Z君钻进图书馆的阅览室,尽情地享受着饱览介绍国外社会动态画刊的特权,那时候虽然没有"开放",却也有一些带有批判眼光介绍西方"腐朽生活"的画刊,比如西方"大胃王"比赛的漫画,让我们比一般信息闭塞的国人更先知道西方文化的"腐朽"程度,当我们还在为温饱发愁的时候,就

---

[1] [英]肯尼斯·克拉克著,刘健译,《何为杰作》,译林出版社,2021年版。

提前消费了后现代美食文化，什么"七把叉""一扫光"之类的绰号勾起了我们对食物的贪念。但是，我们更想看的是那些介绍西方油画的画报，看过了裸体维纳斯之后，我陆陆续续从画报中窥见了许多西方宗教题材的裸体画，也看到了让我们革命激情澎湃的"自由引导人民"画幅，也许更加吸引我们眼球的是那个革命女神袒露出的美丽双乳。还有让我沉浸在几乎没有肉欲之美中的那幅安格尔的《泉》；那幅库尔贝的著名巨型代表作《画室》让我更加震撼，我试图去读解这幅油画的主题，因为我并不满意那时候这幅画被披上了革命现实主义的阐释外衣——用库尔贝的名言"我不会画天使，因为我从来没有见过他们"来曲解裸体美。尽管我那时毫无能力去对这幅画进行艺术主题的评判，但是，直觉让我发出叩问：那个占据画面中央的女模特儿难道不是脱胎于西方古希腊、古罗马神话中的原型描绘？以致后来读到了许许多多的对西方名画的解读，甚至在卢浮宫流连忘返时，在强大的视觉冲击的压迫下，我发自内心的对艺术力量的震撼与呼喊，都无法满足我对那些世界名画主题探索的兴致，因为我知道这个与文学表达休戚相关的绘画艺术的阐释是一个无比深奥的研究领域，而更多平庸的艺术批评家所做出的千篇一律的浅薄解读，往往让人感到一种无法抵达灵魂深处的遗憾。而"20世纪最具影响力的英国艺术大家之一"的克拉克的解读，却在我的天灵盖上开了一扇窗户，让我看到了以往看不到的灿烂星空，即使他的观点有时也充满着悖论。

《何为杰作》是这本并不厚重的著作的第一部分，让我特别感到兴奋的是克拉克在这些名画中找到了现代阅读者打开艺术之门的钥匙，全书充满着当代性的人文阐释："当我们开始对人类感到绝望时，只要我们想到韦斯莱修道院或沙特尔大教堂，想到拉斐尔的《雅典学院》(*School of Athens*)或提香的《神圣与世俗之爱》(*Sacred and Profane Love*)，我们就会重新对那难以言说的人性感到骄傲。我们的信心因杰作的存在，因大师之作能够向我们直抒胸臆，正像它们几百年来对我们的祖先所做的那样，我们因这超凡的事实，而得到拯救。"这样，我们就不会"退缩到一种生活方式，通过某些痛苦的训诫，达到与世隔绝的状态"。这就是克拉克解读这些画面时的独特之处，画面中的人物和风景就像"没有归宿的孤魂一样，纠缠着我，恳求我给它们以生命"。那么，克拉克是如何赋予这些名家画作新的生命的呢？

首先，克拉克在剖析圣十字教堂里多纳泰罗的《天使报喜》时提出了一个艺术鉴赏的重要论断，即对作品"恢复生命"，而杰作就必须保有两个特性："记忆和情感汇合形成某种理念，以及传统形式再创造的能力——既要表现艺术家所处的时代，又要与过去息息相关。"可以清晰地看到，克拉克一方面强调作家主体的当代性的阐释，这个阐释即为赋予作品原型新的生命的主观性；另一方面，克拉克又主张与历史的沟通。如此说来，当下现实与历史的结合，使作品产生新的当代性元素，才使绘画主题升华出赋有新生命的宁馨儿。缘此，克拉克又举他最激赏的画家之一提香的名画《基督下葬》为例:"提香保留了传统结构,但借用这个艺术主题,创造了一幅戏剧化的场面,充分表现出这一主题的悲剧性……因此,《基督下葬》就与我们建立了双重关系。这正是大师之作的特点。它既是一幅超凡的设计,又是对人性价值深邃的肯定。"由此,"对人性价值深邃的肯定"成为克拉克鉴赏名画主题的一个恒定的价值标准——"人性因素是杰作所不可或缺的",这一尺度不仅是油画艺术的创作和评判的标尺,它同时也适用于文学创作和批评的标准。

毫无疑问,在揣摩画面构图时,不断发掘人性主题的多元性,也是一个艺术家和批评家步入大师殿堂的必然过程,在分析提香肖像画《保禄三世》"向复杂人格自愿缴械投降"时,他说出了一个发现艺术真谛的道理:"你可以盯着这幅画看上一个小时,就像我做过的那样,离开后再回来。每一次转回来,你都会发现一些新东西。一位睿智的老者,一只狡猾的老狐狸,一个对自己的同类了如指掌的人,一个认识上帝的人。这些提香都看见了,而且看到更多。"且不说提香有没有看到,即使提香没有看到,克拉克看到也就足矣,因为先前的观赏者没有发现的那些画面中人性的多元元素,只要被批评家重新发现,那就是一种再创造的过程。我们希望文学批评也能够产生出更多的像克拉克这样触觉十分敏锐的批评家。克拉克的这种发现,让我想起了上世纪 80 年代兴起的小说人物的二重性格组合论,想到了人物性格多义性的塑造,那样的话题与克拉克的观点是相近的,但是,我们并没有更深入地打开这个话题,将"对人性价值深邃的肯定"进行到底。当然,它还让我想起了巴赫金的"复调小说"理论,这都是我们使文学艺术作品进入杰作的津梁,却都让我们在人性探索的入口处画上了休止符。

克拉克认为肖像画成为杰作并非简单地模仿现实,他以委拉斯开兹的作品《宫娥》为例,提醒人们在对"表现出无与伦比地忠实于真实"大声说"不"之前,必须弄清楚"视觉表现的程度是什么",在这里,克拉克要强调的一个重要的绘画元素是不能被艺术家在细节方面的"真实性"描绘所蛊惑,那就是绘画的"错视画"效果的膨胀,所谓"错视画"就是被戏称为"眼睛的把戏"的一种绘画,其目的就是过于强调画面的立体感,将"逼真性"推向极致,这种让人产生"深度视觉的真实错觉"的绘画形式,为什么会被克拉克拆分成两种不同语境中的情形呢?他认为:"仅凭一个小细节(这在过去被称作错视画)很难取得成为杰作的资格。但是,当真实性的发现被扩展到一组人,安排在一间大屋子里,而且牵涉进一个微妙的人类情境,这时,画家的智力把握和技术水平就可以结合在一起,创作出一幅杰作。"一开始,我很难理解这段话,为什么"单数"与"复数"的情境就会呈现出不同的艺术效果呢?在仔细观察了《宫娥》三幅局部和放大了的画面时,我才顿悟出克拉克所要表达的意念——只有赋予画面人文主题的表达,才能使绘画成为杰作,这才是"画家的智力",也是绘画获得生命的源泉。没有智力,技术再好也不能创作出杰作。从放大的局部画面来看，出现那只狗的形象并不足以阐释作品的人文内涵，而将画面全景当中各具神态的人物放大，其所释放出的人文情境就呼之欲出了。

只有表现出人物丰富的内心世界才能凸显绘画博大精深的人物主题，于是克拉克强调创作者需要"戏剧化场景的刺激"，在几幅基督教题材画作的分析对比中，我发现克拉克尤其强调对人物细节描写的独特性。在《犹大之吻》中："画面上的一切——棍棒、火把、衣饰，当然还有人物[1]——都引导我们的视线投向基督和犹大的头部。"克拉克对"刻骨铭心的对峙"画面做出了精彩的分析："犹大，像一只动物，对落在自己头上的可怕任务毫无知觉；而耶稣，目光严峻地承受着对自己的背叛，将之作为自己命运的一部分。"足以看出克拉克对突出人物灵魂深处描写的青睐。

一幅优秀的艺术作品还应该具备什么样的品格呢？克拉克在剖析《哀悼基督》时，虽然同样强调了人物细部描写的重要性，然而，他呼应前面所提出的"戏剧化场景的刺激"的理论，总结出了在欧洲绘画的巅峰时期，"它们所表现的几乎全是悲剧。正如在戏剧中，希腊的或者伊丽莎白时代的，拉辛的或者席勒的，正是生活中的悲剧成分和死亡的终结性将这些画家提升到最高层次"。所以克拉克将曼特尼亚的《哀悼基督》和贝利尼同一题材的

---

[1] 这里的人物是指画面中那些处于陪衬地位的人物。——笔者注

作品进行对比时,道出了绘画艺术优劣高下的本质特征:"不在于灵感激发下的艺术技巧,只有深沉的人性。"说得多好啊!它对文学,尤其是小说创作也是有重要借鉴意义的,可是我们此前并无知觉。

克拉克死磕基督教题材的创作,是因为他对人性理论阐释意犹未尽,从他对罗希尔·范德魏登的《基督下十字架》的分析中,我们就可以看清楚创作者的价值坐标在哪里:"画中的人物似乎在画出来之前就已经成为艺术。然而,所有这些精巧的艺术仍然服务于主题。我们知道,基督从十字架上下来的真实情景远非画面所描绘的那样。但是,罗希尔的想象力,辅之以精湛的绘画技艺,迫使我们暂时停止对画面做出常识性的批评。事实上,我们根本就没有闪过批评的念头。这就是艺术的胜利。"由此,我想到的是我们的文学批评有无在作家作品中阐释真正的批评——发掘不被别人看见的作品内涵,从而突破一般常识性阐释的困扰。

毫无疑问,这些基督教故事对美的升华满足了人们的感官享受,同时也提升了人文精神。但是,问题来了,我们在青春萌动期从大量的古典艺术绘画中寻觅到的裸体人物,没有从肉欲升华到灵魂的那种原始的人欲冲动,就一定要被排斥在净化了的人文主题阐释之外吗?这是我们阅读许许多多的文学艺术作品所遇到的共性问题。就像克拉克描述的那样:"这表现在波提切利的作品之中。他的美惠三女神的美感最终表达了一种深刻的感官反应，其表达风格却如此克制，让人不可能做肉欲之想。他的作品悬于一个空前绝后的平衡点上。他的维纳斯的形体之美被处理得如此脱俗，竟让我们忘记了肉体的本能。他的维纳斯起源于古典维纳斯，而后者往往会唤起这种肉欲的本能。"克拉克认为波提切利突破了许多维纳斯题材对肉欲本能的描写，成为进入脱俗的高雅艺术殿堂的特例，其原因就是让观众在读画当中脱离肉欲的低级趣味。作为一个早已经过启蒙主义洗礼的 20 世纪杰出的艺术评论家，克拉克所展示出的波提切利的《维纳斯的诞生》并不能阻碍许许多多观众对肉欲美的垂涎，这种本能作为人的潜意识不可或缺的一部分，如果不能进入文学艺术作品主题阐释的视域之中，则人将非人！或许对于艺术作品的欣赏，我们不能仅仅局限于形而上的灵的升华，也需兼顾形而下的内心欲望，而我以为，只有灵与肉的交织描写才能塑造出一个真实的心理世界。

我可以毫不掩饰地说，当我在二十多岁偷窥这些世界古典人物名画时，我更多地是在那个性饥渴的禁忌年代里追逐肉欲的狂欢，也许那就是尼采的酒神悲剧精神在作祟；当我五十岁进入卢浮宫目睹原画作时，我仍然无法排除原始肉欲的杂念与冲动；今天，当我再次观赏各个艺术家不同风格的裸体维纳斯画作时，也仍然不能免俗，虽然早已看惯了各种美妙绝伦的人体艺术，但是原始欲望的火种并没有熄灭。所以，我不能全部同意克拉克对维纳斯艺术的评价坐标："乔尔乔内的《沉睡的维纳斯》（*Sleeping*

Venus）是一首肉体欢愉的诗歌，他的控制如此美妙，竟让我们几乎无法辨出其原貌。但是，如果让一个俗人看一看这幅画，他的反应可想而知。他不具备我们对完美包裹着她身体的形式传统的知识，因此对于他来说，这不过是一个裸体女人，是欲望或嘲笑的对象。"这段话首先让我想起了鲁迅评价《红楼梦》时的那句名言"道学家看见了淫"，更让我想起了20世纪80年代首都机场那幅《泼水节——生命的赞歌》大型壁画被遮盖的遭遇。这恰巧违背了克拉克所说的"活力和人性就会受到损害，而活力和人性是最理想化形式的基石"的观点。我年轻时看乔尔乔内的《沉睡的维纳斯》，觉得他笔下的维纳斯宁静安详，略显肥硕的身躯带有成熟女性的魅力，那是我最早看到躺平了的维纳斯。而克拉克在评价提香的《维纳斯从海面上升起》时说"维纳斯的躯体像成熟的水果挂在墙上，但是，这幅画并不带色情意味"。哈哈，恰恰相反，如我一样，有多少青少年的性启蒙就是从这里开始的，这幅画中充满着肉欲的维纳斯不仅健硕肥壮，而且眼神和捋辫子的动作也极具挑逗性，虽然这种挑逗是那样优雅别致，弥漫着动人心魄的魅力。但是，就是这幅画让我在灵与肉的来回折返中，找到了自我——在灵肉的复调交响诗中获得了人的全部尊严。

那么，什么样的作品会被克拉克判定为色情的作品呢？"事实上，我认为一幅被标定为色情的绘画并不能够被称为杰作。色情风味太强必然会破坏我前面提到的意义和形式的平衡，最接近色情但仍不失为杰作的一幅画是卢浮宫中科雷乔的《朱庇特和安提俄珀》。但是画中的邀请姿势才是主题的要素。"我同意克拉克杰作不能"色情风味太强"的观点，这证明了他也并非排斥杰作保有的色情成分。然而，我看这幅画的时候，荷尔蒙的成分反而大大降低了，并不像青年时代那样贪婪地去专注裸体，何况那个女裸体的细部描绘并不凸显，那是因为我首先是被人物之间的故事纠葛所吸引，也就是克拉克所说的它的人文主题稀释了他认为的色情元素。

这也是克拉克评价鲁本斯画作时的价值坐标处于紊乱中的范例："他的最伟大的杰作都是基督教绘画。但是，他的那些唤起感官反应的绘画也是杰作。"这似乎采用了评价体系的双重标准，我们可以局部放大《基督上十字架》中半裸的女子袒露乳房哺乳的画面，但是，女子与男子交流的眼神，尤其是那个孩子惊恐的面部表情，都将我们带入基督受难时的悲剧情绪之中，尽管其构图形式与其《基督下十字架》有着对位关系，但是，人们的全部注意力都集中在主题的阐释之中，那种肉欲的冲动被消解在巨大的人文意识的统摄之中。其实，让我在年轻的时候就牢牢记住鲁本斯这个画家的是他那幅《帕里斯的审判》中的三个女神的裸体，鲁本斯关于这一题材的帆布油画有好多幅，有的译为《帕里斯的裁判》，而克拉克选择的这一幅恰恰又是比较保守的，这与热衷于描绘美丽丰满的女体的画家本人的绘画观念相去甚远，画家敢于以自己的妻子海伦为美神维纳斯的模特儿就说明了一切。他对三个女神赫拉、雅典娜和维纳斯的描写，最有震撼力的是那幅构图为两个正面一个背面的三人占据画面中心位置的图，三女神在观众审美眼光中呈现出来的躯体美，以及男神肌肉线条的力之美，触发了许多少男少女灵魂的悸动。

如何在人物描写中把控色情和艺术之间的平衡点，的确是一个文学艺术的千古难题。

我们应该如何掌控这个平衡点呢？

2021年8月11日草于南大和园

8月12日二稿于南大和园

现实世界中作家的历史倒影
——《文学法兰西：一种文化的诞生》[1] 读札

这部 1987 年写就的书籍，直到三十二年后中译本才面世，所以至今我才知道在启蒙主义到大革命前后，法国有了所谓的"公共作家"。窃以为，"知识分子作家"一词可以纳入法国的文学文化历史，虽然也有学者认为这个词是出自俄国。发生在 19 世纪末法国著名的德雷福斯案件，广大的知识分子出来为之辩护，其中最具轰动效应的是著名作家左拉在《震旦报》上向法兰西总统发出了吼声最有力的《我控诉》之檄文，由此而形成了世界性知识分子的分化，一批作家坚定地站在左拉一边，尽管左拉本人因判刑和罚款被迫逃往英国。契诃夫发出了代表着俄罗斯作家良知的心声"世间尚有公理存在"，学者们将其作为现代"知识分子"的

---

[1] [美]普利西拉·帕克赫斯特·克拉克著，施清婧译，《文学法兰西：一种文化的诞生》，译林出版社，2019 年版。

开端是理所当然的，如果再冠以"公共作家"的名头也未尝不可。它应该沿袭"知识分子作家"的称谓，原因就是倘若没有知识分子，尤其是没有作家的参与，"公共事件"可能就不会有如此震撼的后果。作家介入法律和政治的案件只会在法国出现，因为他们建立了一种无形的法国文学文化中"公共作家"的机制，他们用自己的作品证明给世界看：作家介入社会政治生活，抒写出来的重大题材作品是名垂千古的世界一流佳作，当然其中最具价值的是人性和真理的持守。

从时间的维度上来说，也就是在福楼拜的写作时代，作家的写作尚处在一种"个人写作"或"私人定制"的文学文化语境之中，是伏尔泰这个"过渡时代"哲学家兼作家的准知识分子的书写阐释，才使法国开始有了真正意义上的"公共作家"。一个国家重视文学文化，用"先贤祠"的方式方法遴选民族英雄，看起来是一个十分令人捧腹的罗曼蒂克举止，然而这其中的文化内涵却是独树一帜的——经过大革命洗礼的法兰西非但没有像俄罗斯那样走向沙皇专制，反而以一个自由女神的姿态独立于世界之林。具有幽默揶揄意味的是，在美国独立一百周年纪念日的时候，法国著名雕塑家奥古斯塔·巴托尔迪历经十年雕成的《自由女神像》由美国总统克利夫兰在纽约揭幕，名义上是纪念独立战争中的美法联盟，而从骨子里彰显出的却是两种革命不同的结果，法国人更崇尚浪漫自由的理想，尽管充满着乌托邦式的幻想，但是他们认这个。因此，克拉克在第一章《定位文学文化》一开头就援引了格特鲁德·斯坦因说的话:"但他们所做的是尊重艺术和文学,如果你是作家你就享有特权……拥有特权感觉不错。"当然还有弗朗索瓦·努里西耶所说的:"法国作家在巴黎公众生活中所享有的至高无上的特权,在世界别的地方是看不到的。"他们宁愿把政治家关在笼子里,也不把文学家关在笼子里,那会造成一个什么样的后果呢?

与中国式的教育不同,法国将文学教育作为民族文化最重要的组成部分,文学布满他们教科书的蓝色天空,这就使得他们的思维方式更趋于感性,这种传统的利弊究竟在哪里呢?

仔细思量,如果用"公共作家"介入社会政治程度的标准来衡量,各国作家作品仿佛都可以以此来分类。

探讨这个话题十分有趣,我立马联想到百年来经过五四新文化运动洗礼过的中国作家的身份认同问题,即那种潜在的"个人写作",我就干脆将这类作家命名为"个体作家",他们与"公共作家"之间的差异性,甚至相互之间在文学史中此起彼伏的矛盾纠葛曲线图,就会浮现在我的眼前,显然这也是新文学史不被觉察的暗隈所在。研究他们的特征,有益于梳理出两类作家作品在主题表现上的差异性,也才可以看出其与整个政治社会史的关系。更重要的是,在人类阅读史上,这两者随着时间推移逐渐显现出来的优劣,则是文学创作的一个重要的参考。

作为"一种文化的诞生",克拉克认为"20世纪的公共作家就是知识分子",而知识分子作家所承担的社会责任应该是什么呢？这似乎是一个文学的外部问题，但它又的的确确对一种文化的诞生起着重要催化作用。我虽然不完全同意1990年这本著作平装版序《再读〈文学法兰西〉》中关于文化历史断代划分的观点，但是文化身份"这种意识在一个面临剧变和断裂的时代显得尤为重要。在民族主义思想仍然暧昧不清的当下，本书将为读者展示文化实践如何支撑民族身份"。从这个意义上来说，本书所列举的伟大作家，无论是启蒙时代，还是法国大革命前后，直至20世纪文学家的所作所为，以及他们作品的思想内涵都是有益于我们从中汲取文学和文化营养的思想土壤。所以我试图选取书中所涉及的伏尔泰、巴尔扎克、雨果、左拉、萨特等作家为主要参照对象，从法国启蒙时期至20世纪的作家作品中找到某些历史倒影，以期获得一种警醒。

近几年，法国政治历史学家托克维尔的政治著述《旧制度与大革命》和《论美国的民主》引发了中国学界广泛探讨法国大革命的强烈兴趣，殊不知，这个历史学家对法国政治文化的预言是与许许多多同时代作家的政治介入有密切关联的。我并不想把法国大革命与之前所发生的以独立战争为标志的美国革命相比较，做出一个谁优谁劣的政治性判断，而是想从法国大革命前前后后的政治历史背景中发掘当时作家的思想状态，换言之，就是给那些世界级的著名作家进行一个肖像描写，我将这种思想肖像的寻觅称为"作家坐标"的定位，或许我的这种定位并不一定精确，但是，它有益于我们在鉴别中找到自己的历史倒影，寻觅到一个作家必须坚守的思想道德底线。

不可否认，中国作家与法国作家一样，除了特殊时期，在某种程度上，"灵魂工程师"的称号受到社会格外的尊重，因为在传统经典的文化词典里，政治非但不是一个贬义词，相反是一个褒义词，与法兰西共和国相同的是，"在法国文学文化史上，与文学家的抱负相对应的是政治家们的文学抱负"。文学家与政治家的身份互通才是一个知识分子生存的最高理想境界，这在19世纪的法国不仅是一种无形的法典，更是成为一种信仰，文学就是"象征性资本"。旧时代是为贵族服务的，新时代是为政治服务的，所以在文学创作领域里，既有渴望进入政治领域的作家（像夏多布里昂当上了外交大臣，像伏尔泰、雨果和萨特在法国政治圈内都享有特殊的崇高地位），又有渴望进入文学殿堂的政治家（比如拿破仑这样的大皇帝也想进入文学的殿堂，展示一下自己的生花妙笔，甚至拿破仑三世希望自己的恺撒传记能够进入神圣的文学殿堂，但被否决了）。这些便充分证明了法国人对文学崇拜已经到了无以复加的地步，这在世界上的任何国家都是一件不可思议的事情，难怪我们在浩瀚的世界文学长廊中总是看到法国作家不断灵光闪现的巨著诞生。

中国也是一个尊重文学和作家的国度，无论入世还是出世，都是一种介入政治的姿态，一个文以载道的大国，文学为政治服务是一种历史传统，文教合一是一种无形的文化规约。总的来说，文学必须与政治保持着亲密联系。所不同的是，他们甚至把文学凌驾于政治之上，究其原因，他们是把文学当作一种国家和民族的信仰来对待的，无论是知识分子还是皇宫贵族，都用神圣的眼光来仰视文学，而中国的文人和统治者更多地是把它作为一种工具来使用的。我们不能说法国作家就没有功利心，但是他们对文学的热爱是建立在一种个体信仰之上，而形成了国家民族的"集体无意识"，无疑，这种信仰促使他们对文学制度的彻底改变——启蒙时代以后出现的"公共作家"就是文学介入与承担政治义务的最好见证，从"过渡时代"伏尔泰的现代阐释，到老巴尔扎克人间喜剧的表白，到雨果悲剧的诞生，再到左拉式的"我控诉"和萨特对政治的强烈介入，我们看到的是文学在法兰西文学文化史上华丽而辉煌的表现，他们从文学外部攻入了人们精神上的巴士底狱，让文学翱翔在自由的天空中，他们认为这才是文学本质的体现。

在中国，自"五四"启蒙主义的"小说革命"试图让文学承担起政治的使命后，文学场域俨然区分出两大阵营，用克拉克的标准来看，以鲁迅为代表的"为人生而艺术"的"严肃文学"队伍成为20世纪中国"公共作家"的群体，而与之相对的"为艺术而人生"的"创造社"群体，虽然抒写了许多"私小说"，却仍然是以"公共作家"的身份介入现实社会政治生活的，其发声的本质特征是与鲁迅等作家一致的。显然，自晚清以来的"鸳鸯蝴蝶派"的"通俗文学"创作是真正属于那种"个体作家"的"私小说"，很快就被"公共作家"打入了"另册"之中（我个人认为这种"私小说"带有极大的后现代性，原因就是它符合消费文化的铁律，艺术性并不是很高，却拥有广泛的阅读群体）；然而，值得注意的是，"公共作家"群体里分裂出了另一支"私人定制"的文学流派，他们的价值观却始终贯穿中国20世纪和21世纪文学，这就是以周作人为代表的"美文"写作，废名、沈从文、汪曾祺等，都是如此，当然也包括这一流派延伸出的小说创作中的审美价值观。显然这是两种截然不同的写作方式，而他们的作品却能够与以鲁迅为代表的"公共作家"的作品并存于世，并能够得到更多作家和批评家的青睐，且收获了更广大的读者群。这种现象也许在法国不一定会出现，在中国文坛上却成为一种特殊现象，这当然有它的道理。还有，我们当然也不能忽略介于这两种写作形态之间，或曰兼得"公共作家"和"个体作家"写作状态的作家，两副笔墨打天下的作家也是不在少数的。

一个世纪以来，因袭沉重负荷的中国文学，让作家们在许许多多的文学运动中吃尽了苦头，让他们怀疑鲁迅那样的"公共作家"姿态是难以走向远方的，所以，当时阿英喊出的那句响亮的口号"死去了的阿Q时代"便回响在许多中国式的"公共作家"内心深处。然而，一百年过去了，阿Q没有死去，他继续活在中国人的生活里，屹立不倒，这就使得中国作家介入政治采用了另一种方式，这显然与法国的"公共作家"的表现方式有着巨大的区别。

作家逐渐对政治失去了兴趣，于是，远离政治，回到文学的

"私人定制"中，成为许多中国作家梦寐以求的写作方式。在这样的文化语境里，"个体写作"才是回到文学本质的论调占据了上风，具体表现为放弃重大题材的书写，躲进个人一隅的心理世界中成为创作时尚（需要声明的是：我并不反对作家回到个人内心世界之中，甚至我以为这种写作也是文学巨著的一种形态）。于是上世纪80年代，中国文学强烈的诉求就是要从政治的藩篱中挣脱出来，"向内转"的形式主义美学便风起云涌，从而促成了"先锋文学"的崛起，而这种文学的样式为什么又会在中国文坛上成为昙花一现的奇葩呢？这是应该引起我们深入思考的问题。我并不是说"现代主义"的作品不好，它对文学艺术的贡献也是有目共睹的，问题是，文学是无法离开"外部世界"的，因为这个"外部世界"的种概念是社会，而政治只是其中一项而已，所以，克拉克认为"法国文学文化要求作家做的更多：要把文学运用到外部世界中去。对作家能够超越自身世界、超越审美的要求，最终促成了像伏尔泰、雨果、萨特这类'公共作家'的社会地位，因为他们把文学论域的私事变成了文化、社会等领域的公事。这些作家是公共形象，这实际上也是一种文化现象。和别人不同的是，他们从自己的时代出发，一方面代表了这个时代，另一方面又向着同时代的人们发声"。

  法国作家真的太特别了，他们与美国作家的区别就在于，他们往往是从关注人类的感性认识入手，去发现人性之美，就像本书中描写的那个生活细节一样，美国人约翰·亚当斯1780年从巴黎写信给妻子,说他"很想再次漫步凡尔赛,细细品味它的美丽,但可惜他没有时间：'我们的国家真正需要的不是艺术……我必须钻研政治和战争'"。这显然与用文学艺术来影响并统摄政治的法国人的浪漫野心是背道而驰的。

"法国文学诉说着一个国家的理想和壮志。毫无疑问,每样文学作品都会缅怀过去,而每位作家都会仰望前人。在法国,各种文学机构使文学充满了历史感,也在今天重塑了过去。"这样的情形在任何国度里都是一个无法实现的梦,而浪漫的法国人做到了。

好吧,法国人的浪漫请继续,他们才不在意别人是仰望还是蔑视"文学法兰西"呢。

2021年7月14日法国国庆日初稿

7月17日修改于南大和园

新世纪中国文学应该如何表现"风景"

——读《风景与认同：英国民族与阶级地理》[1]

风景在文学描写中已成为一个吊诡的文化难题

新世纪文学中的"风景描写"为什么在一天天地消失？也许我们可以在温迪·J.达比的《风景与认同：英国民族与阶级地理》一书对自然"风景"和文学"风景"所作的有效文化阐释里找到些许答案。毋庸置疑，其中有许多经验性的文化理论是值得我们借鉴的。当然，其中也有许多并不适应中国国情的社会文化理论，或者是与文学的"风景描写"相去甚远的文化学和人类学理论，这些没有太多的借鉴意义，这也是我们完全可以忽略不计的，但是其中许多与文学相关的论述却对我们当下的中国文学创作有着不

---

[1] [美]温迪·J.达比著，张箭飞、赵红英译，《风景与认同：英国民族与阶级地理》，译林出版社，2011年版。

可忽视的裨益。此文旨在对照其理论，针对新世纪的中国文学对"风景描写"的状况做出分析，试图引起文学创作界的注意。

笔者之所以要将"风景"一词打上引号，就是要凸显其深刻的文化内涵和不可忽视的文学描写的美学价值。正是因为我们对"风景"背后的文化内涵认知的模糊，逐渐淡化和降低了"风景"描写在文学中的地位，所以，才有必要把这个亟待解决的文学和文化的命题提上议事日程。

从上世纪初至今，对文学中"风景画"的描写持一种什么样的价值立场，是中国现代文学自启蒙运动以来一直没有厘清的一个吊诡的悖论。一方面，对农业文明的一种深刻的眷恋和对工业文明的无限抗拒与仇恨，使得像沈从文那样的作家成为中国现代文学中一面反现代文化和反现代文明的"风景描写"的风格旗帜。人们误以为回到原始、回到自然就是最高的浪漫主义和理想主义文学境界。这种价值理念一直延伸至今，遂又与后现代的生态主义文学理念汇合，成为文艺理论的一种时尚。另一方面，工业文明和后工业文明胎生出来的消费文化的种种致命诱惑，又给人们的价值观带来精神的眩惑和审美的疲惫。城市的摩天大楼和钢筋水泥遮蔽了广袤无垠的美丽田野和农庄，甚至遮蔽了写满原始诗意的蓝天和白云。这些冲击着农耕文明与游牧文明遗留下来的物质的和非物质的文化风俗遗产，使一个生活在视野狭小的、没有传统文化承传的空间之中的现代人充满着怀旧的"乡愁"。城市和都市里只有机械的时间在流动，只有人工构筑的死寂和物质空间的压迫，这是一个被温迪·J.达比称作没有"风景"的"地方"。因此，人在"风景"里的文化构图也就随之消逝，因为"人"也是"风景"的一个组成部分，而且是一个更重要的画面组成部分。那么，人们不禁要叩问：工业文明与后工业文明给人带来的仅仅是物质上的丰盈吗？它一定须得人类付出昂贵的代价——消弭大自然赐予人类的美丽自然"风景"，消弭民族历史记忆中的文化"风景线"吗？所有这些，谁又能给出一个清晰的答案呢？达比认为："吊诡的是，启蒙运动的进步主义却把进步的对立面鲜明引入知识分子视线：未改善的、落后的、离奇的——这些都是所有古董家、民俗学者、如画风景追随者倍感兴趣的东西。启蒙运动所信奉的进化模式由实体与虚体构成，二者相互依存。就风景和农业实践而论，在启蒙计划者看来需要予以改进和现代化的东西，正是另一种人眼里的共同体的堡垒和活文化宝库。中心移向北部山区——英格兰湖区，标志着对进步的英格兰的另一层反抗产生了，美学与情感联合确定了本地风景的连续性和传统。具有家长作风和仁慈之心的土地主精神和道德价值观，与进步的、倡导改良的土地主和农民形成对比。圈地运动与驱逐行为打破了农业共同体历史悠久的互惠关系。当然，这种互惠的纽带以前已被破坏过许多次，也许在16世纪全国范围的圈地运动中，这种破坏格外显著。"

毫无疑问，人类文明进步是需要付出代价的。但是，这种代价能否降低到最低限度，却是取决于人们保护"自然风景"和保存这种民族文化记忆中"风景线"的力度。所以,达比引用了特林佩纳的说法:"对杨格而言,爱尔兰是新未来的显现之地。在民族主义者看来,爱尔兰是杨格尚能瞥见过去的轮廓的地方;透过现代人眼中所见的表象,依然能够感受到隐匿于风景里的历史传统和情感。这类表象堪称一个民族不断增生的年鉴,负载许多世纪以来人类持续在场的种种印记……当口传和书写的传统遭到强制性的遏止时,民族的风景就变得非常重要,成为另一个选择,它不像历史记录那么容易被毁弃。农业改革会抹去乡村的表象特征,造出一种经济和政治的白板,从而威胁到文化记忆的留存。"虽然达比忽略了"人"对"自然风景"的保护,只强调农业文明中"风景"的历史记忆,但这一点也是值得重视的。

从这个角度而言,民族的文化记忆和文学的本土经验是"风景"描写植根在有特色的中国文学之中的最佳助推器。因此,温迪·J.达比所描绘的虽然是18世纪英格兰的"风景"状况,但是,这样的"风景"如果消逝在21世纪的中国文学描写之中,无疑也是中国作家的失职。然而恰恰不幸的是,这样的事实已经发生和正在发生于新世纪的中国文学创作潮流之中,作家们普遍忽视了"风景"这一描写元素在文学场域中的巨大作用。

如何确立正确的"风景"描写的价值观念,已经成为新世纪中国文学创作中一个本不应成为问题的艰难命题。因此,在当下中国遭遇到欧美在现代化过程中同样遭遇的文化和文学难题时,我们将做出怎样的价值选择与审美选择,的确是需要深入思考的民族文化记忆的文学命题,也是每一个人文知识分子都应该重视的文化命题。

"风景"的历史沿革与概念论域的重新界定

显然,在欧洲人文学者的眼里,所有的"风景"都是社会、政治、文化积累与和谐的自然景观互动中形成的人类关系的总和。因此,温迪·J.达比才把"风景"定位在这样几种元素之中:"风景中古旧或衰老的成分(可能是人物,也可能是建筑物),田间颓塌的纪念碑、珍奇之物如古树或'灵石',以及言语、穿着和举止的传统,逐渐加入这种世界观的生成。"从这个角度来说,我们可以将它理解为:"风景"的美学内涵除了区别于"它地",也即所谓"异域情调"所引发的审美冲动以外,还有一个更重要的层面,那就是它对已经逝去的"风景"的民族历史记忆。除去自然景观外,欧洲的学者更强调的是人文内涵和人文意识赋予自然景观的物象呈现。而将言语习俗和行为举止上升至人的世界观的认知高度,则是对"风景"嵌入人文内涵的深刻见解,更重要的是,他们试图将"风景"的阐释上升到哲学命题的高度。所有这些显然都是与欧洲"风景如画风格"画派阐释"风景"的审美观念相一致的:"Picturesque style(风景如画风格),18世纪末19世纪初以英国为主的一种建筑风尚,是仿哥特式风格的先驱。18世纪初,有一种在形式上拘泥于科学和数学的精确性的倾向,风景如画的风格就是为反对这种倾向而兴起的。讲求比例和柱式的基本建筑原则被推翻,而强调自然感和多样化,反对千篇一律。T. 沃特利所著《现代园艺漫谈》(1770)是阐述风景如画风格的早期著作。这种风格通过英国园林设计获得发展。园林,或更一般地说即环境,对风景如画风格的应用起着主要作用。这一时期最引人注目的结果之一是作为环境一部分的建筑,也受到该风格的影响,如英国杰出的建筑师和城市设计家 J. 纳什(1752—1835)后来创造了第一个'花园城'和一些极典型的作品。他在萨洛普的阿查姆设计了假山(1802),其非对称的轮廓足以说明风景如画风格酷似不规则变化。纳什设计的布莱斯村庄(1811)是新式屋顶'村舍'采用不规则群体布局的样板。J. 伦威克在华盛顿(哥伦比亚特区)设计的史密森学会,四周景色优美如画,是风景如画风格的又一典范。"[1]就"风景如画风格"派而言,强调在自然风景中注入人文元素,则是一个不可忽视的审美标准。"作为一种绘画流派,风景画经历了巨大的转变。起初,它以恢宏的景象激发观看宗教性或准宗教性的体验,后来则转化为更具世俗意味的古典化的田园牧歌。"由此可见,欧洲油画派所奠定的美学风范和价值理念深深地影响到了后来的诸多文学创作,已然成为欧洲文学艺术约定俗成的共同规范和守则。

---

1 [美]不列颠百科全书公司,《不列颠百科全书》第13卷,中国大百科全书出版社,1999年版。

与西方人对"风景"的认知有所区别的是，中国的传统学者往往将"风景"与"风俗""风情"看作并列的逻辑关系，而非种属关系，也就是将其划分得更为细致，却没有一个更加形而上的宏观的认知。一般来说，中国人往往把"风景"当作一种纯自然的景观，与人文景观对应，是不将两者合一的："风景：风光，景色。《世说新语·言语》：'过江诸人，每至美日，辄相邀新亭，藉卉饮宴。周侯中坐而叹曰：风景不殊，正自有山河之异！'"[1]所以，在中国人的"风景"观念中，自然景观与人文景观是两种不同的理念与模式，在中国人的审美世界里，"风景"就是自然风光之谓，至多是王维式的"画中有诗，诗中有画"的"道法自然"意境。

五四新文学运动以后，即使将"风景"和人文内涵相呼应，也仅仅是在文学为政治服务的狭隘层面进行勾连而已，而非与大文化以及整个民族文化记忆相契合，更谈不上在"人"的哲学层面作深入思考了。从这个角度来说，"五四"启蒙者们没有深刻地认识到"风景"在文化和文学中更深远宏大的人文意义。也许，没有更深文化根基的美国学者的观念更加能够应和我们对乡土文学中"风景"的理解："显然，艺术的地方色彩是文学的生命力的源泉，一向是文学独具的特点。地方色彩可以比作一个人无穷地、不断地涌现出来的魅力。我们首先对差别产生兴趣，雷同从来不能吸引我们，不能像差别那样有刺激性，那样令人鼓舞。如果文

---

[1] 夏征农主编，《辞海》（下），上海辞书出版社，1989年版。

学只是或主要是雷同，文学就要毁灭了。"[1]强调地域色彩的"风景"美感往往成为后来大家对"风景描写"主要元素的参照。从文学局部审美，尤其是对乡土文学题材作品而言，这固然不错，但是，只是强调地方色彩的审美差异性，而忽略对"自然风景"的敬畏之心，忽略它在民族文化记忆中的抵抗物质压迫的人文元素，尤其是无视它必须上升到哲学层面的表达内涵，这样的"风景描写"也只能是一种平面化的"风景"书写。

当然，"五四"时期的先驱者当中也有人注意到了欧洲学者对"风景"的理解："风土与住民有密切的关系，大家都是知道的。所以各国文学各有特色，就是一国之中也可以因不同地域显出一种不同的风格。譬如法国的南方普洛凡斯的人文作品，与北法兰西便有不同。在中国这样广大的国土中当然更是如此。"[2]在这里，周作人十分强调不同地区文化的差异性和"异域情调"，并要求作家"自由地发表那从土里滋长出来的个性"，"我们所希望的，便是摆脱了一切的束缚，任情地歌唱，……只要是遗传、环境所融合而成的我的真的心搏，……这样的作品，自然的具有他应具的特征，便是国民性、地方性与个性，也即是他的生命"。[3]至少，在强调地域性的同时，周作人注意到了"风土""国民性""个性"

---

[1] [美]赫姆林·加兰，《破碎的偶像》。转引自王春元、钱中文主编，刘保端等译，《美国作家论文学》，生活·读书·新知三联书店，1984年版。
[2] 周作人著，《谈龙集·地方与文艺》，河北教育出版社，2002年版。
[3] 同上。

等更大的人文元素与内涵。正如周作人在1921年8月翻译英国作家劳斯《希腊岛小说集》译序中所阐述的："本国的民俗研究也是必要，这虽然是人类学范围内的学问，却与文学有极重要的关系。"将民俗，也就是人类学融入文学表现之中，显然是扩大了"风景"的内涵，但是，这样的理论在中国的启蒙时代没有得到彰显，而是进入了另一种阐释空间之中。

茅盾早期对"风景"的定义也只是与美国学者加兰的观念趋同，他在与李达、李大白所编写的《文学小辞典》中加上了"地方色"的词条："地方色就是地方底特色。一处的习惯风俗不相同，就一处有一处底特色，一处有一处底性格，即个性。"[1]

以此来定位乡土文学中的"风景"，为日后许多现代作家理解"风景"提供了一条较为狭窄的审美通道。我们知道，茅盾最后也将"风景"定位在世界观上，但是，他的定位是一种政治性的诉求："关于'乡土文学'，我以为单有了特殊的风土人情的描写，只不过像看一幅异域图画，虽能引起我们的惊异，然而给我们的，只是好奇心的餍足。因此在特殊的风土人情而外，应当还有普遍性的与我们共同的对于命运的挣扎。一个只具有游历家的眼光的作者，往往只能给我们以前者；必须是一个具有一定的世界观与人生观的作者方能把后者作为主要的一点而给予了我们。"[2] 显然，

---

[1] 《民国日报》副刊《觉悟》，1921年5月31日第31期，第1页。
[2] 茅盾著，《茅盾论中国现代作家作品·关于乡土文学》，北京大学出版社，1980年版。

这一时期的文艺理论家茅盾已经是20世纪30年代"左翼文学"的实践者和理论家。他所说的"世界观与人生观"和社会学家温迪·J.达比所说的"世界观"是不尽相同的，一个是定位在"文学为政治服务"的功能上，一个却是定位在"民族的历史记忆"的文化阐释功能上。层次不同，也就显示出文学的审美观念的差异和对待"风景描写"的文化视界的落差。显然，茅盾"修正"了自己前期对"风景"的定义，对其中"风土人情"和"异域情调"的美学"餍足"进行了遮蔽与降格，而强调的是"命运的挣扎"。当然，对于这种革命现实主义理念的张扬，在当时是无可厚非的，也是有一定审美意义的。文学界也不应该忘记他对"社会剖析派"乡土小说"风景描写"审美理论的贡献。但是将此作为横贯20世纪，乃至于渗透于21世纪的为即时政治服务的金科玉律却是不足为取的。显然，当"风景描写"在不同的历史条件的时空之中，其描写的对象已经物是人非时，旧有的狭隘的"风景描写"和"为政治服务"的"风景描写"就远远不能适应时代的审美需求了。比如在今天，当"风景"的长镜头对准底层生活时，就会出现一个千变万化的民族历史记忆描写场景了，就会出现许许多多吊诡的现象，这是狭隘的理论无法解释的文学现象和审美现象。

因此，当中国社会进入了一个转型时期时，我们既不能再沿用旧有的理论观念去解释我们文化和文学中的"风景"，却又不得不汲取旧有理论中合理的方法。否则，我们就无法面对我们的民族文化的历史记忆，当然更加愧对大自然恩赐给人类的这份"风景"的遗产。

无疑，在欧洲知识分子和艺术家那里的"风景画"概念定义显然是和我们的理念界定有区别的。源于绘画艺术的"风景"在一切文学艺术表现领域内都应该遵循的法则，就是融自然属性的"风景画"与人文属性的"风俗画"为一体："Genre painting（风俗画）是自日常生活取材、一般用写实手法描绘普通人工作或娱乐的图画。风俗画与风景画、肖像画、静物画、宗教题材画、历史事件画或者任何传统上理想化题材的画均不相同。风俗画的主题几乎一成不变地是日常生活中习见情景。它排除想象的因素和理想的事物，而把注意力集中于对类型、服饰和背景的机敏观察。这一术语起源于18世纪的法国，指专门一类题材（如花卉、动物或中产阶级生活）的画，被用作贬义。到19世纪下半叶，当批评家J.伯克哈德所著《荷兰的风俗画》（1874）一书出版后，这一名词增加了褒义，也限定在当前流行的意义上。人们仍然极普遍地使用此词，用来描述17世纪一些荷兰和弗兰德斯画家的作品。后来的风俗画大师则包括多方面的艺术家。"[1] 显然，在欧洲文学艺术家那里，"风景"和"风俗"是融合在一个统一的画面之中的，是一个不可分割的整体性审美经验的结晶。因此，才会

---

[1] ［美］不列颠百科全书公司，《不列颠百科全书》第7卷，中国大百科全书出版社，1999年版。

由此而形成特殊的文学流派："Costumbrismo（风俗主义），西班牙文学作品的一类，着重描写某一特定地点的人民的日常生活和习俗。虽然风俗主义的根源可以追溯到16和17世纪的'黄金时代'，然而它却是在19世纪上半叶才发展为一股主要力量的。最初在诗歌然后在被叫作'风俗画'的散文素描中，强调对地区性典型人物和社会行为作细节的描写，往往带有讽刺的或哲学的旨趣。M. J. 德·拉腊、R. 德·梅索内罗·罗马诺斯、P. A. 德·阿拉尔孔均为风俗主义作家，他们对西班牙和拉丁美洲的地方派作家有一定影响。"[1]可见，"风俗画"只是"风景画"中的一个重要元素，是"风景画"属概念下的一个种概念。于是，强调"风景画"中的风俗描写，就是对人文元素的张扬，上升至哲学思考，则是文学艺术大家的手笔，成为欧洲文学艺术家共同追求的"风景描写"的最高境界。

虽然中国20世纪后半叶也强调"风景画"的描写，但是将其功能限制在了狭隘的为政治服务的领域内。自20世纪30年代的"左翼文学"开始直到现在的"风景描写"之中，一切的"风景"除了服务于狭隘的政治需求外，至多就是止于对人物心境的呼应而已，绝无大视野哲学内涵的思考。就此而言，当下整个"风景描写"更为艰巨的使命在于将"风景描写"提升到与欧洲文学艺术家

---

[1] ［美］不列颠百科全书公司，《不列颠百科全书》第7卷，中国大百科全书出版社，1999年版。

对待"风景描写"的同样高度与深度来认知这个问题。只有这样才能将中国文学发展到一个新的历史高度上，否则，文学将会在"风景"的消逝中更加堕落下去。

在中国文学史上，"风景描写"一直被认为是纯技术性的方法和形式，并没有将它上升到整个作品的人文、主题、格调，乃至于民族文化记忆的层面来认知，这无疑是降低了作品的艺术品位和主题内涵。殊不知，最好的文学作品应该将"风景"和主题表达结合得天衣无缝、水乳交融，这样的作品才有可能成为最好的审美选择。从世界文学史的范畴来看，许多著名作家的名著都出现了这样的特征，像托尔斯泰、屠格涅夫、莫泊桑、哈代、海明威……这样的作家作品所透露出来的"风景描写"就为今天的中国新世纪的作家作品提供了最好的典范。因为他们作品的艺术生命力之所以永恒，其中最重要的元素就在于他们对"风景"的定格有着不同凡响的见地。

在浪漫与现实之间："风景"的双重选择

一般来说，"风景"描写都是与浪漫主义相连，但其绝非是平面的"风景"描写，它往往被定义为一种反现代文化与文学的思潮。如温迪·J.达比引用威廉斯的理论："一种浪漫的情感结构得以产生：提倡自然、反对工业，提倡诗歌、反对贸易；人类与共同体隔绝进入文化理念之中，反对时代现实的压力。我们可以确切地从布莱克、华兹华斯及雪莱的诗歌中听见其反响（威廉斯，1973）。"反文化制约，缓解和释放现代文明社会的现实压力，成为文学艺术家们青睐"风景描写"的最本质的目的。

"乡村或田园诗歌和雕版风景画确认了如画风景美学，而如画风景又影响了湖畔诗人的早期作品。在被称为'国内人类学'（贝维尔，1989）的诗歌中，华兹华斯使我们看见湖区到处都是边缘化的人们：瘸腿的士兵、瞎眼的乞丐、隐居者、疯癫的妇女、吉卜赛人、流浪汉。换言之，到处都是被早期农业和工业革命抛弃的流离失所的苦命人。"就此而言，自"五四"以来，尤其是1949年以后，我们的一部分作家和理论家们对"风景描写"也有着较深的曲解，认为"风景"就是纯粹的自然风光的描摹，其画面就是排人物性的，就是"借景抒情"式"风景谈"。从20世纪40年代开始的茅盾的"白杨礼赞"式的散文创作模式，一直蔓延至20世纪60年代的"雪浪花"抒情模式，几乎影响了中国几代作家对"风景描写"的认知。当20世纪90年代商品化大潮袭来之时，在文学渐渐脱离了为政治服务的羁绊时，遮蔽"风景"和去除"风景"成为文学作品的潜规则。在文学描写的范畴里，就连那种以往止于与人物心境相对应的明朗或灰暗色调的"风景"暗示描写也不复存在了。而在这个关键问题上，达比借着华兹华斯的笔墨阐释出了一个浪漫主义也不可逾越的真谛：那种与"风景"看似毫不相干的"风景"中的人物，同样是构成"风景画面"不可或缺的重要元素！

说实话，我对达比作为一个社会学家喋喋不休地唠叨什么湖区改造等社会学内容毫无兴趣，而对他发现知识分子的价值观的位移却更有兴味："一种新型的、史无前例的价值观汇聚到这一空间，其价值由于知识分子和艺术精英的阐发而不断升值，就因为它不同于资本的新集中（在城市）。"同样，在中国文学界，也存在着知识分子对"风景中的人"的价值观错位：一方面就是像"五四"一大批乡土小说作家那样，用亚里士多德式的自上而下的"同情和怜悯"的悲剧美学观来描写"底层小人物"，而根本忽略了人物所依傍的"风景"。在这一点上，鲁迅先生却与大多数乡土小说作家不同，他注意到了"风景"在小说中所起的重要作用，即便是"安特莱夫式的阴冷"，也是透着一份哲学深度的表达，这才是鲁迅小说与众多乡土题材作品的殊异之处——不忽视"风景"在整个作品中所起的对人物、情节和主题的定调作用。

另一方面，浪漫主义唯美风格的作家主张沉潜于纯自然的"风景"之中，铸造一个童话般美丽的"世外桃源"。从废名到沈从文，再到孙犁的"荷花淀派"，再到20世纪80年代汪曾祺的"散文化"小说创作，以及张承志早期的"草原风景"小说和叶蔚林等人的"风景画"描写（即便是模仿了俄罗斯作家，但是其风格唯美的作品却是大家所公认的上品之作），这种被大家称作"散文化"的纯美写作，几乎建构了20世纪80年代以后中国本土书写经验中的强大"风景线"，构成了中国式"风景"的固定认知理念。但是，人们却忽略了一个重要的"风景描写"原则——"风景"之中的"人物"才是一切作品，尤其是小说作品中的主体，其对应的"自然风景"并非只是浪漫主义元素的附加物，而是与人物血肉相连、不可分割的作品灵魂的一部分，它们之间是魂与魄的关系。

针对浪漫与现实、形上与形下的选择，"风景"在不同的作家和不同的理论家那里，被改造为不同的世界观来进行适合自己审美口味的理论阐释，却从来没有将它作为一个作品的整体系统来考虑过。其实，无论浪漫主义还是现实主义的创作方法，都不应该离开对"风景"的惠顾。更为重要的是，无论你的作品涉及"风景描写"多与少，都不能忽略"风景描写"之中、之下或之上的哲学内涵的表达。无论你的表达是浅是深，是直露还是隐晦，是豪放还是婉约，都不该背离"风景描写"的深度表达。

"风景描写"的分布地图及其地域特征

随着中国城市化的进程加快，20世纪以前的那种大一统的文学"风景描写"的观念和方法已经开始发生了巨大的分化。很明显，代表着农业文明形态的"风景描写"逐步被挤向边缘，集中在沿海城市的作家成为中国作家队伍的主流。他们在快节奏的工业文明和后工业文明形态的城市生活中扮演着百年前反映工业文明将人异化为机器的默片《摩登时代》里卓别林的角色。他们根本无暇顾及和浏览身边的"风景"，而把描写的焦点集中在情节制造的流水线上和人物命运的构筑上。更有甚者，则是将描写的着力点放在活动场面的摹写上，或是热衷于对人物的精神世界进行无止境的重复和杂乱的絮叨。当然，这些都是某种小说合理性的操作方式，但是，对"风景"的屏蔽，最终带来的却是文学失却其最具美学价值的元素。因此，我们应该特别提醒生活在沿海城市和大城市的中国作家，不能只见水泥森林式的摩天大厦，而不见蓝天白云、江河湖海和山川草木，不能放弃人物对大自然的本能亲近的渴望。否则，不仅他笔下的人物是僵死的，就连他自己也会成为一个被现代文明所异化了的"死魂灵"。正如温迪·J.达比引用阿普尔顿所说的话："我们渴望文明的舒适和便利，但是如果这意味着彻底摈弃与我们依旧归属的栖居地的视觉象征的联系，那么我们可能变得像笼中狮子一样……只能沦为在笼子里神经质地踱步，以为东西根本错了（阿普尔顿，1986）。"

无疑，在中国辽阔的西部地区，由于现代化的发展进程较为缓慢，其农业文明和游牧文明的文化生态保存得相对较好，所以那里的作家面对的是广袤无垠的大自然和慢节奏的农耕文明生活方式，一时还很难融入现代文化语境之中。亦如20世纪80年代许多中国作家很难理解和接受西方快节奏下的"文学描写"形式那样，西部的作家基本上还沉迷在"大漠孤烟直，长河落日圆"的古典美学的"风景"意境之中。毫无疑问，这些古典主义的浪漫诗境给远离自然、陷入现代和后现代生活困境中的人带来的是具有"风景描写"的高氧负离子的呼吸快感。它不仅具有"异域情调"的古典美学，而且还有时代的距离之美。因为高速的资本发展被重重大山和汩汩河流所阻隔。静态的，甚至是原始的"风景"既成为作家作品描写的资源和资本，同时也成为人类面对自然进行和谐对话与抒情的桥梁。但是，只利用自然资源去直接表达对自然"风景"的礼赞和膜拜却是远远不够的。没有注入作家对"风景"的人文思考，或更深的哲学思索，是很难将作品引领到一个更高的审美境界的。所以，面对"风景描写"的丰富资源，我们的西部作家需要的是提升自身的人文素养和哲理意识，在静止的"风景"中注入活跃的人文因子，这样才有可能使中国的传统"风景"走出古典的斜阳，彻底改变旧有的"风景"美学风范，为中国的新世纪文学闯出一片新的描写领域。"对大自然的美学反应的转变并不是在真空中发生的，崇古主义者对凯尔特的赞颂也非空穴来风。"正因为现代和后现代社会给人们的精神世界带来了机器时代的视觉审美疲劳，与大自然的"风景"形成了巨大的视觉反差和落差，所以，亲近"风景"成为一种精神的奢侈享受，一种回归原始的美学追求。

但是，另一种悖论就是人们也同时离不开现代城市和都市给予的种种诱惑。这个悖论就是："从19世纪20年代起，中产阶级'视宁静的农田为民族身份的代名词'（海明威，1992）的观点开始出现。这一观点是对日益汹涌的分裂潜流和范围深广的社会动荡的各种表现的反拨。风景再现转向东南地区良田平阔村舍俨然的低地风景。低地风景与如画风景或山区和废墟构成的浪漫高地风景形成鲜明的对照,这里尚在乡村黄金时代:各种社会秩序和谐共存,人们怡然自得。乡村英格兰的神话在于一种双重感:乡村是和谐之地,英格兰依然是一个乡村之国——苍翠愉悦之地。""怀旧之情对非城市化过去的记忆进行过滤,留下一种与农业劳动者严酷的现实严重不符的神话。在神话制造的过程中,农业资本主义的非道德/道德经济的深层的政治特性被遗忘或者遮蔽掉了,而城市化也被完全过滤掉了。""这一现象被解释为中产阶级趋合有教养的乡绅价值观的一种尝试,而这一尝试本身就是一种深深弃绝城市的工业文明、希望逃回到更为单纯的恩庇社会的症状(坎宁安,1980)。"

就"风景描写"的文学地理分布来看,最值得我们回味的是中国文学版图中的中原地带。那里的作家作品基本上还沉湎在农业文明与工业文明、后工业文明交叉冲突的夹缝之中。无疑,我们看到的是这样一种"风景"——一方面是在工业文明、后工业文明破坏下颓败的农业文明留下的波动状态,给作家提供了巨大的描写空间,那里的"风景"独异,足以使那里的"风景"成为文学和文化的"活化石"。如果这样的"自然风景"被吞噬的过程没有在20世纪80年代和90年代被沿海的作家们记录下来的话,那么,在新世纪的前二三十年中,作家对这样的"风景"有着不可推卸的描写责任。

另一方面,已经被工业文明所覆盖的中原文化地带,呈现出的是追求工业文明和后工业文明的机械"风景线"。屏蔽"自然风景",屏蔽了作家内心世界对"风景"的哲学性认知,在处理"风景"的时空关系上,没有一种自觉的文化意识,才是这部分作家最大的心理障碍:"风景中表示时间流逝的元素对如画风景非常重要。废墟和青苔或者常春藤覆盖的建筑是令人忧郁的光阴似箭的提示。山区讲述了一个(新近发现的)久远地质年表,对比之下,人类的生命周期就显得微不足道。黎明和落日(即使透过一片玻璃看过去,它们也显得如此绚丽)包含了个人能够测量出来的时间流逝,而任何一处废墟、任何一座爬满青苔的桥梁、任何一个风烛残年的人、任何一条山脉都会激发人们的想象和感受。往日浮现,追忆过去,这就需要特定的、高度本地化的废墟、桥梁、人物和山脉。注意力转向仔细观察风景(默多克,1986),视觉艺术里与描写的特定地方的诗歌同步发生。这类诗歌是个人的地方记忆,是对个人内心疏离或异化的认知,诗人试图通过确定自己在风景中的位置寻求庇护。定位的特性使人对暂时性的感受更加痛切,而这种定位记忆的痛切感说明记忆战胜了视觉。"怎样留住广袤中原地带的"文化风景"(因为它涵盖着自然、人文、地域等领域内的诸多民族的、本土的文学记忆和文化记忆)?"风景"既是文学描写的对象,同时也是作家心灵的寄托,更是人类具有宗教般哲学信仰的共同家园。因此,怎样更有深度和广度地描摹出这种"风景"的变化过程,中国作家,尤其是中原地带作家应该有危机感。

"风景描写"的价值选择与前景展望

毫无疑问,随着中国社会的急剧转型,工业化和后工业化的程度越来越高,农业文明形态下的风景逐渐远离现代人的视野,越来越成为一种渐行渐远的历史记忆。从文化的角度来说,保护这种原生态的风景线,使之成为博物馆性质的"地方",应该是政府的责任;而在中国文学创作领域,作家们在文学转型过程中迎合消费文化的需求而主动放弃"风景描写"的行为,却值得反思。对于本土化的写作,"风景描写"是乡土经验最好的表现视角。但是,从上世纪初至今,对文学中"风景画"的描写持一种什么样的价值立场,却是中国现代文学史一直没有厘清的一个充满吊诡的悖论:对农业文明的一种深刻的眷恋和对工业文明的无限抗拒与仇恨,使得像沈从文那样的作家成为中国现代文学一面"风景描写"风格的旗帜,人们误以为回到原始、回到自然就是文学的最高的浪漫主义境界;而另一种价值观念则更是激进,以为在中国城市化的进程中,旧日的"田园牧歌"式的农业文明"风景线"都应该被排斥在外,现代和后现代的"风景画"风格就是鳞次栉比的高楼大厦和各种物质的再现。它是以删除人类原始文明、游牧文明和农业文明的历史"风景"记忆为前提和代价的价值体系。"在农业革命和工业革命带来的英格兰空间重构的影响下,湖区一直是没有得到利用的空间或作用消极的空间,在下面的章节中被当作未曾得到考证的资本主义动态的表现。""尽管一种趋同的英国民族身份的说法围绕湖区展开,将其作为'一种国家财产',但吊诡的是,竞争随介入风景而起,引起了阶级的文化分化。"我不想从阶级意识的层面来看待这个问题,但就审美选择的角度来看,"风景描写"已然成为人类文明遗产和文学遗产的一个重要组成部分。舍弃其在文学描写领域中的有效审美力,肯定是一种错误的行为。

温迪·J.达比在其"导论"部分的《展望/再想象风景》中引用赫斯科的话说:"人们在重要而富有象征意义的风景区休闲,以此建构自己的身份——这是人类学中很少涉猎的话题,即使这类活动在西欧、亚洲和美国等富裕国家许多个人的生活中起着日益重要的作用。总体而言,风景问题一直未引起人们的关注(赫斯科,1995)。"可见,这个"风景"的问题是一个世界性的文化命题,同时也是涉及人类诸多精神领域的命题。尽管温迪·J.达比是从人类学的角度提出风景对于人类精神需求的重要性的,但是,它对当代文学领域也同样有着不可忽视的审美启迪和借鉴作用。

手头正好有一部对伦勃朗风景画的评论著作,作者论述了一个大艺术家对"风景"的追求,从中便可以见出许多带有哲理性的高论:

你所在的地方是水乡,土地湿润。

你需要画出从没有见过的山脉。

对城市之外的乡村不如城市那么了解。但是有些时候，你会走遍乡村，观察那里的光影变化。这些地方的面貌促使你创作出了风景画。

你从没有画过自己街区的房子，没画过砖砌的墙，精心搭建的山墙和高高的窗户。

但你画了一座暴风雨中的小石拱桥，你画了在强烈阳光下闪闪发光的树丛，还有来势汹汹的乌云之下摇摇欲倒的农庄。一个小小的人影，一个农民，因为扛着重重的长镰刀而弯着腰，他正准备通过一座阳光为其镶边的小桥。另一个几乎隐藏在阴影中的人好像要走过去和他碰面。不久，他们将会合在桥的中央。他们会打招呼吗？他们会认出彼此吗？或者，他们会一直这样保持互不相干、彼此陌生的状态？

桥洞下面，停着一只船。但，在靠我们更近的地方，一只船刚刚过桥洞，船上有两个人正在弯腰划桨。[1]

显然，在追求"风景画"的意境过程中，伦勃朗对人物的处理是紧紧地与"风景"相勾连的，使其产生无限想象的艺术空间，这才是一部伟大作品的精妙之处。由此可见，作家的审美情趣和

---

[1] [瑞士]弗朗索瓦·德布吕埃著，麻艳萍译，《对话伦勃朗·风景》，南京大学出版社，2010年版。

造诣在很大程度上取决于自身对"风景"的有效而机智的选取。展望 21 世纪的中国文学，我们似乎没有理由拒绝"风景"的再现和表现。因为"当风景与民族、本土、自然相联系，这个词也就具有了'隐喻的意识形态的效力'，这种效力是由于'一个民族文化本质或性格与其栖居地区的本质或性格之间，发展出了一种更恒久的维系'（奥维格，1993）。表达这种永恒的维系的方式之一就是本土语言或母语——这与 natus-nasci 的内涵呼应。涉及 18 世纪凯尔特边界，这种风景／语言的联系对于游吟诗民族主义至关重要。到了 18 世纪末期，风景是'自然的书写，人置身其中最大限度地体验自己在此地此时，而且成为……转向主观时间意识的一个关键概念'（索尔维森，1965）"。三个世纪过去了，"风景"对于人类的精神世界而言，并不是过时了，恰恰相反，随着现代和后现代文明对人的精神世界压迫的加重，其重要性将会越来越凸显。同样，在其文学描写的领域内，"风景"也将会越来越显示出其审美的重要性。"风景"不仅仅是农业文明社会文学对自然和原始的亲近，同时也是现代和后现代社会人对自然和原始的一种本能的怀想和审美追求。

在"风景"的文学研究领域内，这也是一个不能绕开的话题，正如温迪·J.达比引用本德尔的话作为章节题序那样："在历史与政治，社会关系与文化感知的交合处发挥作用，风景必然成为……一个摧毁传统的学科疆界的研究领域。"

但是，我们不得不注意这样一个十分重要的现象——"风景"

一旦从文学层面上升到文化层面以后，我们就可以看到多种文明在这个焦点上的冲突和歧义。对现代主义浓烈的怀旧"乡愁"情绪，"列维纳认为，作为一种向同的强迫性回归，乡愁代表了一种对异的拒绝——拒绝将异作为真正的异来看待。这种逃避与其说是一种怯懦，不如说是一种需要——强化人们的自我同一的需要。这种需要的背后是感到现在缺少合适的家。已经失落的和正在失落的，是一个完全的、永远有用的、永远可以回来的家。在列维纳看来，如果乡愁代表了一种向同一的回归，这种回归就是向作为自我的出发地的家的回归。同样，如果自我仅仅是自我同一的自我，是排斥异的自我，那么，乡愁往好了说是人类经验的一种被界定的和正在界定的形式，往坏了说则是一种邪恶、利己的倒退"[1]。显然，后现代主义对现代主义那种"归家"的怀旧情绪是不满的，将此归咎为一种历史的倒退也不是全无道理。列维纳们是站在人类发展的角度来进行哲学性思考的，人类只有在"异"的追求过程中才能取得进步。然而，我要强调的是，人类的进步历程并不排斥保留对自然风光和已经失去的人文"风景"的观照。因为只有这两个参照系存在，我们人类才能真正看清楚自我的面目真相和精神的本质，从这个角度来说，我是赞同"人类中心主义"的，因为只有人类才能完成对一切自然和自我文化遗产的保护。

但是，自17、18世纪就产生的"自然文学"的三个核心

---

[1] 王治河著，《后现代主义辞典》，中央编译出版社，2004年版。

元素，首先就是其"土地伦理"："放弃以人类为中心的理念，强调人与自然的平等地位，呼唤人们关爱土地并从荒野中寻求精神价值。"[1]这种文学流派产生于美国，从情感和审美的角度，我十分喜爱"以大自然为画布"的艺术主张，以及托马斯·科尔的《论美国风景的散文》和爱默生的《论自然》中的观念，更喜爱梭罗的《瓦尔登湖》中那种令人陶醉的崇拜自然的优美文字。

"总之，在19世纪，爱默生的《论自然》和科尔的《论美国风景的散文》，率先为美国自然文学的思想和内涵奠定了基础。梭罗和惠特曼以其充满旷野气息的文学作品，显示了美国文学评论家马西森所说的'真实的辉煌'。与此同时，科尔所创办的哈德逊河画派，则以画面的形式再现了爱默生、梭罗和惠特曼等人用文字所表达的思想。'以大自然为画布'的画家和'旷野作家'携手展示出一道迷人的自然与心灵的风景，形成了一种从旷野出发创新大陆文化的独特时尚和氛围。这种时尚与氛围便是如今盛行于美国文坛的自然文学生长的土壤。"[2]这是一种多么诱人的文学啊，但是，他们的"土地伦理"和"旷野精神"是建立在消灭"文学是人学"的理论基础之上的。文学艺术的中心位置要移位给自然，作为主人公的人的意识必须淡化，这种理论行得通吗？即使如梭罗的《瓦

---

[1] 赵一凡、张中载、李德恩主编，《西方文论关键词》，外语教学与研究出版社，2006年版。
[2] 同上。

尔登湖》这样的所谓纯粹歌颂自然的美文,不也仍然时时有着一个作家的自我影像在出没吗?作为在旷野中呼号的主体不依然是那个惠特曼的身影吗?不管任何作家和理论家如何叫嚣人与自然的分离,以及人类让位于自然的理论,包括"生态革命"后这种理论的扩张,我们都无法排除人类在整个文明世界中的主导地位。"科尔在作品中得出的结论是,美国的联系不是着眼于过去而是现在与未来;如果说欧洲代表着文化,那么美国则代表着自然;生长在自然之国的美国人,应当从自然中寻求文化艺术的源泉。"[1]也难怪,毕竟美国的文化和文明,乃至于文学的历史还不长,和欧罗巴文明、文化和文学相比,缺少了一些厚重感。因此,对"人"在整个世界的地位的反叛心理,完全是由一种扭曲的资本主义的帝国文化心理所造成。殊不知,一旦人类的中心位置被消除,世界的文明、文化和文学也就同时消失了。当然,我倒是很欣赏"自然文学"在其文学形式和审美描写上的艺术贡献。他们将镜头对准自然界时的那份执着和天真,帮助他们完成了对"风景"的最本真,也是最本质的描写,这些都是值得我们借鉴的。

综上所述,笔者以为,启蒙主义给予人类巨大的进步,同时也在现代主义的积累过程中,给人类带来了新的精神疾病。如何选择先进的价值观来统摄我们的文学,是一个非常重要的问题。

---

[1] 赵一凡、张中载、李德恩主编,《西方文论关键词》,外语教学与研究出版社,2006年版。

用后现代主义理论去批判现代主义的怀旧的"乡愁"情绪，往往会陷入片面的"求异"中，而忽略了对自然风光和人文"风景"的关注，这是一种文化和文学的虚无主义的表现；而过分强调自然的主体性，忽视人在世界中的地位，甚至消除人在自然界的主体地位，则更是有文学审美诱惑力的理论，但是，这种含有毒素的罂粟花必须去其理论的糟粕。它只有美学的外壳和描写"风景"的技术，以及对工业文明带来的大自然被破坏弊端的批判，一旦坠入这个"美丽的陷阱"，文学就会彻底失衡。这就是我们所面临着的两难选择。怎样描写"风景"，不仅是作家们所面临的选择，同时也是理论批评家们应该关注的命题。因此，本文的论述倘若能够引起批评家们对"风景描写"的关注，也算是对中国新世纪文学的一点小小的贡献吧。

辑三　知识分子的幽灵

思想误植的背后

——读《赛义德笔下的知识分子》

近读张隆溪的《赛义德笔下的知识分子》(《读书》1997年第7期)一文,真是感触颇多。近些年来,由于一些翻译工作者在自己尚未弄懂弄通国外思想家及其著作时,就忙于介绍翻译一些文本,难免造成了整个文本的"串味",甚至完全颠倒了原著作者的本意,而且在传媒的广布之下,再加上一些实用主义批评家的修饰和加工,好端端的思想被扭曲和肢解了。说客气一点,这是"思想的误植",说得不客气点,这完全是一次"思想的强奸"。所谓"东方主义"倡导者赛义德(Edward Wadie Said,也译萨伊德)主张反对西方文化霸权的论调一直与所谓的后现代主义和后殖民主义理论形成合流,在中国大陆流行,似乎赛义德就是为弘扬东方文化,弘扬中国现行文化而存在的思想家。一方面是一些人以赛义德的思想为旗,大肆贩卖"后现代"和"后殖民"主义的泡沫文化理论;另一方面是另一些人在维护"五四"文化新传统和守护人类文化结晶时，把矛头瞄准了"东方主义"和其始作俑者，将赛义德与后现代、后殖民主义文化理论者一起炮轰了。读了张隆溪先生的这篇文章，我感到了一种极大的悲哀。

事实是，与我们近些年通过介绍而认识的赛义德恰恰相反，赛义德不是一个毫无立场和一个不具备文化价值判断的思想家，而是一个具有坚定的知识分子立场的文化批判者和人类思想情操的守护者。且不说他在《东方学》和《文化与帝国主义》那些著作中所表现的对东西方文化的客观描述（也许正是不偏不倚的描述，给有些人提供了断章取义的可能），就其近著《论知识分子的代表性》(*Representations of the Intellectual*, New York: Random House, 1994) 便足以看出赛义德作为知识分子的铮铮铁骨和那永远不屈的文化批判的人文立场。他认为文化立场"绝不可像用手术刀切割那样，分成东方、西方这样大略而基本上是意识形态意义上的对立物"，而是一种超民族、超国度、超地理区域的思想存在物。有没有一种固定的知识分子立场呢？有！那就是每一个知识分子应该恪守的准则：个人的独立性和文化批判的职责。他不被任何体制、集团和阶级所收买，他是为受压制的弱者而存活着。这就是知识分子的良心和良知所在，这就是"真理的标准"。赛义德认为真正的知识分子"不怕被烧死在火刑堆，不怕被孤立或钉死在十字架上"，他们是"有倔强性格的彻底的个人，而最重要的是，他们须处于几乎随时与现存秩序相对立的状态"，知识分子的"守恒定律"，无论是过去还是现在乃至将来，无论中国还是外国，都只有一条,即陈寅恪、王国维之辈一再鼓吹的"独立之精神,自由之意志"也。在中国,尤其是在这个特定时期,保持知识分子的独立人格似乎被一些人形容成堂吉诃德的举止行为,正如张隆溪先生所言:"经济活动已成为当前中国社会最引人注目的活动(这在很多方面都有积极的意义),商业大潮迅速席卷社会的每个角落,人文知识分子面临消费性的通俗文化的全面挑战,而一些接受西方后现代、后殖民主义理论的批判家们一面否认知识分子对现存秩序和体制文化的批判责任,一面以民族主义式的东西方对立根本否定知识分子个人的独立性格。在这种情形下,读一读赛义德这本论知识分子的近著,无疑是有好处的。"

知识分子怎样才能摆脱思想的羁绊呢?怎样才能使自己不丧失"独立之精神,自由之意志"呢?赛义德认为要建立"一种近乎乌托邦式的空间",这一点不仅在中国做不到,在美国也是难以做到的。所以,赛义德提出了一个保持知识分子独立性和消除专门化局限(赛氏认为职业化的倾向使知识分子变得毫无锋芒,"越来越带技术性的特别形式"和"虚玄的理论和方法"消蚀了人文知识分子的敏锐触角)的可行性文化视角。这就是知识分子所要具备的那种超功利的文化素质和视野——以"业余爱好者"的心态介入文化批判,可能会获得更大的独立性空间。他说:"今天的知识分子应当是业余爱好者,他认为要做一个有思想、负责任的社会一分子,就应当在哪怕最技术性和职业化活动的核心提出道德的问题(着重号为笔者所加),尤其在这类活动牵涉自己的国家及其权力,牵涉其与本国公民和与其他社会的相互关系时,更是如此。此外,知识分子作为业余爱好者的精神可以深入我们大多数人习以为常的职业化常规,将其变得更有生气,更具激进意义;于是他做任何事就不只是按部就班地去做,而是问为什么要做这件事,这样做对谁有利,怎样才能重新与个人的计划和具原创性的思想联系起来。"赛义德要求知识分子具备的立场是超功利的、超民族的、超国度的、超阶级的。这种立场究竟是什么?我以为这就是他提出的"道德问题",其根本就是知识分子的人性和人道主义立场,也即赛氏提出的"为受压制的弱者说话"的原则,能够"面对强权说出真理"的勇气。这就是知识分子所需遵循的普遍真理和道德标准。如今的中国知识分子圈子内流行着一种时髦病,这种时髦病认为人格理想、人道情感、人性道德是为后现代文化所不齿的过时的思想垃圾。只有消解了一切人文意义,完全成为一个纯职业化、技术化的人,才有可能具有现代知识分子的意识与资格,才有可能主宰这个物化了的世界。殊不知,放弃了人性的标准,就是放弃了人类文明进程的根本,没有谁能够在放弃这一标准的前提下自称知识分子,也没有谁能够在放弃了这个标准后能使人类的文明程度得以提高。历史的进步应该包含两层意思:一是物质的丰富,二是精神的向上。但由于人类职业的不同,所采取的文化立场也就不同,所使用的行为标准也不同。正如赛义德所描绘的那样:"对于一个美国、埃及或中国政府的官员来说,这些权利至多不过应该'从实际出发'加以考虑,而不必有始终一致的立场,可是这只是当权者的标准,绝非知识分子的标准,知识分子最起码应当一视同仁地随处应用整个国际社会现在在书面上已经集体接受了的标准和行为准则。"

行文至此,对于"老赛",我只能说声抱歉了。因为我以前撰文时曾痛骂过他的"东方主义"理论。对于这种可悲的"误伤",我只能表示诚挚的道歉,想不到我与他竟是同道!

怎样看待知识分子与僭主政治

——读里拉《当知识分子遇到政治》

很久没有读到这样的好书了,它不但给你学术上的思考,而且还给你人生的启迪,同时又给你审美的愉悦。

怎样看待学术精英,乃至大师的精神与人格的分裂,一直是困扰着知识分子价值取向的难题。多年来,我们在对待像周作人这样的人物时,往往会陷入臧否不一、前后矛盾的怪圈,将他的学术思想与附逆行为截然分开,看似公允而唯物,殊不知,这种简单的切割是不能还原人物真实的精神世界的。其实,这是世界性的问题,翻开20世纪的人文历史,也许你就会从那些世界顶级的学术大师的精神背影中,看到一幕幕惊心动魄的精神与人格分裂的活剧。新近读到的《当知识分子遇到政治》就是一部描述诸多学术大师难逃柏拉图"叙拉古的诱惑"悲剧命运的好书,真是知识分子醍醐灌顶的警醒之作。尽管此书在2005年11月就有过一个蓝皮本的初版,但是,它没有引起学术界的注意,现在读来,并非明日黄花。

全书分为六章，描述了六个大师级人物的精神与人格的分裂，依次为马丁·海德格尔、卡尔·施米特、瓦尔特·本雅明、亚历山大·科耶夫、米歇尔·福柯、雅克·德里达。过去，我们在这些大师的思想光环照耀下，被其哲学的命题所魅所惑，丝毫不怀疑这些理论的正确性。但是，他们的生活和他们思想深处的另一面，却被那众星捧月的一道道光环所遮蔽，只有撕开这一层人格的面具，我们才能对他们的学术思想做一个更加唯物主义的辩证分析，不陷入盲从的境地。

"诗意的栖居"已经成为20世纪以来上自思想家，下至平民的精神家园追求，而海德格尔自己一生的精神追求却与其背道而驰，无论是在他高蹈的哲学天空中，还是在他僭主政治的实践中，抑或在他的诗意的爱情选择中，海德格尔始终没有走出自己所设置的思想囚笼。

我以为，本书的第一章是马克·里拉最倾心，也是写得最为精彩的一章，它不但论述了海德格尔学术思想核心的起源与变化，同时还描写了海德格尔与阿伦特之间的爱情，以及与雅斯贝尔斯之间的友情。我们既是在读学术著作，又像是在读人物传记，同时更像是在读一些尘封的史料。其实，马克·里拉在论述这三位大师级人物的关系时，想厘清和回答的是"在思想家的生活与当代暴政的魅惑中，这三个人如何定位自身的哲学热情"这个关键而重大问题。所以，他才以为埃尔贝塔·埃廷格的《汉娜·阿伦特与马丁·海德格尔》"是一部不负责任的书",马克·里拉要拷问的正是他在其"序言"中所表述的当下知识精英遇到的最最重大的问题——形形色色打着左翼和右翼旗号的政治运动在"整个20世纪被许多欧洲知识分子张开臂膀大加欢迎,正如无数的'民族解放'运动很快转变成传统的暴政,给全球不幸的人们带来灾难。整个世纪欧洲的自由民主被用魔鬼的字眼描绘成僭主的真正家园——资本的、帝国主义的、尊奉资产阶级的(bourgeois conformity)、'形而上学的'、'权力的'甚至是'语言的'僭主政治"。尤其是国家主义、民族主义才是使知识分子晕头转向、服从僭主政治的蒙汗药!这就是法西斯主义等能够在《存在与时间》中找到共同思想答案的缘由。

无疑,海德格尔1933年4月就任弗赖堡大学校长,5月加入纳粹党,并非因为他思想的突变,而正是印证了他的学术理论支持了他的政治信仰与实践:"在海德格尔卸任校长两年后的1936年,旧日的学生卡尔·洛维特与他邂逅,他别着纳粹的胸章,向自己的学生解释《存在与时间》中的观念何以激发了他对政治的参与。"在一次次高呼"希特勒万岁"的激情演说中,我们便可以清晰地看到一个存在主义的大师就是这样服膺于僭主政治的心路历程。

尽管后来的学者对海德格尔的存在主义学说有着各种各样不同的阐释,但是,海氏的"民族社会主义"的乌托邦美梦是建立在僭主政治基础之上的事实是不容否认的。尽管"海德格尔认为自己是纳粹主义的受害者，因此，他令人惊讶地对厄恩斯特·荣格说，如果希特勒能被带来向他道歉，他就会为自己的纳粹经历道歉"。

请不必惊讶！这是历史使然。海德格尔的这个要求显然成为被世人诟病的笑柄，一个伟大思想家的智商难道会低下到如此地步吗？不！那是他在曲意地回护他的学术思想而已："海德格尔最终断定，纳粹亲手摧毁了民族社会主义'内在的真理与伟大'，由于没有遵循海德格尔的道路，他们使德国人偏离了与命运的聚合点。现在所有的一切都失落了；存在已经隐退，无迹可寻。剩下的全部就是不断扩展的现代技术和现代政治的精神荒漠。在这样的环境下，真正的思想者所能做的就是回到他的研究中去，打通自己的思想，平静地等待属于自己的新弥赛亚时代的到来。"其实，新的"复国主义"时代也好，新的"救世主"时代也好，对于战后的海德格尔来说，那只不过是个幻象而已，用迈斯特·埃克哈特的话来形容他的心境——只想"平静地遁世"，是再也恰当不过的了。因为他知道，谁也拯救不了他被玷污的灵魂，包括他自己，所以，他才说出了那句著名的话："唯有神才能拯救我们。"

我们能够原谅一个学术大师在政治实践中的种种浅薄行为吗？当海德格尔接受纳粹胸章时，当他高呼"希特勒万岁"时，当他告发自己的学生时，甚至当他出卖自己的爱情时，我们是否可以轻轻地抹去这些历史的尘埃，就孤零零地去研究他的学术思想呢？！就像雅斯贝尔斯那样只沉湎于昔日的友情而说出的暧昧之语:"海德格尔不谙政治,更像是一个不小心将手指插入历史车轮的儿童。"

写到此,我仿佛看到了中国"文革"的一幕,那许许多多当时狂热鼓与呼的青年,他们如今竟然坐在中国文化的圣坛上,以文化大师的名义仍然去向大众灌输僭主政治的道义;同样,在复杂的文化语境下,层出不穷的新的年轻的"左翼思想大师"也在振臂高呼,一代代傍着西方思想大师的肩膀前进的人们已经成为学术的主流,那些吹气式的思想大师在中国贫瘠的思想土壤上不断衍生,我不知道是不是中国思想界的悲哀?

请大家读一读《当知识分子遇到政治》这本书吧!你可以不同意作者的许多观点,但是你却可以从这些大师的身上看到当下知识分子形形色色的面影,也可以看到自我灵魂的折射。尤其可以在福柯和德里达这样时髦的思想大师身上读懂中国知识分子在搬用和套用其理论资源时,所一并吞噬下去的精神鸦片!

我们究竟做了些什么工作?!

消逝的知识分子就消逝在大学里？

——《最后的知识分子》[1] 读札

一

消逝的知识分子就消逝在大学里？

这样的诘问和惊叹是否有些耸人听闻呢？事实就是如此。其实不仅在美国，即便是在中国，其答案都是惊人地一致。

作为一个观察家，拉塞尔·雅各比在其《最后的知识分子》一书前言中的第一句话就援引了美国历史学家哈罗德·斯特恩斯的名言："我们的知识分子在哪里？"这个八十年前的诘问一直回响在全世界知识分子活动的空间和时间的节点上，每每在世界发生重大突发事件时，我们都可以看到许许多多不同嘴脸的知识分

---

[1] [美]拉塞尔·雅各比著，洪洁译，《最后的知识分子》，江苏人民出版社，2006年版。

子的复杂表现。如果说这一跨世纪的诘问在八十年前的中国尚毫无影响的话（因为那时候的中国，现代意义上的知识分子还没有真正诞生），那么，在今日的中国愈来愈国际化，当跨文化的影响愈来愈渗透于各个国家和民族的时候，这样的诘问似乎更有其普遍的意义。我们提倡"在场"，而在许许多多重大的社会公共事件中，中国的知识分子是"缺场"的。鉴于此，我们不妨阅读一下拉塞尔·雅各比的《最后的知识分子》这本书，或许它能够给我们些许启迪。

其实，知识分子在各国的情形都是大同小异的，只不过是其所处的阶段有所不同。对于这些美国式的知识分子在公共领域内的"缺场"，作者显然是持极其愤懑的态度的，他对资本主义消费文化的慨叹与抨击是犀利的，究其原因："政治现实不容忽视，但更深的思潮——社会的和经济的——也影响着知识分子。""媒体几乎不可能做一个客观中立的旁观者；它一向趋附于金钱、权力或戏剧性事件，而对无声的才华和创造性的工作无动于衷……它显现出来的只有市场的力量。"针对这样一种后现代消费社会的现实状况，雅各比提出的核心理念是：知识分子只有进入公众领域，保持社会良知，对于重大公共事件进行无情的文化批判，方能造就一代真正的公共知识分子！我以为，拉塞尔·雅各比的公共知识分子和批判知识分子应该是同义词，因为作者在解释知识分子一词来源时已经说得很清楚了，而不是像有些文章中，故意将这个名词玄虚化。

写到这里，我就想到了前一阵子在中国电视媒体里流行的所谓相亲节目所创造的破世界纪录的收视率，《非诚勿扰》作为一种典型的消费文化产品，节目的终极效果却是在出卖人类自中世纪以来形成共通价值的人格与精神。我曾经在一次博士生的研讨课上说，尽管这样的产品技术含量较高，也有一定的文化内涵，但问题的关键是，它们缺少的是恒定的、正确的价值立场，缺少一个掌舵的"在场"知识分子。也许这是编导刻意为之，为呈现出一种"多元价值"伦理判断，而故意模糊的价值立场，以赚取更多商业性的收视率。一个没有"社会的良知"统摄的娱乐节目，将爆发出的争论作为卖点，这不能不说是策划者的一个商业高招。本来，那个主持新闻节目的男主持人，以往是以敢说敢言的"社会良知"代言人形象出名的，他完全能以一个公共知识分子的形象出场，而今却压抑着自己的价值立场和观点，不怕苦不怕累地抹掉了自己所要表达的真实理念和心声，戴上了"人格面具"，遮蔽了自己的公共知识分子的文化姿态，从而服膺于消费文化的需求。这真的是难为了这个主持人，可见这只无形的，也是无情的"市场之手"的威力之巨大，这就是消费时代金钱和物质战胜伦理和精神的典型范例。更有甚者，另一个电视台干脆就把那个代表正义之声的嘉宾给淘汰掉，换上一个港台的所谓恋爱心理学家，把节目引向更低俗的层面，以求获得更高的收视率。呜呼哀哉！没有想到一个尚未完全脱离农耕文明的社会，竟然在消费文化的负效应上比那些已经进入后现代的资本主义国家还具有突进性。这是为什么？无疑，当今中国知识分子的死亡速度比任何国家都要来得迅猛异常！不求良知，但求速死。当下的中国知识分子正处于一种"文化休克"的状态，这是中国人文知识界的现实状况，他们在拜物教的现实世界里闭上了自己的眼睛。

所有这些对后资本主义的批判还不是我最关心的问题，我更加关注的问题是对西方"学院派"的反思与批判。雅各比对知识分子十分严厉的态度是发人深省的，从中，我们似乎也能看到中国学院派知识分子林林总总的面影，"迎合、取媚流行趣味，向商业卑躬屈膝"，"因为心浮气躁，他们对所写的东西并不精打细磨。学院派知识分子不珍视深入浅出或文笔优美的写作，这倒不是因为他们对此不屑一顾，而是这几乎算不了什么。大多数学术文献包含论点和成果综述，出版发表比怎么写重要得多。这些迫切的要求不断地决定着教授们如何去阅读，如何去写作；他们注重的是本质而不是形式。那种已变得不堪卒读的公报式的学术论著，通过感谢同行和知名人士来加以粉饰。当然，晦涩的学术论文写作已经不是新鲜事了，问题是它发展到了怎样的程度"。客观上来说，是这个体制彻底地制约了知识分子，但是，就没知识分子主观上所形成的精神痼疾吗？这是雅各比和我们应该反思的问题。当然，我们认可体制扼杀了知识分子的判断，是它把知识分子的精神给阉割了，它不再是用显性的伦理与强权来奴化你，而是用能够使你上瘾的资本主义消费文化的"冰毒"去消退知识分子的批判功能，让他们选择精神自戕和精神阳痿，这似乎已经成为全球性的知识分子通病。更可悲的是，他们心甘情愿地沉湎于那种体面和舒适的状态中，沉湎在精神"冰毒"所制造的幻境之中不能自拔。

"他们走不出学校，不是他们缺乏才能、勇气或政治态度；相反，是因为他们没有学会公共话语；结果，他们的写作就缺少对公众的影响。不管他们有多少人，对于更庞大的公众来说，他们是看不见的。消逝的知识分子就消逝在大学里。"

学位论文是获得一个重要学术地位、过上知识分子生活的资格证书；即使不进行调研写作，为了获得这张证书，也得多少年紧张地耗尽心力。对于很多年轻知识分子来说，学位论文的完成是一件文化大事，也是他们人生的较量。

当论文完成时，它便不容忽视，论文成为他们的一部分。研究风格、专业术语、对特定"学科"的认识，以及自己在学科中的位置：这些标明了他们的心智。还有，完成的论文要由自己的博士导师和专家委员会评定，为此不知又要付出多少长期的、常常是羞辱人的努力。这就形成了一个他们不得不服从的密集的关系网——一种服从——这同他们的人生及未来的事业紧密关联。即使他们希望——而通常他们是不希望——年轻的知识分子也不能把自己从这种经历中解放出来了。

这是雅各比描述的美国20世纪60年代后的大学里知识分子的情形，这俨然也成了新世纪以来中国大学里知识分子的真实写照。针对中国学院派知识分子的种种行状，包括自我的反躬叩问，我以为大学里的知识分子基本上丧失了对社会的正确价值观念的引导作用，他们在许许多多重大事件中的"缺场"，造成大众对重大事件缺乏一种有批判深度的价值参照；即使"不缺场"，也只能是作一些趋炎附势的、期期艾艾的、闪烁其词的、语焉不详的发言，绝少有那种犀利锋芒的批判文章和言论出现。

反躬自问，我们没有缔造一群真正意义上的现代公共知识分子，所以，我们有理由但没有能力为今天的中国知识分子申请一张"社会良知代言人"的身份证。呜呼，这是一个没有知识分子的悲剧时代，或者说是有"知识"而无"分子"的时代，是"知识"与大写的"人"分离的时代。

雅各比似乎更崇尚美国"垮掉的一代"的波希米亚精神，而对知识分子的那种趋于保守的文化姿态提出了质疑："在这样的关键时刻，尖锐的反对意见听不到了，知识分子都拥有一种'新的、保守的绅士气派'。他们不是指责平庸和没有思想，而是欣赏他们新的社会地位；不是充当'社会的道德良知'，而是把繁荣和正在发展的文化混为一谈。"他崇尚米尔斯那样的知识分子，用其论敌霍夫斯塔特对米尔斯的评判是最有说服力的："勇敢地试图在这危险和自满的时代以一种明显的反叛的立场面对社会的重大问题，一个美国大学教师所持的这种观点本身就是值得注意和尊重的。"所以，作者才毫不掩饰地说米尔斯是"一个揭丑的人、一个道德主义者、一个纽约知识分子生活的局外人"，以此去谴责"那些为了薪水和地位出卖伦理和想象力的知识分子"。正因如此，大学里的"知识分子丧失意志，甚至丧失思想"，也就不可能"助长独立的精神，就更不必说创造出什么独立的思想了"。扪心自问，中国的知识分子有多少甘愿做一个有良知的、具有批判力的"局外人"呢?!

更加困难的是对知识分子的界定，丹尼尔·贝尔，以及艾尔文·古德纳等学者的"新阶级"说，并不能囊括对今天知识分子的界定，因为世界的变化之快也是作者和几十年前的理论大师们都始料不及的，但是按照作者的逻辑理念进行分析，我们不难看出其基本的价值观点与立场："俄语中'知识分子'（intelligentsia）这个术语，早在19世纪60年代就有了，后来渐渐地传入了英语，或至少成为英语中'知识分子'（intellectuals）这个词意义的一部分，深化了其反派的色彩。为俄国革命铺路是知识分子，几乎无一例外地被界定为'与政府疏离并和政府敌对'。"这些对资本主义世界进行了仔细解剖的学者对美国20世纪60年代以降的知识分子有着不同的看法，用一位讽刺小说批评家的尖刻语言来描述他们的画像是："过去，如果你想让人们嘲笑教授，你得把他们描写成凸眼的知识分子，如此地偏离现实世界，穿着不合脚的鞋子，并说着一些让人听不懂的废话。今天……心不在焉的教授形象已经被一群举止文雅的人所替代……新一代带有喜剧色彩的教授，不再从纷繁的现实世界隐退，而是过多地投身于这个世界。他渴望得到一大笔钱，开着赛车，贪求授予各种职位，并为得到爱、奢华和名誉而奔赴一个又一个的会议。"也许，以此来形容中国的知识分子可能过于尖刻，但是，这样的知识分子也的的确确充斥在我们广大的校园之中，就踱步在大学那些供人们行走思考的林荫小径之上。

我十分同意拉塞尔·雅各比对美国知识分子的研判，他认为："准确地说：在过去的五十年里，知识分子的习性、行为方式和语汇都有所改变。年轻的知识分子再也不像以往的知识分子那样需要广大的听众了：他们几乎无一例外地都是教授，校园就是他们的家；同事就是他们的听众；专题讨论和专业性期刊就是他们的媒体。不像过去的知识分子面对公众，现在，他们置身于某些学科领域中——有很好的理由。他们的工作、晋升以及薪水都依赖于专家们的评估，这种依赖对他们谈论的课题和使用的语言毫无疑问要产生相当的影响。"正因为中国近几十年来也是过多地采取和吸纳了美国式的教育体制，同样的问题和弊病当然也会出现在我们的校园文化之中。我们的人文知识分子们始终在被课题、项目、成果、评估、评审、检查、职称、学科等毫无生气的规定性程序所缠绕，其疲惫和僵化了的躯体被牢牢地钉在了学术的十字架上而不能自拔，殊不知，这种殉难是以牺牲人文知识分子的社会良知为前提和代价的。我们没有能力去阻止这样的悲剧发生，这才是真正的悲剧所在。

但是，也有乐观的学者，比如哈罗德·罗森伯格在其《正在消失的知识分子》一文中就"并不担忧知识分子会失踪；相信知识分子表现为各种各样的姿态和假象，并且他们常常在被当作历史的垃圾后又重新亮相。知识分子躲避这各种分类，他们避开了对他们即将死亡的各种预测"。这样的评价适合中国的实情吗？我却以为这是盲目的乐观主义。倘若中国有这样大量的隐形的知识分子存在，中国社会的独立思考和自由意志秩序离我们还会遥远吗？我希望这是一条真理，而不再是乌托邦式的幻觉，但是这有可能吗？

二

此书更使我感兴趣的是第五章和第六章对美国"校园新左派"的分析。尽管作者的价值观点有时很游移，但是，我却从中领悟到了许多不可多得的经验性理论真谛，尤其是对欧美"新左派"与中国"新左派"的混淆和误植有了更为清晰的认知。

20世纪90年代以降，中国的一些知识分子匆匆忙忙移植了西方，尤其是美国和法国的"新左派"理论资源，在中国这块"三合一"（前现代、现代、后现代并置于同一时空下的文化语境）的政治土壤上"嫁接"起了新左理论果实，殊不知，由于整个文化背景的反差，有的甚至是倒置，致使这样的"嫁接"成为一种十分滑稽的政治文化表演。

我以为，拉塞尔·雅各比们对什么是公共知识分子，什么是他们所要创建的"左派"是很明确的，因为公共知识分子是永远站在强权反面的"牛虻"，因此，他激赏米尔斯那样的对资本主义文化和苏联式的强权进行无情批判的"左派"姿态："对米尔斯来说，这个'我们'指的是知识分子。他所有的著作都详述了知识分子的任务和影响。他追溯了公共知识分子的衰落，他力求唤醒沉睡的知识分子；他自己也试图做一个公共知识分子。在米尔斯看来，知识分子组成了新左派。'我们不能通过放弃我们作为知识分子的职能，成为工人阶级的鼓动者或机器式的政治家来创建左派。'他直言，我们必须做知识分子，必须做'公共人'。"在这里，雅各比引述了米尔斯具有泾渭分明立场的宣言，他是把矛头直指资本主义和空想共产主义的制度和文化弊端的，可见，其"新左派"的立场与中国国内"新左派"的理论是南辕北辙、背道而驰的。

也许我们对"西马"的认识只停留在理论的表层结构上，缺乏那种对其终极性价值立场的本质认知，形成的许多误读和曲解就在于我们不能像米尔斯和雅各比那样去区分什么是真正的公共知识分子："谁是60年代的知识分子？也许他们大多数不是美国人：让-保罗·萨特、阿尔伯特·加缪、弗朗兹·法侬、赫伯特·马尔库斯、艾萨克·多伊彻、威尔海姆·赖希。学生们不必领会，甚至不必阅读萨特的《存在与虚无》或马尔库斯的《单面人》，但是，这些人和他们的著作洋溢着和美国自由主义决裂的抗议、革命精神和道德热情。当艾萨克·多伊彻于1965年在加州大学伯克利分校的学院教师大会上发言时,这个独立的马克思主义者受到了1.2万名听众的起立欢呼。这并不能说明听众已经钻研了他那皇皇三大卷论托洛茨基主义的著作;而是说明多伊彻表现为一个介入型的知识分子,对美国(和苏联)的官方思想发起了挑战。"我不知道中国有多少迷恋萨特而并没有读过其著作的"新左派",但是,我知道中国有很多像美国20世纪60年代那样"不必领会"萨特而去迷恋萨特只言片语理论的学生和知识分子,这种盲从导致了他们对"新左派"理论的错误嫁接,从本质上来说,这种混淆是非的错误将给中国的文化理论带来一种更加致命的打击和颠覆。

即便是对美国式的"新左派",雅各比也是抱着十分警惕的态度:"最近二十五年,人们感到极大惊讶的事不仅是新左派教授的出现,而且是他们德行的丧失。最终入侵大学的不是一般新左派知识分子,而是那些满脑子装着学术话语、观念,并全神贯注于这些话语、观念的青年左派知识分子。"与其说这种景象的描述是针对美国的学界,还不如说是对当今中国学界"新左派"情形的准确凝练的概括。君不见中国的"新左派"在移植西方观念的同时,注入和篡改的那些观点艰涩难懂,甚至是用封建式的专制词语来装神弄鬼、疯言乱语,而它又恰恰成为当前"继续革命"的"新左派"博取青年学生盲目青睐和欢呼的理论资源。我知道我写了这些真实的体验后,会招致有些人的狂吠,我等待"狗又咬起来了"的时刻,但是我并不惧怕什么,因为我要说出那个"皇帝新装"的真相。

和国外的"新左派"一样,中国的"新左派"也是在词语方面绕圈子,正如雅各比批评杰姆逊对于城市理论的阐释那样:"问题不只在于杰姆逊的过剩术语,而在于术语本身:一切都是文本加文本。都市本身消失了。的确,对于杰姆逊来说,这只是一种转瞬即逝的存在。他的主要著作都与文学有关。然而,他的作品却是新马克思主义学术失败的例证。"对于中国的"新左派"来说,他们在移植西方"新左派"的理论时,就被其千头万绪的术语所缠绕,根本就难以廓清其本质原意,于是在误读的基础上再行篡改和二次缠绕纠结,于是,其说出来的理论已经是一种不可理喻的话语系统了。

我十分理解也十分欣赏拉塞尔·雅各比对这种现象的总结,虽然他是借用了别人的批评:"查尔斯·纽曼对教授们沉迷于批评理论这种现象进行了思考,他表示同意说:'理论已经变成了一种可以无限使用的通货,成了通货膨胀最终的界限。'换句话说,随着文学的萎缩,文学理论却不断扩张。马克思提出的让人迷信的理论转变成其反面,成了对理论的迷信。"最后这句话太精彩了,他道出了学院派的知识分子走向末路的症结所在——不仅是观念上的走火入魔,同时也是方法论上走向穷途的表征。呜呼!马克思主义的真经活生生地被一群歪嘴和尚给糟蹋啦。

知识分子消逝了吗?这俨然是个世界性的难题。生于忧患,死于安乐。这也是知识分子生存的法则和真谛。知识分子的生态环境就是如此："不是迫害，也不是漠不关心，而是富裕威胁着知识分子。在约翰·W.奥尔德里奇看来，美国的知识分子从共产主义和欧洲精英文化的幻象中走出来，屈从于'金钱、地位、安稳和权力'。默林·金在《新共和》中谈道：'从经济方面来看，知识分子吃得比过去好了，住得也比过去好了，而且也比以往任何时候都受到纵容并得到满足了。'"如果说这是20世纪60年代以后美国知识分子的生存状况的话，那么，无疑，这样的状况今天已经轮到中国的知识分子了。

面对这样的文化语境，我们不是要寻觅真正的知识分子，而是需要给行将消逝的中国知识分子打上一针强心剂了！

2010年7月21日改定于南京大学鼓楼校区

文学艺术的暴力与现代乌托邦的反思（上）

——以约翰·凯里《知识分子与大众：文学知识界的傲慢与偏见，1880—1939》[1]为案例

引 言

用芝加哥学术出版公司（Academy Chicago Publishers）的话来说："任何一个现代文学或历史的研究者将发现，凯里的这部深刻著作既富于启迪，又令人不安，是全面理解我们今日社会的基本读物。"毫无疑问，从来没有哪一部理论书籍能够像此书一样诱导我一气读完全书。不是它严密的逻辑推演，也不是它充满激情的表白，而是作者从对历史文化事件细节的采掘与分析中，甚至是对一部部作品中不为人们所觉察的细枝末节的梳理和阐释中，得出的足以使世人震惊的答案，令人有如醍醐灌顶，叹为观止。

---

[1] ［英］约翰·凯里著，吴庆宏译，《知识分子与大众：文学知识界的傲慢与偏见，1880—1939》，译林出版社，2008年版。

约翰·凯里把人类世界,尤其是欧洲一百多年来的文化和文艺的许多典范文本晒将出来,铺陈开去,让我们在被放大了的历史叠印和复制中看到人类走过的曲折道路和应该前行的目标。尽管你可以并不完全同意作者的理论归纳,但是,你不能不被他平易文字中所表达的深刻思想洞见所折服,他促使我进一步思考了近百年来中国的文艺史与政治史之间的关联性,读此书胜读百部机械的教科书、千部说教的理论书籍和万部平庸的文艺作品。

这是我有生以来读到的一本既能够深入浅出地阐释理论,又能够活泼地抒发感情的著作,它脱去了学究的外衣,同时又穿上了理论舞者的便装,游走在理性和感性的边界处,把惊悚的理论观点用随笔的方式赠予读者,使那些平庸的说教式的评论黯然失色,也许这就是我千百度寻觅的那种批评方法吧。"充满诱人的灼见,文字精彩,论证有力,发人深省,吸引人一气读完"(《每日邮报》评论)应该是一个准确的评价。于是,我也想以另一种既区别于"学院派",又区别于"印象派"的评论方式,通过对此书的阅读,来对中国百年来的文艺史和文化思潮史,作一个随感录式的梳理。

此书的一个最大看点就是把知识分子和大众这两个主体的两面性都展示出来了,尽管作者囿于自身观点的偏颇,对大众的态度有些暧昧和偏爱,但是它并不妨碍我们做出自己的判断。亦如《文学评论》所言:"杰出的全新研究……阅读约翰·凯里这本剖析知识分子之势利狡猾的书,能享受很多激动人心的时刻。"

无疑，纳粹之所以在二战期间能够在德国，甚至在欧洲横行，其理论的资源就来源于欧洲的许多大牌的贵族知识分子所提供的价值观念，虽然这种法西斯主义的理论在二战后遭到了世界普遍的声讨和抨击，但是，绝没有消逝于人类的思想深处。我是相信历史循环论的，君不见，至今为纳粹理论张目的还大有人在。就在2011年2月17日，有媒体还转载了委内瑞拉《分析报》上的一篇题为《纳粹造福世界的十项创意》的文章，这十条"创意"如下：① 制定禁止活体解剖的法律；② 动物保护；③ 禁烟运动；④ 社会计划；⑤ 大众汽车；⑥ 高速公路；⑦ 火箭；⑧ 电影创新；⑨ 时尚；⑩ 医学进步。且不说这些科技的发展即使没有纳粹也同样会发生，就归纳出来的创意中的多条也恰恰是纳粹反对的大众文化现象，其所谓的科学技术发明是为其消灭人类"大众"而准备的，其目标绝非是造福人类。而如今这些学者的理论就十分荒唐了："纳粹科学家在集中营里对囚犯进行了惨无人道的实验。其中包括对双胞胎进行实验、冷冻囚犯、毒气实验等等。战后，这些罪行都得到了审判和应有惩罚，还推动了医学道德相关法律的形成。但正如美国大屠杀纪念馆网站所说，纳粹这些'地狱医生'的实验对开发免疫疫苗、解毒药等都有一定的帮助。"也许，科技知识分子只看见科学结果的利益的一面，他们不在乎其反人类和反人性的人文价值的负面效应，如果这样的话，那么，法西斯主义再次肆虐的时代离我们还有多远呢?！以上十种纳粹"创意"的归纳，其实在约翰·凯里的这本书里都有所涉及，我在下文中还要做具体分析。而重要的问题就在于,反观中国文化和文学艺术的百年历史,我们也可以找到这种思维模式的影子。

鉴于此书所引发的对许多文学艺术和文化问题的思考,我想以一篇长文的形式,用与以往不同的批评分析的方法,来表达我对此书的感想和敬意,同时对欧洲文化语境中的外国文学和中国文化语境中的中国文学历史状态做出一种新的判断。

想消灭"大众"的"知识分子"就是间接的屠杀者

知识分子与大众永远是一组不可调和的矛盾主体,它们之间的关系是一个十分吊诡的悖论,是一个悖论中的悖论。我的观点和约翰·凯里不尽相同,鉴于中国的特殊国情与欧洲文化的差异性,我最终的观点就落在这样的基点上:面对为法西斯主义提供理论资源的可疑知识分子和盲从而无思想的大众,我们是没有选择余地的。在批判的批判之后,我们需要的是总结历史文化的经验,寻找到另一种更有效的"现代知识分子和大众"!

此书分为两编:第一编曰"主题";第二编曰"个案研究"。言下之意就是先表明观点,然后用大量的文本分析来印证自己的论断。所以,首先要解决的问题就是被那些所谓的传统贵族知识分子妖魔化的"大众"这一主体,究竟有着怎样的真实内涵呢?在约翰·凯里的否定之否定当中,中国近代以降的知识分子文化心理版图上是一个什么样的情形呢?

就像约翰·凯里在其序言中所阐释的那样："当然，'大众'是一个虚构的概念。"追溯这个词根，它的宗教渊源就是："其实，这个词最初既不是运用在文化上，也不是运用在政治上，而是运用在宗教上。圣奥古斯丁曾写到过被宣告有罪的大众或地狱里的大众，他所谓的大众指的是所有人类众生，上帝令人费解地决定拯救的少数选民除外。所以，就像我在第四章中所证明的那样，即使在现代知识分子中，仍有人相信上帝意欲谴责大众。"如此来说，"大众"就戴上了原罪的精神枷锁了。

无疑，欧洲自19世纪以来貌似"现代"的知识分子，尤其是尼采，既宣告"上帝死了"，又在上帝身上汲取了那种拯救人类的职责和欲望，这种居高临下的拯救欲就成为现代知识分子，尤其也是中国"五四"前后知识分子盲目而普遍的"集体无意识"。这种带有宗教意识的救赎几乎就是融化在现代知识分子血液中的最活跃的基因。用上帝的眼光来俯视芸芸众生，其必然带有天然的优越感。世纪之交尼采哲学之盛行，用凯里的观点来说，就是尼采挑起了反抗大众文化的旗帜，用诗人叶芝的话来说，尼采是"平民粗俗行为传播的抵制者"。很有意思的是，凯里列举了在尼采之前就蔑视和反对大众的许多文学巨匠之言论，比如易卜生在1882年发表的《人民公敌》中，"展示了正直单独的个人是腐败大众的受害者"——这是我们在任何教科书和评论中从未张扬过的论断，它几乎摧毁了我们百年来对这部伟大戏剧主题的阐释。不仅如此，伟大作家福楼拜居然在尼采发表《查拉图斯特拉如是说》

的前十年就发表了"我相信,老百姓、大众、群众总是卑劣的"的言论。尤其是被称为欧洲"现代派文学之父"的挪威小说家克努特·汉姆生,也发表过蔑视和反对大众的相关言论,"最终在希特勒身上,汉姆生发现了他那伟大的恐怖分子,并成为唯一始终忠于希特勒的重要欧洲知识分子。他在希特勒自杀一周后,发表了一篇对其深表敬意的讣告,赞美希特勒为'人类的勇士,全世界正义信条的先知'。'他的宿命,'汉姆生悲叹道,'在于他出现在一个最终将他摧毁的无比野蛮的时代'"。

所有这些,使我震惊的是,当我在二十多年前知道尼采的"强力意志"的大众观影响了希特勒,成为法西斯理论的思想基础时,我并没有对这样大师级的知识分子进行深刻的认识,直到后来我看到了海德格尔这一类的哲学家也为希特勒的法西斯主义效力,才开始怀疑那些大知识分子的学术和道德之间的不平衡关系背后所隐藏的真正动机了。但是,无论如何,我万万没有想到的是,居然会有这么一大批我们尊崇的文学艺术巨匠都是希特勒的支持者和崇拜者。他们把消灭大众作为自身贵族式存在的一种终极目标。无疑,这样的知识分子并不具有真正的现代公民意识,他们在思想深处缺乏现代人文理念,尤其缺少对以人、人性和人道主义为核心价值的现代知识分子理念起码的认识,他们虽然有思想,有知识积累,甚至有天赋,但是他们不配做现代知识分子,其重要的判别标志就在于他们的终极目标定位在以消灭大众为目的的理论基础之上。君不见,法西斯纳粹发动了惨无人道的二战,其中用毒气杀戮的犹太人就达六百万之多，许多纳粹分子是"素食主义者"，他们禁止的是对动物的"活体解剖"，却毫不留情地进行对人体的"活体解剖"，这样的医学发展，难道是值得颂扬的"创意"吗?！希特勒的这种灭绝人性的罪恶行径，其思想来源是和这一批所谓的贵族知识分子所提供的理论相一致的。如果说希特勒纳粹是直接的屠杀者，那么，这一批贵族知识分子难道就不是间接的屠杀者吗?！谁说知识分子不杀人，这段历史就为我们提供了知识分子杀人的证据。

我不同意约翰·凯里把另外一批文学家和艺术家也和上述的"纳粹御用性知识分子"混为一谈。不错，也许他们在有些观点上与纳粹知识分子是一样的，甚至更甚，比如他们对报纸和女人的极端态度，认为这是造成大众文化泛滥的根源。尼采说："我们蔑视所有与读报，更不要说为报纸撰文之类相一致的文化。"T. S. 艾略特认为大众媒体激起了"最不值钱的情感反应"，"电影、报纸、其他各种形式的宣传及商业趣味的小说，通通在提供一种极低层次的满足"。尼采是站在集权主义的立场上，为反对和藐视大众，最终达到统治和虐杀大众之目的来仇视媒体的；而艾略特更多地是站在艺术的立场上来贬低大众的鉴赏力，从而实现对商业文化的抨击。我以为这是本质的区别。艺术家以他们傲慢的姿态藐视大众，是源于他们不同凡响的天赋和受教育的特权，他们自命不凡是因为"对大众有一种普遍的主观臆测，即大众缺少灵魂"。亦如托马斯·哈代在1887年所言："你可以看到在一大群人中包含了极少数有敏感灵魂者；这些人和这些人的视点是值得关注的。所以你把这一大群人分成心智迟钝的、没有灵魂的一类和充满生机的、悸动的、受苦的、精力充沛的一类；换言之，就是把他们分成有灵魂者与机械者，以太和泥土。"显然，艺术家和哲学家所要表达的理念虽然表面相同，但是其终极目的却是不同的——一个是针对人的心智和艺术的创造力，一个却是针对人群、人种和民族的生存权力。前者是艺术的思考，后者是政治的思考，这就是两者的本质区别。但是，不可否认的是，这些理论也更加丰富和扩张了纳粹思想。

D. H. 劳伦斯有那种与生俱来凌驾于大众之上的优越感："人类大众没有灵魂……大多数人都没有生命力，他们在死亡的无意识状态下说话和走动。"他甚至臆想着要毁灭人类，梦想着建立一个"只有野兔在聆听无声的世界——那便是伊甸园"。这完全就是一个诗人的狂言谵语，还不能完全和尼采式的毁灭人类的死亡理论等同，因为尼采是想通过战争来毁灭人类，他的理论直接为法西斯纳粹提供了思想的资源。虽然 D. H. 劳伦斯在给福斯特的信中表明了自己对战争的喜悦之情，但是，这是因为诗人寻觅不到死亡的出路，他所描述的死亡并非是"他杀"，而是带有自我牺牲的哲学死亡："我认为死亡是美好的，因为死亡将是一片净土，那里没有人，甚至没有我自己的家人。"就连作者凯里本人也被这种精神所感动："这种对人类灭绝的激情，至少以华丽的形式，在智力超常者中一直持续到原子时代。"也就是说，D. H. 劳伦斯的这种潜在的"集体无意识"是一直延续至今的，也并非凯里认为的到原子时代就消亡了，这种艺术家的本源秉性与思维方式，如果不与尼采、海德格尔这一类哲学家极端的思想加以区分，我们就有可能会混淆大量艺术家和思想家对人类世界看法表面相同而本质不同的思维。在这个问题上，我以为约翰·凯里将大量的艺术家和少数的哲学家混为一谈，是不太合适的，他将知识分子的与生俱来的偏执和狂妄进行了无限地放大和夸张，将他们推上了与纳粹同日而语的审判台，恐怕是不公正，也是不公平的。

但是，我们需要强调的是，知识分子，尤其是贵族知识分子们的理论不管是在有意识层面还是在无意识层面，都在客观效果上起着一个帮凶的角色，这种意识的遗传基因仍然存在，若要不使自己成为反人类和反人性的"杀手"，就应该警惕自己的价值观，和这些反动理论保持距离，不要踩踏这一条人类价值的底线。

知识分子是这样制造"现代主义"文学艺术的吗？！

值得我们思考的严重问题就在于，从19世纪末到20世纪初，许多传统的知识分子在抵抗大众文化发展的过程中，其表现是恶劣而丑陋的，他们有严重的"傲慢与偏见"，更不用说他们对现代科学发展的低估，以及他们对"现代性"天然的排拒力。作为"历史的必然"，大众文化随着科学技术日新月异的发展，不断丰富着其内涵，成为不可阻挡的历史潮流，尽管它还裹挟着种种值得批判的消费文化的严重弊端，甚至是不可容忍的麻痹人类和反文化的罪行，但它却是人类文化发展的必然过程。而其在初始阶段却遭到了部分贵族知识分子的蓄意谋杀，这是我们今天需要反思和总结的问题。就此而言，凯里的一段话是值得我们思考的："即认为大众具有专门沉迷于事实和普通现实主义的特性。知识分子发现，大众顽固的写实主义使他们不适宜欣赏艺术，从而摒弃更高的美学追求。"其实这是一个双重悖论的命题，其中值得我们深思的问题是怎样对待现实主义和现代主义，也就是再也不能用旧有的评判标准来审视今天的文学艺术创作了，许许多多现有的创作方法和创作理念都需要我们去重新厘定。

约翰·凯里认为，19世纪末和20世纪初，知识分子试图阻止大众受教育，阻碍大众对文学艺术的理解，所以才将文学艺术搞得佶屈聱牙、晦涩难懂，所谓的"现代主义"兴起也就源自于此。约翰·凯里的这个理论对一个从事中国现代文学史研究的人来说，无疑是在中国现代文学的精神版图上投下了一枚原子弹！！我们何曾想过"现代派"的艺术竟是由此而生？用凯里的话来说，就是："当然，知识分子实际上不能阻止大众学习文化。他们只能使文学变得让大众难以理解，以此阻碍大众阅读文学，他们所做的也不过如此。20世纪早期，欧洲知识界就殚精竭虑地决心把大众排斥于文化领域之外，这场运动在英格兰称为现代主义。虽然欧洲其他国家对此有不同称法，其要素却基本相同。它不仅变革了文学，还变革了视觉艺术。它既抛弃了那种据说为大众所欣赏的现实主义，也抛弃了逻辑连贯性，转而提倡非理性和模糊性。T. S.艾略特断定：'目前，我们文化中的诗人必须是难以理解的。'"如果"现代主义"文学艺术的起源是在这样的语境下蓄谋而成的话，如果约翰·凯里的论断是正确的话，那将是对"现代派"文学艺术的一次毁灭性的打击，是对现代主义文学史的一次颠覆性的改写。从文学艺术的接受史来看，我们从大量的翻译著作和许许多多由臆想杜撰而成的所谓文学史教科书中获得的知识是可疑的，那些大量地对现代主义进行吹捧的文字和无端的阐释也就变得一钱不值了。但不可否认的事实却是，虽然现代主义文学艺术的初衷是以反大众为目的，然而经过一百年的发展与改造，已经形成了一个自足的审美文化体系，其游戏方法和审美规则已然被系统化，去掉了它原有的目的性，也就获得了自身存在的审美价值。

不可否认的是，作为一种持续了百年的文学艺术潮流，现代主义当中还存有当年遗留下来的一些有毒元素，比如奥尔特加·加塞特所强调的现代艺术就是要证明人的不平等，以及用非人化来对抗大众的观念，都是值得批判的，正如凯里所言："奥尔特加发现，非人化是现代艺术对抗大众的手段。大众在艺术中寻求人的趣味，如在诗歌中寻求'诗人背后的人的激情和痛苦'，而不要'纯艺术的东西'。奥尔特加认为，这些偏爱证明了大众的低下水平，因为'为艺术作品展现或叙述的人类命运而悲喜，根本不是真正的艺术享受'，关注人性的满足'不能与关注独特的美学享受相比'。显然，奥尔特加宣称的艺术上'独特'和'真正'的东西具有相当的随意性被合理论证所证明。但他提出的现代艺术从本质上排斥大众的观点，却暗示了知识分子的动机而显得有些趣味。"在这里，我们可以充分认识到，强调现代艺术是贵族的专利，而排斥大众的加入是它不能够在许多国家和民族生存的主要原因，即使像拉美的"爆炸后文学"得到了世界普遍性的认同，它也是汲取了现代主义文学艺术的部分方法元素而已，它是生长在本民族"土著文学"现实主义土壤上，嫁接了现代主义枝干的文学，这种"杂交"才有了生命力。

而在中国，其命运就没有那么好了，在"五四"以后的30年代中国最适宜现代主义生长的大都市上海，"新感觉派"只是昙花一现，而现代派的诗歌创作群体更是每况愈下。而到了80年代异军突起的"朦胧诗""先锋戏剧""新潮小说"等一系列林林总总的现代主义文学艺术运动，很快就被各种各样变体的现实主义大潮所覆盖，就充分证明了大众文化的强大。为什么会如此呢？我以为，一则是五四新文化运动对西方贵族式的现代文学艺术理解不深；二则是面对中国汪洋大海似的没有接受教育的大众，甚至是没有阅读能力的大众，现实主义的文学艺术也难以展开，知识分子的传播是非常有限的；三则是中国现代文学是以无产阶级文化观念为主流意识形态的，尤其是20世纪40年代以后，"为工农兵服务"的大众文化理念深入人心。

约翰·凯里甚至对乔伊斯天书般的现代主义小说《尤利西斯》进行了分析，得出了这样的结论："因此，我觉得现代主义文学和文化是围绕这样一个原则形成的，即排斥大众、击败大众的力量、排除大众的读写能力和否定大众的人性。"相反，为工农兵服务的大众文学倒是不排斥大众的读写能力的，但是它创造出来的文学艺术却是另一取向，这是不争的事实。在中国现代文学史当中，我们不乏这样的先例。从50年代掀起的"新民歌运动"，到高玉宝、浩然、王老五、李学鳌等工农兵作家，一直到70年代兴起的工农兵"集体创作"，这些现象都是大众文化的极端后果。

19世纪和20世纪的文学艺术巨匠们几乎同时以贵族的语气来否定大众的人性，他们重塑和重构大众形象的"目的只有一个：把知识分子从大众中分离出去，攫取语言赋予他们的对大众的控制权"。也许，凯里的分析是有道理的，因为"20世纪早期，否认大众的人性已成为知识分子重要的语言学项目"。凯里列举了哈代对大众轻蔑的生活细节、弗吉尼亚·伍尔夫对大众这个"无名怪物"的仇视，甚至分析了用诗歌的意象来辱骂大众的意图所在："对埃兹拉·庞德来说，除了艺术家，人类只是'一大群傻瓜'，一群'乌合之众'，代表能够浇灌'艺术之树'的'废物和粪肥'。在庞德的《诗章》中，'大众'和他们的领袖变形为人粪的急流——'民众在选举他们的污物'。这种'大屁眼'的幻象，庞德解释说，就是当代英国的写照。"非但如此，凯里还用19世纪末20世纪初的社会学家古斯塔夫·勒庞对未来大众社会的描述，设定了一个可怕的文化语境："勒庞估计，现代社会由群体接管，'大众的声音占主导'。他们的目标是摧毁文明，让所有人回到文明社会之前的原始共产主义常规状态，并最终获得成功。因为正如我们所知，文明是'一小部分知识贵族'建立起来的。根据勒庞的预测，文明将被消灭而让位于'野蛮阶段'。那种认为大众能被教化的乐观开明思想是错误的，统计显示，随着教育的传播，犯罪率实际在增长。学校教育把大众转变成'社会的敌人'，使年轻人不屑于诚实苦干……"也许，他是最早把大众与左翼革命意识形态和信仰联系起来的学者，可是他的描述恰恰又反证了知识分子在这样的文化语境中对大众精神改写的可能性。

回归原始、回归田园是知识分子文艺创作最后的精神乌托邦吗？

欧洲的左派知识分子非常恐惧大众文化时代的到来，他们视大众文化如洪水猛兽："法兰克福学派的理论家（除了本雅明）都认为，资本主义制度下发展起来的大众文化和大众传媒，使20世纪文明的水平被降低。他们指责广播、电影、报纸和廉价图书应该对'人们内在精神生活的不复存在'负责。他们像温斯顿一样，企盼无产阶级拥有革命潜能，而与此同时，他们也把大众看作易受骗者，遭到资本主义穷人文化餐之类东西的诱惑。大众贪婪地吞下商业化'文化产业'产品后,形成了'错误的意识',以致他们不再像法兰克福学派的理论家所希望的那样看待事物。结果,霍克海默报告说:'真理只能在一小群值得尊敬的人中寻求庇护','大众的普遍知识水平迅速下降'。顺着这条思路,马尔库塞鼓吹确定无疑的'精英'理论,即真正的艺术必然不能让大众接近。只有少数个体能欣赏'高尚'文化,大众文化具有淹没个体文化的危险。"

毫无疑问,随着视觉文化的兴起,那种习惯于在纸质文本上舞蹈,尤其是专注于书本,而非热衷于传播甚快甚广的报纸刊物的老牌的传统知识分子就失去了往昔的尊严,更确切地说,就是他们痛切地感觉到了文化的专利权和话语权被无形的"大众之手"剥夺了。但是大众文化和大众传媒却是不可阻挡的历史潮流,无论你是愿意还是不愿意,它都是日新月异地发展着、进步着,把老牌绅士般的旧知识分子扔进了历史的垃圾堆。尽管他们所寄望的无产阶级革命会给大众文化以致命的打击,但是,适得其反的是,大众十分喜爱这样的文化:"可见奥威尔笔下的温斯顿(指其作品《一九八四》中的人物)和法兰克福学派的学者一样对大众感到失望——大众只顾沉迷于消费享乐,拒绝承担知识分子划归给他们的革命角色。"于是,知识分子只能依靠虚构一种大众的样式来自我安慰和自我解嘲,那种回到田园牧歌式的农耕文化语境,成为他们艺术追求的乌托邦所在。亦如约翰·凯里所言:"所有这些虚构特性都具有诽谤性,为知识分子对抗无法鉴定的他者提供了辩护。不过知识分子的神话也造就过美化的大众样式,即为使大众更能为知识分子所接受而虚构的大众样式,这种大众样式的制造大多数靠的是把大众变成田园牧歌式的人物。"由此,我们再来解读那些世界名著和名作时,就是另一番滋味了。约翰·凯里分析了庞德的名作《在地铁车站》:"这几张脸在人群中幻影般闪现/湿漉漉的黑树枝上花瓣数点。"读出了"该诗使现代巴黎群众经受了双重置换:其一是被转化为带花瓣的树枝——一种田园的装饰,没有人类生命的痕迹;其二是被吸收进外来的、古老的、绚丽多彩的旧日本美学文化"。此后,凯里还用大量的篇幅分析了福斯特小说《天使不敢涉足的地方》和《看得见风景的房间》中"这种田园和历史虚饰的结合";分析了奥威尔小说中大众文化对乡村生态环境的破坏;分析了弗吉尼亚·伍尔夫《达洛维夫人》是怎样插上了想象的翅膀,把一个乞丐老妇人"转化为一个永恒、永生、与土地和树根融合的农民或超级农民"的;分析了面对田园牧歌的幻灭,英国作家 J. B. 普里斯特利的哀叹:"他们已经失去了森林原野中的自然生活","他们很可能不知道怎样恰当地做爱,甚至吃喝"——"他在暗示恰当地做爱和吃喝是过去森林原野中发生的事"。所以,回到田园牧歌,回到农耕文明,回到原始文明形态中去,成为 20 世纪许多作家的精神追求,作品从一种题材上升到一种主题,从而升华成一种具有风格标志的文体。

  凯里对这些作家作品的精彩而中肯的分析稍有一些牵强附会,

最可惜的是他没有展开对劳伦斯的《查泰莱夫人的情人》中那种回归原始主义元素的恰如其分的剖析。我以为，中国所有的涉及这部作品的分析，只是注意到了资本主义文化对人的本能的阉割和扼杀，使"人"异化，但都脱离了作家写作的初衷——劳伦斯才是真正想回到在森林原野中自然做爱的原始主义倡导者！

"和其他知识分子一样，吉辛谴责郊区大众对风景和文化的破坏作用。他的小说中反复出现这样一些可恶的景象：街道潮湿的简易房，华而不实，不堪一击，'像传染病一样四处蔓延'；古老的庄园被分割成新的建筑工地，原先的田野和树林被肮脏的建筑碎石和板墙所取代。"这种谴责在今天中国作家的作品描写中也屡屡出现，这种抨击人类在历史进步中丑恶现象的观点不足为怪，奇怪的是这些号称知识分子的人竟然也鼠目寸光，看不到这种暂时的"丑恶现象"是人类历史发展必然需要付出的代价，资本主义的运行就像恩格斯所言，它需要"恶"做历史的杠杆，这就是历史发展的悖论所在。就像吉辛在他的小说《民众：英国社会主义的故事》里描写的那样，"当工人阶级社会主义者理查德·穆提默发财之后，他变得像贵族一样腐败和专横"。随着进一步的工厂的扩张，吉辛们的田园之梦被更彻底地摧毁了："这片新社区被称为'新万里'，它排放的工业污水使剩下的苹果树和李树枯萎，使草地发黑。……他惊骇地看到：在他小时候掏鸟巢的地方，'一个恶性肿瘤在日益扩散'。他将之归咎于民主，因为它使不懂得欣赏自然美景的大众拥有主权，恣意妄为。这样下去，20世纪将不会再'在地球上存在任何绿地'。"但是，小说的女主人公阿德拉却认为："难道他把草木看得比人命还重要吗？"一个"不认为以牺牲草木为代价换来的生活有什么价值"；一个却认为"要让劳动人民吃穿更好还有更多时间休闲"。这里的冲突是价值观的冲突：一个是把理想浪漫的贵族精神看成人类最高的艺术享受，一个是以人本主义为核心。在今天，这样的选择仍然存在于我们的现实生活和文学作品之中，每一个作家和艺术家的选择可能都有不同，问题是谁更符合人类历史发展的要求。

说到底，这些成名的知识分子和大作家在现实生活中已然失去了他们艺术话语言说的特权，因此，他们只有在臆想的"白日梦"中去寻觅逝去的艺术的天堂，去寻找精神乌托邦作为避难所，这就是知识分子对大众"改写"的真正目的，但是，大众不为这种"改写"所动。一般的评论家不明就里，只有约翰·凯里这样的批评家才能够敏锐地发现其中的奥秘所在。

中国现代文学史也经历过两次大的原始主义的回归，这给20世纪，乃至21世纪的中国文学带来了深刻的影响，但是，我们的文学史教科书却只对此进行了肤浅的解析，其主要原因就是我们没有看到大众文化与传统文化中的知识分子角色之间的巨大冲突给文学史带来的致命影响。也许，我们没有把废名和沈从文的作品与鲁迅一派的"乡土小说"放在受大众文化影响下的知识分子的自我分裂和冲突中进行深度的分析，也许我们几十年来过多地接受了伪现实主义给定的枯燥乏味的劣质文艺作品，所以，

20世纪80年代我们对沈从文、汪曾祺那种回归田园牧歌的作品盲目地顶礼膜拜，看不见其背后许多传统知识分子不能与旧我告别的困境，而只看到作品表面的浮华、浪漫和绚丽，无视其价值观的偏颇。同样，在资本文化二次进入的80年代中国，《南方的岸》《哦，香雪》《鸡窝洼人家》《腊月·正月》《葛川江上人家》《最后一个渔佬儿》等一大批回归乡土、回归田园、回归农耕文明的作品，表现出作家在大众文化和传统文化之间难以抉择的彷徨和迷茫。而我们所有的评论家都只把它归咎于现代文化和传统文化之间的两难选择，而忽视了其中知识分子角色和大众文化之间的裂隙与冲突。虽然，在中国，知识分子的称号是可疑的，这使我想起了90年代，在"断裂"宣言中，一些年轻的60年代出生的作家为什么会把自己从"知识分子"的角色中剥离出去，其背后深刻的思想背景就是他们代表的是大众文化。从这个角度去评判这个现象，也许我们就可以心平气和地认可其中的部分合理性了。

"由于知识分子中有人需要美化大众样式，于是对田园背景下的农民和原始初民的寻求得到了支持，对大众的政治改写也得到了鼓励——无论是把大众写成强壮的工人，还是写成被践踏和压迫的人。"这是20世纪欧洲作家的写作动机，但是也成为中国现代文学作家无意识的自觉追求，针对这样的文学现象，我们怎样去重评文学史中的作家作品呢？我们又如何重塑林林总总的文学形象呢？这种在知识分子与大众之间的悖论性选择的确是异常困难的，因为，中国现代文化背景中还多出了一个"大众文化"至高无上的时代，而且，这种思潮还占有很大的市场份额。诚然，在中国文学艺术中，大众文化（包括"工农兵文艺"）中的伪现实主义和消费文化等诸多弊端是应该剔除的，但是知识分子贵族式的伪浪漫主义和鸵鸟式的精神乌托邦就无须批判吗？

贵族知识分子作品中"傲慢与偏见"的合理性究竟有多少？

无疑，这又是一个吊诡的悖论：和回归原始与回归田园相悖的是，剔除了贵族式的伪浪漫主义后，那种回归自然的生态主义理念又成为人们唾弃工业文明污染（包括物质与精神两个层面）的先进价值理念。知识分子是敏感的，他们之所以仇视"郊区"，是因为"郊区"作为一种意象已经成为19世纪末和20世纪初知识分子所抨击的大众文化重点堡垒，并和居民与职员联系在一起。这与中国的所谓"城市化进程"的文化反应截然不同，中国为什么没有那样的过度反应呢？也许，那种急于脱离农耕文明苦难历史背景所造就的"众声喧哗"掩盖了这个过程的诸多弊端，使中国的知识分子和大众都在城市化的进程中获得了物质和精神的愉悦，而在那时的欧洲就大不相同了，知识分子严厉抨击资本主义的发展使得城市在不断扩张："1900年以前主要人口聚集地四周的郊区已经扩展得相当大，而随着交通的发展，如便利城郊通勤的有轨电车和廉价火车票等，郊区的扩展不断加快。这些进步在世纪之交带动了较大建筑物的快速发展，尤其在伦敦地区。"作为老牌资本主义的首都形象被"破坏"（实际上是进步的兴建），许多知识分子强烈反对乡村的消失："这是在制造一个惊人地乏味、丑陋、无聊的地区。五十年以前布里克斯顿和克拉罕就在乡村边上，人们可以漫步走到乡间小路和草坪上。现在伦敦延伸到克罗伊登，人们再也不可能离开乏味的郊区，躲到未受破坏的乡村。"不仅是伦敦，拜伦在欧洲的其他地区也看到了乡村生态所遭到的严重破坏，从这里，我们可以看出知识分子对于静态的农耕文明那种深刻的眷恋之情，他们往往以一种贵族的姿态来回味乡村生活，显然，这是充满着诗意的表达，就像格雷厄姆·格林在《一种生活》中所描述的那样："一座大厦吞没了一切——草坪、树木、马厩和牧场，所有这些我童年爱恋的风景都没了。我今天在看《樱桃园》表演时，听到的就是那块土地上传来的斧子的砍伐声。"显然，这些浪漫主义的、具有强烈美感的物象被工业化和商业化的资本之口吞噬了。但是，贵族知识分子浪漫精神时代覆灭之时，正是无产阶级大众，以及包括资产阶级在内的郊区城市新公民的狂欢之日。

然而，资本主义时代的工业化和商业化经济虽然给人类带来了巨大的利益和享受，却也同时带来了生态环境的严重恶化，从这个意义来说，知识分子对农耕文明的向往和眷恋之情，也就从历史进步的一面敲响了资本主义发展的警钟，虽然他们的出发点并非如此。我们也不能苛求早期的知识分子有如此自觉清醒的生态意识,他们的觉醒定格在1968年那个"寂静的春天",没有早期老旧知识分子的无意识的直觉反抗,也就不会有20世纪60年代以来持续高涨且又进入系统化的生态主义成熟理论。

当郊区成为一个藏污纳垢的代名词时,贵族知识分子谩骂的目的就很清楚了:"大规模的郊区扩张与它所引起的对抗、分裂和无可挽回的损失感,这些都成为影响20世纪英国文化形态的主要因素,它们加重了知识分子与他们眼中的平庸大众——以不同方式被认定为中产阶级或资产阶级——的疏离感。"用乔治·穆尔在《一个青年的自白》中的话来说:"现在古老的英雄时代已经结束,我们头上的天空充满感伤主义的黑暗,除了大众,盲目、不成熟、不知足的大众,没有任何让我们崇拜的东西;我们面前是迷雾和沼泽,我们跌倒在我们周围腐烂的泥土、沼泽中的生物和灯芯草上。"这种只看到大众文化的破坏作用,而看不到大众文化在它发展的历史过程中有着自生自足的成长体系的观点,是不足为取的,百年成长的历史就证明了其存在的合理性,不管老旧的知识分子是如何藐视和抵制它的成长,它仍然顽强地生存下来了,并且一次次地证明了老旧知识分子陈旧的价值理念虽然有其合理的成分,但是,那个洪水猛兽式的大众文化在科学技术不断发展的过程中获得了最强有力的支持和最广大的市场,资本文化的负面效应远远被它巨大的诱惑所覆盖。

当我们来重新阅读许多18、19、20世纪的"世界名著"时,可能我们的许多审美价值观会为之改变。比如，19世纪末和20世纪初大量的农耕文明的生态风景描写成为文学名著审美的焦点；而到了20世纪中叶，许多现代化的意象却成为都市文学追捧的审美对象。审美转换是时代使然，就像我们在1958年的所谓"大跃进"中用冒着滚滚浓烟的烟囱意象来表达诗意，那种盲目的对工业化的崇拜在今天却成为破坏生态的一种耻辱性标志。从这个历史的悖论当中，我们可以看出两种审美价值观念背后文化思想的严重对立——农业文明和工业文明价值观的冲突永远是文学艺术潜在的表达内容与方式！怎样看待这组永远纠缠不清的冲突的矛盾主体呢？这是我们必须解决的问题。

那些身为老派知识分子的文学艺术家抵抗和诽谤现代文明，成为阻挡人类历史前进的跳梁小丑，他们的历史观是值得质疑和抨击的；但是，从文学艺术的审美性来看，那种静态的审美是人类的本能，即便是在浮华的大都市里，即便是在工业文明和后工业文明的动态性的大众文化的喧嚣中，那种回归自然、向往静谧的情结仍然成为人类审美的主流。所以艺术家从一开始就抓住了这样的审美机制，使它成为永恒的艺术真谛。也就是说，无论你进入什么样的时代，它已然成为文学艺术不可或缺的追求。因此，代表着原始文明和农耕文明艺术的风景画、风俗画和风情画就成为文学家笔尖上流淌的音乐，成为艺术家画布上灵动的舞蹈。在世界进入后现代以来，尤其当生态主义兴起，人们对那种静态的文学艺术描写愈发顶礼膜拜了，对梭罗《瓦尔登湖》等系列作品的重读，甚至把它们作为教科书来进行典范性的精读，可见其中之奥妙——尽管人们在充分享受着现代科技文明给他们带来的物质的饕餮大餐，却在精神上留恋着那种原始的、农耕的审美风景线。这也许就是艺术与现实的距离和悖论，搞清楚了这一点，也许我们对那些文学艺术家过激的叫嚣就不足为奇了。

那么，与贵族知识分子恰恰相反的观点出现在维护大众文化的阿诺德·贝内特的笔下，"郊区"成为他理想的花园，他甚至清醒地认识到这种破坏"表现了人类工业化和城市化的本能"，"这种破坏只是人与自然之间无休止的战争的一个片段，不必后悔。实际上在这里，自然因为它的那些恶名昭彰的残酷遭到了报应。她专横地命令人类继续生存下去，并不断繁衍生息。在这种特定场合下，人类一边遵从自然的命令，一边也伤害和虐待自然"。"如果这种风景不美的话，那么鲜花也不美，动物的状态也不美。"（《五镇的安娜》）这就是对资本主义工业化过程中产生的"恶之花"的赞美！

同样的悖论也出现在大众文化之中，大众文化作为突破贵族式知识分子的文化话语权的历史性的存在，积蓄了太多的能量，以摧枯拉朽、不屑一顾的态势横扫着以往的贵族文学，这种被约翰·凯里说成是"大众的反叛"的现象，是具有革命性意义的，它无处不在，它通过现代媒体每天都在饲喂着这个世界里的芸芸众生，使每一个人都在习焉不察中获得文化的滋养。但是，不可否认的是，大众文化所提供给大众的绝大多数都是没有文化深度的快餐，即开即食，即食即忘，只是满足感官的需求而已，是没有可以值得审美味蕾细细品尝的功能的，就像乔治·吉辛所说的那样："大众的'致命缺陷'就在于缺乏想象力，而想象力只有通过'智力训练'，尤其是通过阅读文学和诗歌，才能获得。"当然，除了缺乏文学的想象力以外，我以为，大众文化最致命的弊端就在于缺乏深度的审美模式。

文学艺术的暴力与现代乌托邦的反思（下）

——以约翰·凯里《知识分子与大众：文学知识界的傲慢与偏见，1880—1939》[1]为案例

知识分子是"天生的贵族"吗？

这个问题在中国似乎是一个毋庸置疑的问题，因为中国的文化背景并没有欧洲那么复杂，尤其是经过了20世纪40年代"为工农兵服务"的无产阶级大众文化的洗礼之后的中国现代文学史，更是"去知识分子化"了，这在中国文学艺术的创作中已经形成了一种无意识的自觉。而在欧美就不同了，强大的知识分子情结使得他们始终占据着话语的主导权，正如凯里所说："为了回应大众的反叛，知识分子提出了他们是天生的贵族这一概念。而对于究竟什么原因使天生的贵族卓尔不凡，他们却存在着一些纷

---

[1] ［英］约翰·凯里著，吴庆宏译，《知识分子与大众：文学知识界的傲慢与偏见，1880—1939》，译林出版社，2008年版。

争。有人认为，那是因为存在或应该存在一种职业知识分子才拥有的神秘知识，用劳伦斯的话说，就是一种'避开大众的深奥理论主体'。""另一些知识分子则认为，他们之所以卓越，是因为他们都是被假想为永恒的价值观念的传播者和守护者。"显然，对于那种具有"血统论"元素的"天生的贵族"思想，是需要进行严厉批判的，因为它是与希特勒纳粹式的灭绝人种的理论相联系的。如果单就两种"天生的贵族"的来源说，我以为后一种是有其合理性的，但是，需要修正的是，应该将其中"被假想"三个字去掉。因为知识分子应该是一种正确的价值观念的传播者和守护者，而不是一种"深奥理论"的卖弄者。值得我们深思的却是这样的问题："T. S. 艾略特的美学理论中有一个观点：真正的艺术作品是永恒的，不同于转瞬即逝的商业文化。这种观点与克莱夫·贝尔1914年宣称的那种艺术是神圣的'宗教'信仰，很容易结合在一起。贝尔明确指出，艺术家无须为人类的命运烦恼，因为'审美喜悦'会自己证明它正确有效。这种艺术家和知识分子应该远离纯粹的人性关怀的观点，也吸引了埃兹拉·庞德。他使这个观点变得更为专横，因为他告诫说，艺术家是天生的统治者，'生而为王'，他们将很快接管整个世界。"我们并不在意文学艺术家的狂妄和自大，在某种程度上，"艺术永恒"的理论永远是没错的，和消费性的商业文化相比，艺术显然占据着绝对优势。对于这些大艺术家和大艺术理论家，我钦佩他们对艺术的理解和创造，但是其理论一旦走向了极端——"艺术家和知识分子应该远离纯粹的人性关怀"——就暴露出了其幼稚和肤浅的一面了。且不说任何作品在表达其美学理想时都不可能离开"人性关怀"("去人性"有时比艺术的"祛魅"更可怕），就"人性关怀"而言，这已经是中世纪以后知识分子确定的任何人文学科和艺术领域恒定的显在或隐在的价值观念，而现代主义摒弃了这个关键的本质内涵，就不仅失去了大众，同时也失去了许多现代知识分子的支持。所以，他们如果坚持这样的观点，就绝不可能将现代主义的文学艺术领进更高层次的发展道路。因此，"他们将很快接管整个世界"的预言只能作为一个笑料而已。你能看到现代主义在世界各地盛行吗？一百年过去了，我们等来的只是它的没落和衰败，看不到更加光明的前途。

文学艺术家的许多理论来源是尼采对基督教"上帝面前人人平等"观念的批判。作为一种极端的理论也使得一些文学艺术家陷入两难的悖论选择之中，例如凯里在评论 D. H. 劳伦斯作品时，就很明确地指出："他自己强烈而浪漫地觉得每个生灵都是非凡独特的，而天生的贵族的主张却与之背道而驰。因为如果每个事物都是独特的，那么它就与其他事物没有可比性，也不能宣称高级或低级。一旦有了这种认识，天生的贵族的主张就消解了。"以子之矛攻子之盾，凯里对少数极端知识分子的批判理论是有效的，因为经过百年历史洗礼的现代知识分子，其人文价值观是与"上帝面前人人平等"的理念相重叠的，不过，这个"上帝"应该替换成"真理"。

我们这一代人在接受艺术理论时，更多的是受苏联文学理论"反映论"的学术影响，而在那个理论开放的20世纪80年代，我们对克莱夫·贝尔的一本薄薄的小书《艺术》，就好像是久旱遇见了甘霖，如饥似渴地汲取其艺术理论，成为那个理论贫乏岁月的时尚。至今，我才知道贝尔就是弗吉尼亚·伍尔夫的姐夫，才知道《文明》一书是他们两个商讨后的结晶："文明取决于一小群异常敏感者的存在。这些人知道应该怎样响应艺术作品，他们对诸如食物和酒之类的感官享受也有优雅的欣赏力。没有这种'文明的精英'，生活水准必定会滑坡。""贝尔确信，没有艺术家相信人的平等。'所有的艺术家都是贵族。'根据同样的特征，真正的艺术鉴赏家必定总是少数者和高傲者。'人类大众将永远不可能做出敏锐的美学判断的。'"显然，这种理论是容易被许多从事文学艺术的人接受的，但是，将它置放在对大众和大众文化的贬斥中来进行反差性的褒扬，就会遭到大量的质疑和抨击。凯里在评论赫胥黎的《美妙的新世界》时说："这部小说揭示出，大众所能获得的那种快乐依赖于通俗、肤浅、摧毁精神的或不道德的消遣。书中描述的未来社会中，科学消灭了疾病和所有老年的生理问题，药物和安乐死甚至把死亡变得光明、愉快和科学，再也没有人相信上帝。这个世界的控制者指出，宗教不能与世间的快乐相比，因为它包含罪恶。美妙的新世界的每一个人都不会有罪，他们在性交上很随意，性爱游戏甚至在孩子中也受到鼓励。"在这个"美妙的新世界"中，人们可以尽情地享受官能的刺激，但是，他们必须放弃对高尚艺术的追求："因为被赫胥黎那个阶级和时代的人视为高尚艺术的莎士比亚作品、古典文学和古典音乐在美妙的新世界中都遭到了禁止，理由是它们太烦人，总是从激情和悲剧中获得力量，这是美妙新世界所不能接受的。控制者解释说：'你们必须在快乐和人们曾经所谓的高尚艺术之间做选择。'"历史已经证明，并且继续证明着，科学发展所带来的那些感官的享乐，包括足球和电影这样的艺术消费品，不仅是大众文化消费的必需品，同时，它也逐渐演变成贵族的文化消费品，这是不由贵族知识分子意志为转移的历史存在物，它在历史的发展中，已然升华为贵族式的消费品了，这可能是赫胥黎们根本就无法预料到的那个"历史的真实"。因为，正如凯里分析的那样："赫胥黎和尼采支持的是这样的信念：斗争和进取有益于人的精神。它反映了西方文化中的若干历史发展，我们从中辨认出强调救赎的痛苦的基督教传统，以及被用来支持19世纪扩张主义和帝国主义，也就是造就了包括赫胥黎和尼采在内的欧洲有闲阶级的剥削制度的道德残余。"具有讽刺意味的是，在中国这块缺乏宗教信仰的文化土壤上，在20世纪60年代至70年代"阶级斗争天天讲"的无产阶级大众文化的语境中，同样也产生了与"欧洲有闲阶级的剥削制度的道德残余"异曲同工的文艺理论现象，难道不值得深刻地反思吗？其实，无论什么样的文学艺术，只要它进入一个背叛大众和违背基本人性的囚笼里，它就必然走向其反动的一面！

因此，呼吁保护"天生的贵族"的理论就应运而生，就如凯里说的那样："接下来的结论便是：如果社会想要文明化，就必须创建有利于保护少数天才的条件。不能指望纯形式的鉴赏家自己谋生，因为'几乎所有赚钱的行当都对更微妙更紧张的艺术鉴赏所需要的心智状态有害'。因此，有眼光和有品位的人应该得到公共基金的支持……文明需要有闲阶层的存在，有闲阶层需要奴隶的存在。此外，文明精英的酵母作用将可能渗入到奴隶身上。'郊区贫民窟'里的'野蛮人'可能注意到，精英蔑视他所沉迷的粗俗娱乐活动（如足球和电影），从而禁不住去尝试优雅的艺术享乐。贝尔方案的缺点是：野蛮人即使逐渐形成艺术品位，也不能参与其中，因为他将始终被剥夺文明生活所必须的闲暇。虽然贝尔没有在意这些复杂情况，但他似乎也已预料到奴隶的不满，因此规定文明必须有高效的警察机关来维护。"在这里，我们暂且不谈贝尔理论中的阶级偏见和艺术欣赏偏见的反动性，单就他所提出的贵族式的"生活必须的闲暇"问题来说，这样的情形并没有在欧洲得到实行，却是在中国得到了圆满的实现。

大众的教化和大众文学艺术的魅力与毒性

其实，欧洲的老牌知识分子对制造大众文化的美国是深恶痛绝的，在19世纪末，老旧的贵族知识分子试图在教化大众的过程中来拯救所谓的"传统的贵族文化"。凯里专门用一章的篇幅来分析乔治·吉辛对教化大众的见解和策略。

"文学的商业化让吉辛看到了另一种大众形象——记者和流行作家要迎合的千百万看不见的读者。这个看不见的读者群体系统,潜藏在报刊专栏背后,把吉辛笔下靠浏览报纸寻找空缺职位的威尔·沃伯顿逼得近于疯狂。"无疑大众文化的本质特征就是商业化运作,它给社会带来的究竟是祸还是福呢?这在不同的时空国度里,情形却是各不相同的。

1892年,吉辛在抨击报纸给广大民众带来的"日益扩大和加深的庸俗"时,为了抵制这种美国文化的影响,呼吁改变"空洞教育",因为"社会文化正在降低水平,大众唤起的只是低劣的、物质性的动机。因此,我确信,在真正高雅的与大众的文化之间,形成了鸿沟,而且这个鸿沟将越来越大"。应该说吉辛所说的是一个不以人的意志为转移的历史事实,不仅欧洲受着美国文化的影响,全世界都如此。就拿中国来说,1892年看起来是一个并不起眼的年份,但是,正是这一年,由于中国报刊业的迅猛发展,通俗小说开始兴起。《海上花列传》的连载开启了大众文学的先河。因此,最近几年,有许多著名学者就将中国现代文学的起点划界在这一年。无疑,大众文化的兴起成为中国现代文学的起点,其价值观念虽然和"五四"新文化的实质有相悖之处——看似表面的口号是相吻合的——但是,它与20世纪30年代以后的左翼文化思潮却是一致的——大众文化的理念成为中国现代文学的主潮。

如果欧洲的所谓传统的贵族知识分子还在20世纪中对大众文化进行着顽强的抵抗的话,中国文化当中的这种抵抗是隐在的,甚至是微乎其微的,因为中国的知识分子没有这个自觉。更重要的是,中国知识分子从传统的"士"转变为现代知识分子的蜕变过程中,从来就没有过什么"贵族"意识,或者说,在中国几千年的封建科举制度下,从未有过世袭的"贵族"之说。

大众是什么?在吉辛看来,那就是一群"未接受教育的人"。他坚信现实社会无法掩盖"受过教育和未受过教育的人之间的鸿沟"。且不说吉辛这一代欧洲贵族知识分子对妇女接受教育的鄙视和诽谤了,即便是对底层大众的教育,吉辛也表示失望:"要把劳动阶级从'粗鄙的困境'中拯救出来,需要几代人的教育。单独一代人身上不可能有任何效果。"从某种意义上来说,吉辛的论断是有道理的,因为"背得滚瓜烂熟的历史要素和支离破碎的科学知识""并非真正的知识"。的确,所谓"真正的知识",我猜想应该是"贵族知识分子"所标榜的那种与生俱来的"贵族精神"吧。因为,在吉辛看来:"人群中没人明白什么是美,什么是高贵。他们对落日和展出的古代塑像铸件视而不见,'对艺术和自然的光辉漠不关心'。""吉辛审视着他们的堕落,绝望地确信:'自人类形成以来,世界何曾有过比这更让人悲哀的场面?'"这种悲观的原因不是全无道理的,但是,这又完全取决于大众的受教育程度。

所以,吉辛的作品又流露出了对底层大众痛苦生活的深深同情和怜悯，油然而生的社会负疚感和厌恶大众的本能纠结在一起，使他对大众的教化产生出一种矛盾的心理。"看到那些辛劳的男女粗糙的双手，我无法不为他们的命运感到悲哀。很惭愧，我自己的命运与他们的命运有着天壤之别。"也许正是现实主义的创作方法使吉辛这样的作家克服了自身贵族阶级的"傲慢与偏见"，而产生了亚里士多德那样的"同情与怜悯"式的悲剧美学效应。当吉辛在教化大众的道路上无路可走时，他只有一种选择，那就是相信"'艺术'和'文化'最终将以某种方式'潜移默化地影响'大众，即把大众变成像他本人那样有品位和会享受的人"。其实像吉辛那样的知识分子在感到大众文化空前强大的压力时，已经是不可能左右贵族文化落花流水之势了，他们在无奈中形成的这种颇有阿Q式的精神胜利法不能阻挡美国文化，也即大众文化对大众真正的潜移默化的教化。像吉辛那样的理想主义的贵族知识分子所期望的那幅对大众教化的美丽图景，却是永远不会出现在世界的地平线上了："天才的创造——如一幅美丽的画卷——可能看上去只能愉悦富有的业余艺术爱好者，但事实上，'它却能渗透社会的每个层面'，并'潜移默化地影响所有的大众'。所以艺术家是真正的社会工作者。'没有拉斐尔的作品，我们的文化就不会是现在这个样子。'"一方面是对大众和大众文化的谩骂，以及对大众教化的彻底失望；另一方面又是对大众的同情和对大众教化的憧憬。这样的悖论出现在那个贵族知识分子行将灭亡的时代是不足为怪的，历史已经证明大众文化以其摧枯拉朽之势潜移默化地改造了几代人。具有讽刺意味的是，它不仅改造了底层的大众，而且也像吉辛所说的用几代人的工夫改造了贵族知识分子，让他们在大众文化的辐射下彻底臣服而改变其贵族的价值观念。比如对电影的欣赏，好莱坞的出品使贵族知识分子也如痴如狂。尽管大众文化带有它与生俱来的诸多细菌和病毒，可是每一个阶级和阶层的人都得将它当作文化的主粮而食用，例如电视就几乎一度占领了人类精神食粮的全部市场。

吉辛通过他的小说《我们的朋友查勒坦》里的骗子戴斯说出了一个荒谬的理论："工人阶级为了他们的利益，将让他们生理上的优胜者来统治他们。戴斯把自己看作'天生的贵族'……他解释说，科学已经使民主过时，达尔文理论证明了'自然选择'的优越性。他还羡慕尼采'对普通人的公开蔑视'。"吉辛还在其小说《解放了的人》中，借骗子超人克利福德喊出了"大众永远无法被教化"和"民主就是无知和野蛮"的观点。吉辛在给朋友的信中表达了他的希望："将来有一天，这个世界会在知识贵族统治的基础上重建。"然而，像吉辛那样的知识分子忽略了一点：现代知识分子的职责和使命从来就不是为了统治别人，而是永远坚守自己的批判性，对社会的不合理现象进行无情的批判，以此来推动历史的车轮前进。在这一点上，现代知识分子和传统的贵族知识分子有着本质的区别。

总之，可惜的是，文化发展的历史不以像吉辛那样的知识分子的意志为转移，它在百年的进程中，投向了大众的怀抱。资本主义的民主尽管带有它的欺骗性和虚伪性，但是，它毕竟成为人类历史中不可阻挡的潮流。

消灭大众的两难选择和现代乌托邦的幻影

约翰·凯里用了两个章节来阐释 H. G. 威尔斯在面临大众和大众文化的时候那种两难的文化理念的抉择，我以为他是沉浸在这样人格分裂般的矛盾中的：当他进入理性王国的时候，他就异常清醒地意识到，消灭大众是贵族知识分子义不容辞的职责和义务；然而，当他进入创作的感性世界的时候，他往往会陷入一种情感和理智两难选择之中而不能自拔，同情和怜悯的人道主义情怀占据了上风，使他企图去改写大众。

约翰·凯里在第六章《力图消灭大众的威尔斯》中阐述了消灭大众的种种理由。也许，当我们一看到这个题目，就会嘲笑这个叫 H. G. 威尔斯的人是多么愚蠢，多么可笑，甚至多么无知。但是，请不要忽略他的理论中的许多合理性。首先，是威尔斯对世界人口爆炸带来的灾难的预测："新生儿的过度激增是 19 世纪的根本性灾难。"H. G. 威尔斯在其著名的著作《现代乌托邦》里说："从人的舒适和幸福的角度来看，伴随人类的和平、稳定和进步而发生的人口增长是生活中最大的敌人。"同时，他还在其著作《公开的密谋》里尖锐地指出，东方人和非洲人过度的繁殖"阻碍了任何意义上的人类进步"，以及"低级人口还在继续增长，他们在生理上和精神上都较为弱小，有碍文明的机械发展"，"在这些'大西洋资本主义制度之外的衰民'中，几乎找不到一个聪明人，能领悟他的世界改进方案"。的确，这样的理论警钟，即便是在人类科学技术迅猛发展的今天，也仍然是先进可取的，"人类不负责任的繁殖对生态造成了破坏。早在大家普遍理解这一点之前，威尔斯已经认识到，其他物种的生存环境遭受了无法挽回的破坏，其他物种正在被人类鲁莽地灭绝。他总结说：'人类是生物学的灾难'"。可惜，东方各国如果合理吸收H. G. 威尔斯的劝诫，也不至于导致20世纪世界人口的大爆炸。无疑，H. G. 威尔斯的这些卓越的远见是不能被当时的人所接受的，尤其是像中国和印度，人口的急剧膨胀，不仅给本国带来了灾难，同时也给世界带来了灾难。所有这些，足以证明H. G. 威尔斯的理论是合理的。你不能不说他的理论在那个时代是高瞻远瞩的。其实他所描述的灾难前景在其后的两个世纪里仍然延续着，这样的灾难没有得到总爆发，并非得益于马尔萨斯的人口理论，即通过疾病和战争来缓解人口的增长，而是得益于通过过度发掘地球资源来满足人类的物质欲望。

毫无疑问，H. G. 威尔斯的人口灾难的理论是正确的，但是，他试图用极端的方式来解决人口问题的理论却是十分荒谬的，也是反人类、反文化和反人性的："一个国家如果能最坚决地精挑细选、教育、绝育、输出或毒杀深渊里的人，那么它将走向昌盛。"显然，这个理论是来源于马尔萨斯和达尔文，H. G. 威尔斯为之找出了一个合理的理论通道，"他们将有一种观念，可以把触觉视为有价值之举"，"如果一个人不能快乐地不妨碍他人地生活，那么他最好去死"。所以这样的理论也给法西斯纳粹提供了为"消灭低级种族"而发动战争的理由。H. G. 威尔斯所梦想的"新共和国"是建立在消灭所谓劣等人种、保留高贵的优质人种的理论基础之上的，他把人类与一般的物质等同，采取优胜劣汰的方法进行处置，不能不说他的观点相当于在去人性化的心理状况下，异常冷峻地对人类实施屠杀政策。

对大众文化所产生的旅游业、报业和广告业的无情抨击，是H. G. 威尔斯大众文化理论的重要方面。1911 年他在自己的作品中讽刺了把卡普里小岛"变成了一个巨大的旅馆"的行径，同时抨击"大众文化为广告工业带来了新的活力"。H. G. 威尔斯认为，"胃药、泡菜和肥皂等公共广告不仅看起来很低俗，还破坏了乡下的风光，并传播了一种奢侈与低级的消费主义风气，令人气愤"。而对报业的抨击则更甚，认为"流行报纸是'一服毒药'"。所有这些，足以表明 H. G. 威尔斯对现代文明的巨大抵触情绪。但是，H. G. 威尔斯所预示的世界未来景象却是非常准确的："未来世界甚至比我们现在更令人窒息地拥挤，其中没有文化的大众已陷入屈从和依附的不完全人的状态。他们是品质低劣的大众媒体的消费者，越来越多地遭到电视和广播传送的粗俗广告的轰炸。"他描绘的这种大众文化的景象，经过一个世纪的变迁，应该说是得到了充分的印证。他所说的所谓"不完全人的状态"，俨然就是消费文化下"死魂灵"式的行走躯壳而已。这就不能不说威尔斯的谶语一语中的,切中了大众文化的要害。

然而,使我十分费解的是,像H. G. 威尔斯这样的文学家和理论家,为什么对女人会有如此巨大的怨恨——"与报纸相比,更诱人更难以抵挡的祸水是女人"。这是因为"威尔斯认为女人天生奢侈,喜欢沉迷于服饰、聊天和购物享乐中"。如果这样的理由还有点依据的话(因为她们成为大众消费文化的主体),那么,他认为女人影响了文明的进程的两条理由就显得很荒唐了:"一方面,不可否认的,女人无节制地生育造成了人口问题;另一方面,臭名昭著的是,女人用她们的性魅力俘获年轻男人的心并逼迫他们成婚,从而使男人被养家糊口的单调的生活所束缚,就此结束了他们作为思想者的生命。"显然,H. G. 威尔斯的这两点理由是很可笑的,甚至不值一驳。用他的作品《基普斯》中女主人公克莱门蒂娜的话来说:"女人是吝啬的、寄生的、可怕的、虚荣的、很容易糊弄的、怕动脑筋的和爱说谎的,不像男人那样极具个性,尽管异想天开的惯例假设她们更有个性。巨大的时尚产业和化妆品之所以存在,主要就是为了赋予女人她们所缺少的个性。"在《婚姻》中,马乔里同样坦率地说道:"我们女人是什么?一半是野蛮人,一半是宠物,充满贪婪和欲望而无所事事的东西……确实是女人对物质的渴求毁灭了人类。"所有这些谬论完全建立在像H. G. 威尔斯那样的知识分子盲目地将女人置于低等人种的理论基础上,这种性别歧视完全没有科学根据,也是不合逻辑的荒谬理论。且不说他所列举的种种女人的弊病男人身上也都有，造成人口泛滥的罪过也让女人承担也是够荒唐的了，因为繁殖的主体在男性，而非被动状态下的女性。同样，从政治文化学的角度来看，社会的话语权始终掌控在男性手中，女性始终处于被动的地位，一切罪行的根源在谁，就应该由谁来承担主要的责任，这是人类法律的基本常识。而像威尔斯那样的知识分子为什么会屡犯这样的常识性错误呢？其要害就在于他们始终站在一个传统的贵族知识分子的角度来看问题，用陈腐的集权观念来俯视女人，将她们视为附属品。从他们对待女人的态度和立场上，我们就可以清晰地区别现代人文知识分子与他们根本的不同。在H. G. 威尔斯的作品《解放的世界》中，哲学家克伦宁提出的两个荒谬的警告是令人深思的："现代世界没有'性的女主角'的立足之地，女人必须停止卖弄她的性特征"；"如果女人对我们来说太多了的话，我们将会把她变成少数者"。幸运的是，世界历史没有听从像威尔斯那样的知识分子的理论召唤，否则，这个世界将阴阳失调，人类又会陷入另一种毁灭的境地。我不知道当下的一些女权主义者看到这样的论调会有什么样的感想，但是，我们不得不佩服H. G. 威尔斯是一个伟大的艺术天才，他的想象力之丰富已经超出了同时代人。我认为，他的想象是超越时空的，是理性思维与感性思维完美结合的一种特殊而伟大的典范，他的许多科幻小说可以说跨越了百年的时空，成为未来人类现实生活的镜子和摹本。他的观点虽然反动，但是他的艺术想象却是无与伦比地伟大。他能够在一个世纪前就预测到人类今天的生活状态，比如，他在1914年发表的《解放的世界》里就预见到核爆炸和原子战争，这使得"参与广岛爆炸计划的科学家之一的利奥·施泽纳德曾表示，他第一次想到连锁反应就是他读完这本书之后。故事中的原子爆炸在20世纪50年代后期毁灭了世界上的大多数首都，杀死了几百万人。经济和工业瘫痪，政府崩溃，霍乱和蝗灾后的饥荒使印度和中国的人口锐减，从而解决了《展望》中令威尔斯烦恼的'大批黑人、棕色人种、肮脏的白人和黄种人'在地球上的存在问题"。这就是H. G. 威尔斯所设想的"现代乌托邦"。正如凯里所言："他的小说的发展表明：毁灭比进步对他有更强的吸引力。削减世界人口成为他的一种妄想。在幻想中，他一次又一次越来越疯狂地对破坏了的布鲁姆利的郊区延展进行了可怕的报复。"

但是，问题并非如此简单，H. G. 威尔斯的内心矛盾也是不容置疑的。所以，凯里用一个章节《威尔斯的自我对抗》专门描述和阐释了其矛盾心理，"作为一个作家，威尔斯的伟大不仅在于他有强烈的爱憎，还在于他的爱憎具有双重的想象。他几乎总有两种思想倾向，使他拿不出一个解决问题的起码方案。于是，正如我们所看到的那样，他构想的乌托邦似乎开始动摇，朝反面乌托邦转变，使我们不能再确定事物的发展"。在H. G. 威尔斯的许多作品中，他对自己所提出来的大众文化理论进行了自我颠覆。比如对视如恶魔的"郊区"意象的修正，在他的"现代乌托邦"里，郊区是一个"奇特社会新生事物","郊区并非在自然之外,而是自然的一部分"。而最令人费解的是,他对"十恶不赦"的大众文化中最坏的东西——广告,也进行了褒扬:"实际上,威尔斯觉察到,广告者和小说家很相似,出卖的都是幻象,并都能给原本可能空洞的生活增添色彩和趣味。"他甚至认为"广告事实上是一种现代教育,它教的东西是中学和大学教的十倍。'我认为现在的学校的唯一作用就是使人们能读懂广告'"。由此可见,H. G. 威尔斯的这种自我矛盾心理,一方面是来自憧憬着的乌托邦幻象;另一方面是来自他们对人类科学技术的历史进步的无可奈何。所以,我们在他的众多作品中仍然可以看到他对大众的仇恨与诅咒:"我讨厌庸人,这群白痴践踏了本可以耸起我那白云缭绕的山峰的土地。我对人厌烦到了无法形容的地步。把他们带走吧,这群张着嘴、臭气熏天、互相轰炸、互相射击、互切咽喉、趋炎附势、不断争吵、笨拙卑劣和营养不良的乌合之众,赶快让他们从地球上消灭吧!"(这是 H. G. 威尔斯借《星球制造》中凯珀尔教授之口说出的人类学观点。)读到这里,我很自然地联想到鲁迅笔下的阿Q 式的大众。如果说 19 世纪末和 20 世纪初的欧洲贵族知识分子的大众观多多少少对中国近现代知识分子有所影响的话,那么他们的区别在哪里,才是我要探讨的问题。

其实,我并不在意像 H. G. 威尔斯那样的知识分子这种观点的荒谬性,而更多的是想到它所衍生、嬗变和延伸出来的观点——"国民性"的批判问题。中国现代文学的逻辑起点就在于对国民劣根性的批判。的确，每个国家、每个民族都会有这种共同的民族劣根性，问题就在于是"改造他们还是消灭他们"，这是人性与非人性的根本区别。仅仅用"哀其不幸，怒其不争"来解释这个命题是远远不够的。无疑，鲁迅在这个问题上是一个彻底的悲观主义者，"两间余一卒，荷戟独彷徨"之无由彷徨，其实是无路可走，而非"唯我独醒"式的探路。好在中国现代文学的主要先驱者还没有提出"消灭大众"的主张，尽管当时也有极少数留洋的人文学者有纳粹文化观念的倾向，但毕竟不入主流，这是因为"五四"文化和文学是建立在强大人性的人文意识基础上的，这个根基不动摇，就不会出现"消灭大众"的极端观念占据主流的现象。也许，这就是"五四"文学艺术值得庆幸的地方。

另一个值得注意的问题就是对待知识分子的态度上，"五四"文化的先驱者多是采取怀疑的态度，也就是说，他们形成了一个很好的传统，那就是对知识分子永远保持一种警惕的自我批判，在不断的自我反思当中获得进步的力量，去除自身的弊端。就此而言，这种态度、传统和H. G.威尔斯所宣称的知识分子逻辑恰恰就形成了反差："知识分子必须变成'世界的主人'，去直面'人类大众的慵懒、冷漠、反抗和天生的敌视'，促进文明的发展。"这个论点无疑又要涉及英雄史观的问题讨论了。H. G.威尔斯将知识分子的位置夸张到主宰世界的地位，只能导致这个主体变成一个毫无作用的假象。说到底，根本问题就在于他们是在封建制的思维框架中去思考问题，而现代知识分子与此的本质区别就是永远保持一种独立的批判立场，对社会和政治发出自由独到的见解。他们的真正目的不是要和什么人、什么权力体制过不去，而是针对某个事物进行客观而无情的批判，为人类历史的进步做出贡献。当然，他们在某种程度上，也扮演着人类"精神警察"的社会角色。这就是像 H. G. 威尔斯那样的知识分子所要解决的"个体与秩序"之间的对立矛盾问题。

H. G. 威尔斯作为一个伟大的科幻小说的先驱作家，他所创造的"现代乌托邦"世界是美好的："人类将合理地生活在一个没有污染的地球花园中，人口将被控制在二十亿安全限度以内，教育将消除宗教，贫困、战争和疾病将一去不复返，世界上的森林将重生。生物研究将增加植物的多样性，动物物种将在不对人开放的巨大野生公园里得到保护。"（《未来事物的面貌》）这样一幅十分超前的社会图景，正是人类可望而不可即的理想。但是，它需要付出怎样的代价呢？这一点使 H. G. 威尔斯产生了巨大的疑惑，他希望通过消灭大众来抵达他理想的现代乌托邦，但是在具体的创作过程中，他又不能左右自己的思想，这也许就是创作方法大于世界观的文学原理所在吧。

H. G. 威尔斯在作品中反对强权的压迫，但是他又制造着强权理论，正如约翰·凯里对他的小说和理论所做的总结："他没有佯称：人类可以在避免大量死亡和痛苦的情况下获得进步，而必须消灭一些类型或一些种族的人。他承认，在人类获得幸福之前，必须有个过渡时期，由统治阶级精英在许多年内专横地强制实行

'严酷的制度化',其后便会出现一个崭新的世界。"也许,希特勒式的法西斯纳粹"第三帝国"的屠杀理论就在此中找到了根据。和尼采的理论相同,它们往往成为人类的一剂毒药。像H. G.威尔斯那样的知识分子们所提出的人口太多的理论已经被百年的历史证明是准确的,但是,他们所提出的最终解决方式却是绝对错误的。大众只有通过教育才能提高文化素养和素质,像H. G.威尔斯那样的知识分子的灭绝的理论从理性上来说,无疑是一个消极的方法,何况它又是完全失去了理性的非人性的思维。

"知识分子"与"大众"的沟壑能够填平吗?

也是在同一时代,出现了一个与这群贵族知识分子完全不同的文学艺术家。他出身于小商人之家,正因为他的作品放弃了知识分子的"艺术的孤傲"而投入大众文化的怀抱,就受到了弗吉尼亚·伍尔夫和克莱夫·贝尔以及罗素、T. S.艾略特等一大批贵族知识分子的嘲笑与诟病,他就是阿诺德·贝内特。他成为那个时代传统贵族知识分子中的叛徒,因为,"他始终认为:作家辛勤创作的根本目的,是为了获得'食物、住房、衣服、女人、欧洲旅行、好马、剧院雅座、名烟和餐馆的美妙晚宴',他正是认识到这一点,才一步步青云直上,他说:'我想有成堆的钞票,我要给我的书做广告宣传。'事实上,就连他的书评,也严格遵循着商业模式运作"(《作家的真谛》)。这一赤裸裸的公开宣言直接宣告了他写作的商业化本质特征，不用说在一百年前的欧洲贵族知识分子面前要承担多大的压力了，即便是在今天也同样会招致许多道貌岸然的作家、艺术家以及批评家的诟病。尽管谁都知道大众文化时代的商业化已经是无处不在了，中国文学艺术这二十年来走过的不正是这样表里不一、充满悖论的道路吗？作家和批评家们一方面是对大众文化的商业本质的不屑与抨击；另一方面，从具体的操作层面，又不得不屈服于商业化的巨大资本市场的诱惑。但谁也不敢像贝内特那样敢于直面大众文化，敢于真诚说出自己对金钱的热望，从某种程度上来说，他戳穿了一百年来许多作家和艺术家虚伪的面具。

在贝内特看来，"他和他的同时代人迎合的都是中产阶级读者的趣味，而中下层读者大众，'如果他们得到巧妙的培养和改造'，他们将在数量和质量上都远远超过那些中产阶级读者"。无疑，从主观上来说，贝内特关注的是他作品的市场效益，但是，他却触动了一百年来争论不休的一个知识分子与大众的核心问题，即文学艺术究竟是为什么人服务。其实这也是一个十分吊诡的悖论：一方面，贝内特提出的扩大文学艺术的受众面是文学艺术"可持续发展"的必由之路，这绝对是毋庸置疑的真理所在；另一方面，文学艺术也绝不可以降低到"为工农兵大众服务"的低水平的创作之中。那么，解决这一悖论只有一条途径，那就是通过教育来提高大众对文学艺术的阅读能力和欣赏水平。所以，贝内特对此抱有足够的乐观态度："教育的普及将弥补英国文化中的裂隙。

'真正的领袖的思想与普通大众的思想之间的沟壑，正在而且必须逐年缩小。'"无疑，贝内特看到的是教育的巨大作用，19世纪末和20世纪初的大学教育还没有像今天这样普及，所以提高大众的文化素养和素质是一个奢侈的愿望，但是，贝内特能够看到这是填平沟壑的一个必然途径，已经很了不起了。

需要强调的是，贝内特的大众文化理论并非建立在降低文学艺术作品的质量上，他甚至在推动着文学艺术不断向更高阶段发展上做出了巨大的努力。他通过书评推出了一大批作家："事实上，他把屠格涅夫的《前夜》评为'全世界最完美的小说典范'，把《卡拉马佐夫兄弟》、《帕尔马修道院》和《罪与罚》评为'世界上最令人叹为观止的作品'。他对陀思妥耶夫斯基的热情称颂使康斯坦斯·加奈特深受鼓舞，以至着手翻译其作品。他对契诃夫的崇拜，使《新时代》在他的影响下开始发表契诃夫代表短篇小说。当《樱桃园》在伦敦首次上演并引起观众反感时，贝内特极力为该剧'大胆的自然主义'辩护。贝内特最推崇的法国作家包括马拉美、瓦雷里和纪德。早在1908年，他就看出了康拉德的才华，后来利维斯才把康拉德写进《伟大的传统》中。贝内特还认为D. H. 劳伦斯'无疑是较年轻学派最出色的作家'。当《彩虹》一书于1915年遭禁时，只有两位作家公开表示抗议，贝内特就是其中之一。他对T. S. 艾略特、普鲁斯特、詹姆斯·乔伊斯、E. M. 福斯特和阿道斯·赫胥黎等，都表示支持或维护。他甚至极力宣传当时默默无闻的威廉姆·福克纳。"和那些贵族知识分子相反的是，贝内特对攻击他的这些大师毫无偏见，客观地去评价他们的作品和文学贡献。所有这些都表明了一个现代知识分子作家应有的坦荡胸怀和客观大度的批评态度。这不仅是因为他对艺术批评毫无偏见，也不仅是因为他对艺术独到的洞察力，更是因为他克服了传统批评家们偏执和狭隘的"贵族眼光"，采用了辩证唯物主义的批评方法。就这一点来说，倒是我们今天的许多批评家应该在大众文化爆炸时代里感到羞愧！

贝内特的聪明之处就在于他知道怎样去告别那个行将垂死的时代和那些行将灭亡的传统贵族知识分子的陈腐观念："要使自己适应这个世界，不再悲天悯人，因为这个世界不会去主动适应他。"(《埃尔西和孩子及其他故事》)贝内特和贵族知识分子的根本分野就是他明白大众文化的效应将是历史发展不可阻挡的潮流，所以他毫不留情地驳斥了贵族知识分子对报刊的蔑视，他甚至认为"报刊也是艺术，并对知识分子担忧的'英国报业的逐渐美国化'表示欢迎"，因为新闻工作者也具有"孩子般无穷无尽的惊奇和赞赏的眼光"(《妇女杂志：实践指南》)，一篇好的政治讲演也会有"一种艺术感知的愉悦"(《克莱亨厄》)。"此外，贝内特还谴责知识分子对大众的歧视，认为那是一种死气沉沉的故步自封，不是能力强而是能力弱的表现——一种愚笨迟钝的麻木不仁，背离了每个生命错综复杂和丰富多彩的特性。他认为，艺术家超常的艺术感知力并不应该与大众背道而驰，而应该期望大众，或者说把那些受尽歧视而不得不隐藏在社会底层的生命，作为自己天然的扶助者。"

正因为贝内特希望填平知识分子与大众之间的沟壑，他才会在自己的作品中既美化知识分子，同时又拔高平民大众。所以约翰·凯里对有些人仅仅将他说成是"社会问题小说家"不满，凯里认为贝内特作品提供的主题有着更深刻的人类生物学和政治学意义的内涵："由于他把填补上层社会与下层民众之间的沟壑作为目标，他必须发现比社会问题更为广泛和永恒的主题——一个对各个知识和文化层面的人都有意义的普遍主题。"这个主题究竟是什么呢？凯里进行大量的作品分析之后才给出了这样的回答："他借助他的生物学视点来反对精英主义——让我们相信人类的基本一致性，尽管社会地位和教育程度可能有所不同。他还坚信：每个人都是绝对独一无二的，特别是那些看似微不足道的人，这一点也和他的反精英主义相一致。"如果仅凭反精英主义，就可以填平知识分子和大众之间的沟壑，文化历史的发展就不会如此曲折和丰富了。

其实，在贝内特的心灵深处也同时潜藏着"艺术永远是少数人的专利"的无意识，这个悖论是一道艺术理论的世界性难题，至今没有人能够给出最圆满的答案。同样，贝内特也认为，"文学知识是完美生活必不可少的部分。成千上万对文学一窍不通的人，误以为自己活得好好，殊不知'没有文学，人就看不清，听不明，感觉不全面'"。贝内特的困境也是所有知识分子的困境——知识分子都憎恨和否认他们的孤高，同时又太珍视文学，总以文学的缺失是一种残缺为借口。贝内特不相信文学的价值仅仅是虚幻的，大众喜欢的东西可能与少数人的选择一样好。他教导人们："经典作品之所以经典，是因为它们吸引了善于判断是非的'充满激情的少数人'，大多数人的喜好总是次要的。如此相信知识分子的正统思想的贝内特，与接受大众生活关照的贝内特，似乎判若两人。这是因为贝内特的小说设计目的在于：填补横亘于他自己和那些他因为自己的知识分子正统思想而与之疏远的人之间的沟壑。"我以为，凯里说的只是表面现象而已，而正是那只看不见的手——深入骨髓里的艺术至高无上而永远属于少数人的情结——始终主宰着知识分子的灵魂。即便是他再无偏见地接受大众和大众文化，也逃脱不了内心的自恋情结。同时，就中国文学界的情况而言，即使是经过了几十年"为工农兵大众服务"思想熏陶的作家和批评家们，包括我本人在内，还是很难克服这种"万般皆下品，唯有读书高"的知识分子的优越感和持有艺术天赋精神特权的想法。这种理性和感性的悖论还将永远延续下去，我不知道这个难题有谁能够解开。

艺术与强权之间难以切割的纠葛

这个刺眼的题目看起来很不养眼，但是它不仅是约翰·凯里所要求证的一个命题，也是我近几年来试图破解的一个谜团。毫无疑问的是，凯里之所以把《温德姆·刘易斯和希特勒》一章作为煞尾,是有其深意的。

其实,我对刘易斯吹捧希特勒的言论并不感兴趣,倒是对"阿道夫·希特勒的知识分子计划"更有兴趣。我们得承认希特勒也是一个知识分子,而且是一个地地道道的艺术崇拜狂,"希特勒和知识分子同样坚定地相信被知识分子视为伟大艺术的永恒价值"。他对大众所喜好的"淫秽文学、艺术垃圾和戏剧性陈词滥调"感到痛苦,并且也谴责向大众散布毒素的"下流的报章杂志"和电影,"希特勒本人确实具有知识分子的倾向。他从图书馆成打地借有关艺术、建筑、宗教和哲学类的书回家,并常把尼采挂在嘴边,还能整页地引用叔本华的著述。他对塞万提斯、笛福、斯威夫特、歌德和卡莱尔的作品十分欣赏,并对莫扎特、布鲁克纳、海顿和巴赫等音乐家非常钦佩,甚至把瓦格纳当作偶像。在绘画方面,他对那些古代大师,尤其是伦勃朗和鲁本斯的成就也是拍手称赞"。他也和英国的贵族知识分子持有同样的态度,即"对美国粗俗物质主义的轻蔑",并且"他坚信艺术比科学或哲学更高级,更有价值,比政治学更永恒。'战争过后,唯一存在的是人类天才的杰作。这就是我热爱艺术的原因。'音乐和建筑记录了人类提升的道路。没有任何东西能取代伟大的画家或诗人的地位。艺术创造是最高的境界。一个国家的内在动力就源于对天才人物的崇拜"。这些出自希特勒《我的奋斗》中的话语,不能不说有其理论的合理性。但是我要追问的是:为什么希特勒会无限夸张了艺术的功能,将它置于人类、国家和民族精神的最高境界呢?其答案就在于"对天才人物的崇拜"。一般来说,东西方文明社会都不会把尚武作为人类精神追求的终极目的,只有艺术才是天才创造的文化历史,缘此,对艺术的崇拜就是文化崇拜的代名词。由于希特勒坚信,雅利安民族之所以伟大,就是因为创造了伟大的艺术,缔造了伟大的艺术家与作家,是"上帝创造物中最高贵的形象"(《我的奋斗》)。用凯里的话来说,"这当然是知识分子借助上帝的艺术偏好来支持他们自己优越地位的一种策略的变体"。

和希特勒一样,那些老旧的西方知识分子只有把自己确立在一个贵族的地位上,才能有效地去消灭他们想象中的大众和大众文化。他们不是站在人性的立场上,而是立足于所谓人类生物学"优胜劣汰"的达尔文主义观点来对待"大众",所以才会有灭绝人性的大屠杀之举;因为"在这个方面犹太人可以说是代表了最基本的大众,他们完美地继承了20世纪初知识分子杜撰的大众的特征。他们在希特勒的神话里,作为一个无组织的庞大的低级人种,成了各种非人活动所针对的理想目标,大众概念的产生正是为了证明这些非人活动的合理性"。此外,"视犹太人为大众也使灭绝犹太人的企图变得更加简单。一旦人们接受了最初的提议——犹太人不是完全活生生的人,而只是大众,那么大规模地流放、毁灭和焚化犹太人,并用他们的骨灰大规模生产肥料,所有这一切就都有了合理性。在这个意义上,大屠杀可以被看作最大限度地控诉了大众思想和20世纪知识分子对大众思想的接受"。凯里的这段话可谓鞭辟入里,但将所有的这些罪行,仅仅归咎为艺术和贵族意识，可能还是肤浅一些了。就此，我们需要考虑的问题似乎应该是：希特勒纳粹思想与艺术相连，而艺术往往又和左派激进思想交织，这些习焉不察的现象难道不正是我们今天需要深刻反省的世界性的知识分子命题吗？

"希特勒赞美独特的天才，批评马克思主义'断然否定个体的自我价值'。"我对希特勒灭绝其他人种、对土地和"健康的农民阶层"的崇拜，以及试图在乌克兰和高加索地区建成"世界上最可爱的花园"式的有组织的集体农庄的憧憬，并不感到惊讶。而使我感到震惊的却是，"希特勒关于大众的幻想中与知识分子的普遍模式相一致的另一个方面是：他把大众分成了资产阶级和工人。对于前者，他和所有知识分子一样持鄙视态度；而对于后者，他（像一些左翼知识分子一样）对他们表达了深深的崇敬。他声称纳粹运动绝不能指望'没有思想的资产阶级选民'，相反，它将利用'工人大众'，减少他们的痛苦，并提高他们的文化水平。资产阶级是愚蠢的、懦弱的和拘谨的，而工人是高贵的"。他还在埃森的克虏伯钢铁公司的工人身上看到了"留有贵族特点的印记"。尽管希特勒和贵族知识分子将大众以国别、民族和人种加以区分，但是，将他们放在阶级的天平上进行衡量却使我感到大大地意外。显然，希特勒痛恨资产阶级是因为他们制造了工业文明和商业文化，为诱惑大众走入魔境提供了充分的资源，这一点是不难理解的。然而，希特勒一方面诋毁马克思主义和社会主义对犹太大众的教化与蛊惑，另一方面，又竭力地赞美工人阶级，这是和资本主义的价值观完全背道而驰的左派观点。但是，他难道和马克思主义的无产阶级价值观相同吗？答案却又是相反的。因为，希特勒和欧洲的那些老派的贵族知识分子是站在封建君主制的价值立场上来反对资本主义文化的，他们是想拉历史的倒车，回到贵族集权统治之中。而马克思主义却立足于无情批判和抨击资本主义在自身的发展过程中所存在着的种种弊端，使之更加人性化地克服缺点，让社会朝着人类发展的正确轨道前行。这才是一个真正的现代公共知识分子应有的眼光和立场，这就是现代知识分子和封建贵族知识分子之间的根本区别所在。所以，西方的马克思主义学者得出的结论是，这种学说从根本上是一种人道主义的理论和方法，其剩余价值的发现拯救了人类在资本发展中的种种非人道主义的因素，而使之走向良性循环的道路。同样是维护工人阶级的利益，希特勒是为如何驯化工人使之成为贵族群体中的奴仆和一分子而奋斗，而马克思却是站在工人阶级自身的立场上来向资本主义世界讨要公道，是无产阶级向资产阶级发出的争取利益权力的宣言。就此而言，我以为，希特勒和马克思的思维起点和所运用的方法有着根本的区别：希特勒是站在贵族知识分子所谓的"艺术至上"的立场上来诋毁，甚至是消灭大众；而马克思却是站在大众的立场上来对人类社会的"历史的必然"做出合理的判断，这是一个现代知识分子所必须具备的底层意识。虽然工人阶级还有许多需要批判的缺陷，但是，这和希特勒式的封建君主意识是相悖的，同样是"解放"，其目标却是大相径庭的，同样是对资本主义的仇恨，出发点却有天壤之别。

于是，许多人在根本没弄清楚其中之悖论的奥秘时，就盲目地提出种种崇尚艺术的过激理论，很容易落入希特勒式的理论圈套！一味地强调艺术至高无上的强权，过分地夸张大众文化在其发展过程中的种种弊端，以此来贬低和诋毁大众文化，从某种意义上来说，是有严重问题的。尽管大众文化的许多弊病是可以批判的，但是，出发点却需要甄别。正如约翰·凯里说的那样："希特勒最信奉的是至高无上的'高尚'艺术，永垂不朽的希腊雕塑和建筑，具有卓越价值的古代大师之作和经典音乐，登峰造极的莎士比亚、歌德和其他一些被知识分子公认的伟大作家的作品，以及激发所有天才创造并使其有别于大众低级娱乐活动的神圣火花。他鄙视'下流的报章杂志'、广告和'电影胡扯'，支持贵族的原则，并把女人和孩子比作'愚蠢的多数'。这些都是本书（《我的奋斗》）读者轻易就能从知识分子的言论里发现对应之处的另一些特点。对这样的读者来说，他对大众的种种改写——该灭绝的低级人类，没有思想的资产阶级群体，高贵的工人，农民的田园诗——也是我们熟知的知识分子的设想，《我的奋斗》的可悲之处在于，它在许多方面没有偏离标准，而深深根植于欧洲知识分子的正统观点。"这段话启发我们思考的是什么呢？我们应该意识到，凯里所说的欧洲知识分子普遍存在的这种所谓"正统观点"，在中国许多自称为现代知识分子的人的头脑中也同样存在。如何看待这个问题，已然是一个不可忽视的价值理念的问题了。

首先，对那些归属于"高尚艺术"的人类文学和文化遗产，我们是应该崇敬的，但是，将它和大众文化进行完全对立也是荒唐的。大众文化需要去其糟粕，但是用其精华更为重要。一百年来的文化发展历史证明了被希特勒他们所否定的报章杂志并没有走向衰败，而是越来越成为人类认识世界、获得信息和汲取知识的不可或缺的媒介；而电影业经过百年的发展，已经成为一个"高尚"的艺术门类，我们许多批评家藐视电视业没有什么文化含量，未来它的发展却是任何力量都不可阻止的，人类历史的进步并非是守陈的知识分子所能左右的。

其次，即便是"改写大众"，将他们培养成艺术欣赏的贵族——无非是两种途径，一是消灭大众，二是教育大众——其实，也改变不了人类的生存方式，因为艺术终究不能替代人类科学技术的进步，也不能成为指导人类进步的价值观。

总之，艺术可以提升人类的精神生活，这是不容置疑的，但是将它作为一种解决人类一切生存和发展问题的灵丹妙药，那是一种逻辑上的错误，如果再将它提升到对人类大众毁灭的理论上，就是十分荒唐的反人性的谬论了。当然，反思大众文化的种种弊病也是刻不容缓的事情，但它是另外一个话题了。

不是总结的总结

约翰·凯里在其"后记"中首先就是以弗吉尼亚·伍尔夫在

疯狂和自杀前的1941年2月26日的日记中对周围庸俗女人的愤怒描写开始对贵族知识分子的批判的:"知识分子笔下的大众形象常常是一种愤怒、厌恶和恐惧的刺激,因为大众不能与知识分子愉快地共处,虽然他们给予知识分子一种最低限度的愉快感觉,能让知识分子确信他或她与众不同。"所以,像赫彭斯托尔那样的言论也就不奇怪了:"对于整个人类,包括阿拉伯人和混血的爱尔兰人,如果仅仅按一下电钮就可以解决掉他们的话,我会高兴地实行彻底的种族灭绝。"(《古怪的大师:雷诺·赫彭斯托尔日志,1969—1981》)他们所预测的世界大战后的人口下降会带来人类的福祉的理论并没有如愿,恰恰相反,二战后,世界人口并没有控制在他们预想的十亿,至今已经增长到七十亿以上。但是,大众文化的发展却意外地满足了人类的物质需求,大众还在报章杂志和影视媒介的喧闹之中获得了自足的精神满足,虽然其文化的品位有待提升。人类并没有因为贵族知识分子的想象而进入那样的世界末日,也就足以证明他们的预言和宣判是无效的。好在中国并不存在凯里所描述的这种知识分子的"正统观点"占据理论高地的情形。如果说"五四"前后的知识分子还或多或少地受了一些欧洲知识分子"正统观点"的影响的话,那么,从20世纪40年代开始,我们的工农兵大众文学艺术的规训就彻底消除了知识分子对贵族文学艺术的崇拜,使之成为"不齿于人类的狗屎堆"了。以后的几代知识分子,更是想在自己的血脉中离开"阳春白雪"的遗传基因,转而崇拜"下里巴人"的文学艺术欣赏趣味了。

这个是幸还是不幸的悖论问题暂且不表，我要回到的是问题的原点。

所有这些，仍然不是我对约翰·凯里理论阐释的兴趣所在，我更加注意到的是，所谓的"现代主义"思潮和当今中国某些文艺思潮之间的关联性问题。凯里最后总结性的阐述应该是全文最精彩的段落了，他说："正如读写在'大众'中的普及驱使20世纪初的知识分子去创造一种大众无法欣赏的文化模式（现代主义）一样，从电视和其他大众传媒获取文化的新途径，驱使知识分子发展出一种反大众的文化模式，即对现存文化再加工，使大多数人都达不到它的水平。这种模式的称谓不一，或称为'后结构主义'，或称为'解构主义'，或简单称为'理论'，它始于20世纪60年代雅克·德里达的作品。德里达的作品在学术界吸引了一大批模仿者和渴望被看作知识分子先锋的文学研究者。为确立其反大众的地位，'理论'必须把自身界定成与诸如电视之类大众传媒的显著特征相反，其中最重要的是不同于大众传媒的可理解性。电视必须确保让教育程度不一定高的广大观众理解，而'理论'则必须确保不让他们理解。在一定程度上，通过模仿德里达和其他一些'理论'实践者用的词语和特殊的文字用法，'理论'成功地形成了一种让大多数以英语为母语者费解的语言。"太精妙了！凯里所总结的不仅是欧洲知识分子的心态和作为，也生动地描述了他所没有能够预料到的中国文学艺术界自20世纪80年代以来对这种"理论"生吞活剥的现象。我不明白的问题是，那些在中国倡导所谓"后结构主义"和"现代主义"的先锋批评家们,有几个是真正了解欧洲知识分子的真实文化心理和他们设定理论的目标呢?抑或他们在一知半解的情况下,拾人牙慧地硬是将那顶帽子强行扣在中国作家的头上,也使一批阿Q式的中国作家感到一种莫名的荣耀。我也不知道他们频频地在报刊上发表言论,以及在电视荧屏上屡屡出镜,是受了商业文化的诱惑,还是有意背叛德里达的理论?

"在强烈反对大众传媒的显著特征的过程中,'理论'获得成功的第二点在于对人类趣味故事的反对。聚焦名人是电视吸引力能达到深广程度的一个要素,在文化报道中,它的一般形式是采访作家、演员或导演与记录有关作家及艺术家生平的传记节目,而'理论'却认为这种传记方法既微不足道又离题万里,并因此摒弃了这种传记方法。'理论'否认作家或艺术家与其作品的意义之间有确定的关系。在这些方面,'理论'与20世纪初克莱夫·贝尔的《艺术》和奥尔特加·加塞特的《艺术非人化》等艺术论文的观点一致。如我们前面所见,这些作品教导我们,只有那些具有那样艺术情感的人,才在艺术作品中寻求人类趣味故事和其他这类'多情的不相干的事物',而且'诗人背后的人的激情与痛苦'是堕落的大作,而不是特别有天分的少数人的视域。'理论'(我们毫不奇怪地发现,总是对尼采毕恭毕敬)宣扬的是:艺术和文学是'自我指示'或'自我发动'的——也就是说,它们与现实社会或普通人的生活毫不相干。这一观点完全与布鲁姆斯伯里集团的唯美主义者对'粗俗大众'强烈要求的'摄影般的'现实主义的恐惧相同。正是出于这种恐惧，克莱夫·贝尔把 17 世纪荷兰的艺术贬损为一堆'彩色照片'。"读到这里，我首先想到的是中国在 20 世纪 80 年代兴起的所谓"现代主义"思潮的昙花一现，许多理论家和批评家在对西方理论背景无知的境况下，简直是在中国文学艺术理论的舞台上"复制"演出了一出活生生、并不相关的闹剧。

在约翰·凯里所列举的林林总总的西方大师级的理论家和批评家面前，我们回看三十几年中国文化及文学理论界和批评界所走过的道路，其值得我们反思的问题还远远不止这些。但愿中国的文学艺术在这一面镜子的映照下能够走好一些。

辑四 文学与革命

歌者因何而歌：赫尔岑的自由观

——读伯林《俄国思想家》[1]之一

全面了解俄罗斯现代文学与文化，是我多年来的一个愿望，因为这个国家和民族的文学与文化，跟中国文学与文化有着血肉的联系。我很清楚，若要真正了解俄罗斯现代文学史与文化史，首先就得了解19世纪俄罗斯文学与文化状况，尤其是世纪之交"白银时代"的俄罗斯文学的特殊语境；然后是十月革命后七十年的苏联文学与文化的历史，这个时段的苏维埃文学与文化对中国的影响最大，它几乎影响了几代中国的作家和知识分子；最后才是1991年苏联解体后又回到俄罗斯文学的当下境况。在这个二度循环的历史过程中，中国作为俄罗斯文学和苏联文学最大的接受国，我们对它们的理解存在着许多误区，这是因为我们在长达几十年的接受史当中，受到许多偏执的意识形态观念的左右，又受

---

[1] ［英］以赛亚·伯林著，彭淮栋译，《俄国思想家》，译林出版社，2001年版。

到资料匮乏的局限，就很难看清楚俄罗斯文学与文化和苏联文学与文化的真实面目。于是，像以赛亚·伯林这样的西方学者的著述就为我们提供了一个重新认识俄罗斯文学与文化及苏联文学与文化的窗口。

几年前就读过《俄国思想家》这本著作，因事务缠身和译文的晦涩难懂而囫囵吞枣地翻过，近期重读，终于想写成一组系列论文了。于是，根据伯林行文的内在逻辑，此系列论文拟采用以单个作家为分析对象的方法撰结成文。

伯林在阐释赫尔岑的哲学观念时用了一个比喻："歌者因何而歌？只为了他唱完后为世人所记取，从而在乐趣中去寻觅往日记忆吗？不是！这是虚妄、愚昧且浅薄的人生观。歌者的目的在歌。人生的目的则在生活。"无疑，赫尔岑就是一个用散文随笔式的文笔来完成自己对个体自由追求的伟大作家，而像他这样并没有文学巨著的作家，却能屹立于俄罗斯的文学史之中，且成为一代文化巨人者，恐怕在世界文学史的长廊中也是罕见的。所以伯林才敢于断言，即使用标准的欧洲哲学观念来衡量赫尔岑，他的思想也是独一无二的。他区别于无政府主义的巴枯宁和民粹主义的蒲鲁东、罗伯斯特、车尔尼雪夫斯基的本质之处就在于他独特的自由观，用伯林的话来总结就是："自由——特定时空中实际个体的自由——是一种绝对价值。""他也希求社会正义、经济效率、政治稳定。但这些仍必须永远要次于保护人性尊严、支持文明价值、保护个体不受侵犯、维护感性与天才不受个人或机构凌虐。任何社会，无论因何理由，未能防止对自由的这些侵犯而开启大门，他都断然予以谴责。"赫尔岑的自由观甚至明确到了具体"保护人性尊严、支持文明价值、保护个体不受侵犯、维护感性与天才不受个人或机构凌虐"的层面。这就是赫尔岑自由观的普遍性价值，虽然他的理论体系建构不像许多大哲学家那样庞大宏伟，但其直接、明了而深入浅出的表达却更加能够获取人心，用伯林的判断来说就是："对敏锐而且具备先知之见的时代观察家而言，他或可与拟伦于马克思与托克维尔比肩；以道德家视之，则其意趣横生与富于独创，俱过此二人。"这是因为赫尔岑毕竟还是一个文学家，他以文学家的敏锐发现了个体自由与社会、国家、民族紧密相连的重要性之真谛，并诉诸感性、生动与形象的语言文字，当然就更能够唤起人们对自由的深刻理解。

《彼岸书》应该是赫尔岑的一部蕴含着丰富思想的杰作，它往往是以平实而生动的语言来阐释一般哲学家们难解的观念之谜。

显然，在赫尔岑的自由理论中有一个十分精彩而又普遍适用的发现，那就是广大群众对自由的阻遏力量是无形而巨大的："群众只想制止那只挡住他们鲁莽攫取面包的手……对于个人自由、言论自由，他们漠不关心；群众爱的是权威。他们至今仍目眩神迷于权力的傲慢闪光，有人特立独行，他们就怫然不悦。所谓平等，他们作'大家一律受压迫'的平等解……他们要一个为他们利益而统治的社会政府，不要一个现在这样违反他们利益的政府。但是，他们从无自治的观念。"个体自由之所以难以实现，就在于群众普遍的自私与奴性。更重要的是，谁要是动了群众个体手里获得的那块面包，谁就会陷于人民群众的汪洋大海之中而自取灭亡。于是，赫尔岑的这个论断不仅适用于革命中的俄国，也适用于革命后的苏联，同样适用于解体后又回到革命前的俄罗斯。

没有个体的自由理念，何谈国家与民族的自由？一个只有享受"压迫的平等"的群体，你能指望他们有什么"自治的理念"吗？没有这样的"群众"基础，对自由的渴望恐怕连望梅止渴、画饼充饥的份儿都没有。

也许有人会对赫尔岑把个人屈从社会、群体和人类比喻成"活人献祭"提出质疑，因为他把个体的自由提升到至高无上的地位，显然是违反了人类的自我牺牲原则，同时也触犯了宗教本义的底线。但是，这样的事实确实使我们走向了另一种迷茫："为有罪者而打死无辜者……社会真实单元所在的个人经常被作为牺牲而献祭于某个观念、某个集合名词、某个旗帜。牺牲之目的何在？未尝有人问津。"

虽然我并不完全赞成赫尔岑对暴力革命的一味诅咒和讽刺，但是他对于宗教化的乌托邦理想的抨击却被历史证实是正确的，"凡以高贵但遥远之目的为名而替可憎的手段辩白者"，都是对自由本质的戕害。所以，赫尔岑对"号召世人对眼前或未来的文明、平等、正义或人类作最高牺牲、受最高苦难"的唯心主义理论家们提出了严厉的批判，宣称"生命之目的即在生命之本身；为自由而奋斗，目的是求个人今日、此地的自由；个人各自有其自身的目的,个人的目的对他们自己是神圣的,他们为此而奋斗、吃苦;为无法言喻的未来幸福之故而粉碎他们的自由、阻断他们的追求、毁坏他们的目的,是盲动和邪恶的——未来凌暴我们仅有的道德价值、践踏真实的人类生命与需求;它假借什么名义?自由、幸福、正义——种种狂热的理论、神秘的声音、抽象的事物"都指向了"个体的自由",因此,伯林以卢梭名言引申:"赫尔岑(呼应梅斯特)认为,说人生而自由,简直有如说'鱼生来就是要飞的,但它们处处在游'。爱鱼者尽可设法证明鱼'天生'要飞。绝大多数人并不喜欢使人自由的解放者;他们宁愿因循千年故辙,承受千年重轭,也不肯一冒建设新生活之大险。"

所有这些阐释都集中在一个理论焦点上,那就是"因为大多数人无论如何都宁喜奴役而不取自由"的观念选择,因此,赫尔岑自由的观念是建立在个体自由意识的解放之上的,唯有个体对自由的自觉才能成为国家、民族、人类的集体无意识的自由理念。你看,赫尔岑是怎样反思法国大革命的呢?"将巴士底狱片片撕毁,也不会使囚徒变成自由人。""1848年法国激进分子的致命错误是……尚未解放自己,却妄图解放他人……他们不改变监狱之墙,只是给它一种新的功能,仿佛监牢的蓝图可以移作自由生存的蓝图。"

尽管我以为赫尔岑对乌托邦的批评是带有偏激情绪的,包括伯林在内,用西方学者的眼光来审视专政中的暴行,显然有过犹不及之处，但是，从人性和个体自由的法则来看，世界上的一切暴行都是应该受到谴责和唾弃的，在这一点上，我就佩服赫尔岑为自己的自由观而不偏不倚地谴责人类一切丑行的理论，哪怕是资产阶级在进步主义掩盖下的丑恶也不放过。但是，须得注意的关键问题是："他对资产阶级憎恶如狂，但是，他也不要暴力造成的剧变。"也就是说，资本主义在其发展过程中固然带着污秽和肮脏的血，用赫尔岑的比喻就是"资产阶级是一群费加罗，吃肥了、飞黄腾达的费加罗"，但是，即便如此，也不能用暴力的手段去结束它的生命，因为赫尔岑认为资本主义还在发育和发展的过程中，他预料它有顽强的生命力："进步必须配合历史变迁的实际步调、配合社会的实际经济与社会需求。他最鄙视之物，无过于资产阶级；资产阶级之中，又莫甚乎品格卑下、贪多务得、平庸琐屑或汲汲牟利的巴黎资产阶级。但是，他仍认为在资产阶级尚未演完其历史角色之前，就以暴力革命加以压制，只意味着在新的社会秩序里，资产阶级精神与资产阶级形式仍将持续不绝。"在这里，赫尔岑的这种观念得到了包括像阿伦特那样的后续理论家的支持，因为阿伦特们看到了激进主义所带来的种种灾难性后果，才在反思法国大革命、美国革命和俄国革命中总结出了暴力和非暴力之间的区别。而赫尔岑的预言却是在俄国革命前，其观念的超前性就更加弥足珍贵了。究其原因，我以为赫尔岑看似直觉性的论断，却是建立在他富于人性特征的个体自由观的基础之上的。赫尔岑痛恨卑劣的资产阶级，但是他知道，如果"砍掉他们的脑袋，只会引出新暴政与新奴役，导致可恶的少数人统治多数人，甚至更糟，成为多数人——万众一心、定于一尊的多数人——统治少数人：穆勒所谓（赫尔岑认为此说颇有道理）集体平庸的统治"。

暴力革命的理念显然在20世纪的五四新文化运动时就传入了中国，赫尔岑所阐释的那种个体的自由观念只在五四新文化运动中昙花一现，便匆匆消逝在各种主义和思潮的汪洋大海之中了。所以，在中国，"五四"文学中的个性解放思潮在许多作家的作品中虽很凸显，但经不住疾风暴雨式的革命观念的席卷，便草草收兵。观念的转变将很多作家挤压成平面写作的平庸写手，成为某种意识形态的"传声筒"。由此，我想到的是赫尔岑提出的作家应该持之以恒坚守的一种立场："个人自由的保全。"

我所理解的"个人自由的保全"并非是向制度和体制要求什么，而是一个作家或者一个知识分子内心所保有的那份个体自由的精神需求。赫尔岑这个贵族出身的私生子虽然也遭受了许多生活的磨难，但是，他所提倡的精神清洁是值得我们深思的，伯林说："他承认自己不得不爱洁净而恶污秽；宁取庄重、文雅、美、舒适，也不要暴力与苦行；要好的文学，不要坏的文学；喜欢诗甚于散文。他博得犬儒与'唯美'之名，然而拒绝承认无赖才能成事的论断；他拒绝承认为求得人类解放的革命和在人间创造一个新的高贵的生活形式，就必须蓬头垢面、浑身脏污、残忍、狂暴，穿起带钉的马靴来蹂躏文明与人权的理论。"赫尔岑所取的精神清洁显然是唯美主义的，这种精神贯穿于他的宏大叙事的散文创作中，这就是他所说的"好的文学",而非我们历来所倡导的那种一定要有"臭汗"元素的文学,文学中的唯美元素也不一定就是与那些污秽和残忍的场景无关,而是须得看你秉持一种什么样的观念与价值立场,其衡量的标准无非就是人性与自由的立场而已。

伯林认为赫尔岑有政治天才,因为他对社会生活中还处于萌芽状态的事物有着敏锐的嗅觉。作为一个大作家,如果在社会生活中不能发现其剧烈变动中人的精神波动,那么他的文学就是僵死而无活力的木乃伊。鉴于此,我从中国新文学史的夹缝里窥见到了这样一个基本事实:一些作家失去了对社会生活的自我判断力,所以他们也就不能把握时代生活的节奏,他们是一群没有"嗅觉"的软体动物;还有一批作家应该是有敏锐的"嗅觉"能力的动物,他们缺少的就是那种勇于表达的能力,因为他们知道所要付出的代价,我们不能苛求他们以"真的猛士"的精神去谋求表达的痛快,但只要他们还醒着,还保持着敏锐的"嗅觉",中国文学还是有希望的;当然,还有极少数既有敏锐"嗅觉",又敢于直面社会、直面人生的作家和知识分子,表现出表达和书写的勇气,值得钦佩,但是我以为,一个真正的作家或者是知识分子,只要在内心里保持着那份永不磨灭的自由与人性的价值判断,自然而然会使我们的文学保持一种清洁精神。

伯林说赫尔岑"既无马克思或巴枯宁的粗粝的欢欣,也没有布克哈特或托克维尔那种悲观的超然。他像蒲鲁东,相信个人自由之毁灭既非可欲,亦非不可避免。不过,他又不像蒲鲁东,因为他认为如果人类不去极力避免暴力，失去自由的灾难就会降临"。无疑，赫尔岑的理论并不宏大艰深，不那么激动人心，但是，他以朴实的道德律对人类社会进行预言性的判断，颇有谶纬之意，将这些人类的大恶与丑行进行解剖。历史最终证明了赫尔岑自由观立论的可靠性：失去了个体自由，也就失去了集体的自由，更失去了国家、民族的文学和文化表达的自由，因为基础一旦被抽空，大厦就将倾覆。

作为一个个体自由的歌者，赫尔岑在歌唱的过程中激动并快乐着，在他的身后，世界思想史的沙滩上留下了他不可磨灭的足迹，他的歌声穿越19、20、21世纪的时空。我们具有一双"听觉"敏锐的耳朵吗？能够谛听到他从一百多年前传来的美妙歌声吗？！

2012年7月20日草于南京华东饭店

"理性万岁,但愿黑暗消灭":
别林斯基的批评

——读伯林《俄国思想家》[1]之二

> 我是文人,我说这话,痛苦但自豪快乐。俄国文学是我的命,我的血。
>
> 我们要什么样的生活?我们生活在哪里?为什么生活?
>
> 人性的人格我恐怕要爱得发狂了。我现在开始像马拉一般爱人类。我相信,哪怕能使极少一部分人类幸福快乐,我也会毫不犹豫,用火与剑毁尽其余。
>
> ——别林斯基

一

作为大批评家,别林斯基一直是和车尔尼雪夫斯基、杜勃罗

---

[1] [英]以赛亚·伯林著,彭淮栋译,《俄国思想家》,译林出版社,2001年版。

留波夫并称为俄国革命文学批评的"三驾马车",几十年来被我们的教科书奉为正统的马克思主义理论大亨。他提倡的文学理念是"人性的人格",既非无产阶级的斗争哲学统摄下的文学,亦非在宗教掩盖下的伪善而空洞的文学。他更像西方启蒙以后的思想家和批评家的理念路数,虽然伯林说西方世界对他知之甚少,但是后来的苏联理论家们竭力将他收纳进这个流派之中,且奉为祖师爷,却是一个巨大的误读。

由于别林斯基核心价值"人性的人格"文学理念的释放,许多人会在他关怀贫困的受压迫者的言论中抽绎出各种各样的流派归属来定位他,其实,用一种最简单的方法来概括别林斯基,我认为他就是一名在俄罗斯大时代历史转折关头的执启蒙之火炬的文学批评家。巴纳耶夫、屠格涅夫、赫尔岑、安年科夫、奥加辽夫、陀思妥耶夫斯基这些人回忆,强调"他是俄国知识阶层的'良心',是天赋灵感且大无畏的政论家;在俄国,几乎只有他是独具个性与辩才,而能将众人感受到的但无法表达或不愿表达的事情,予以清晰而严肃宣示的作家"。无疑,别林斯基之所以被几代作家和理论家所推崇,最重要的因素就是他具备以下几点文学批评的特质:一是他有巨大的理性思辨能力,他的批评依靠着这一雄辩的能量穿透一切作家作品的表层,直达其要害;二是他的批评和政论充满着持之以恒的最基本的人性价值理念,不是随风变幻、追逐时尚、仰人鼻息、拾人牙慧的"小蜜蜂"式的评论,而是泾渭分明、坚守信仰、独具个性的"牛虻"式的批评;三是他的批评是绝不留情的、绝不宽恕一切政敌和一切朋友的真性批评，代表着"俄罗斯良心"，这是他视为"命"和"血"的文学事业。

鉴于此，我们就不能不想到中国近百年文学的历史状况了。反观百年的文学批评，我们之所以没有别林斯基那样真正的文学批评大家，就是因为我们缺乏理性的素养和眼光。

倘若一个具有理性的批评家不能或不敢说出自己对这个社会文化和对这个国家与民族的文学的真知灼见，他就不可能成为真正的好批评家。在19世纪30年代，别林斯基就冲破了感情的偏见，对那种狭隘的斯拉夫民族主义的文化与文学做出了科学而理性的批判，亦如伯林对他的观念所做的总结："俄国文化乃人工造作的外来之物，在普希金崛起之前，都不能与莎士比亚、但丁、歌德和席勒同日而言，甚至无法与伟大的写实作家如司各特和费尼莫尔·库柏相提并论。所谓俄国民族文学，无非是法国模式的二三流模仿之作所形成的一堆可怜的复制品，却也博得美名。而俄国民歌、民谣以及民间史诗比这些仿作更可鄙。至于斯拉夫主义者，他们热爱俄国的旧风俗与旧习惯，热爱传统斯拉夫服饰以及传统俄国歌曲与舞蹈，热爱老掉牙的乐器，热爱拜占庭正教的僵化物事，喜欢拿斯拉夫人的精神深度与精神财富同颓废而'正在腐烂'（被迷信与污秽的物质主义腐化）的西方进行对照——这是幼稚的虚荣与错觉。……别林斯基高喊：要是黑山人明天死光了，这个世界也不会增加丝毫不幸。与18世纪任何一个高贵的精神相比较——一个伏尔泰、一个罗伯斯庇尔——拜占庭和俄国拿得出什么来？只有伟大的彼得，而他属于西方。"无疑，作为一个革命者，别林斯基早年也是对法国文学和法国式的大革命报以热烈的拥护，以此来批判那种狭隘的斯拉夫民族主义的夜郎自大情绪。的确，任何一种自大而偏狭的民族主义文化和文学观念都是十分可笑和可悲的，但是，它却能够将一个国家与民族的文化和文学膨胀到极其无知而可笑的地步，因而获得众星捧月般的鼓吹！

回眸中国 20 世纪以来的文化和文学，一度把民族主义的东西夸大到了无以复加的地步，致使文学一直走在盲道上。我无意诋毁那一批从事工农兵文学的虔诚作家，甚至我也真诚地敬佩他们对文学的忠诚和执着，但是，他们缺乏的恰恰就是一个作家创作必须具备的素养——开阔的视野、广博的知识和独立思考的能力。赵树理的人品绝对是一流的，但是他的作品能够成为中国的一流文学吗？他的作品能够成为世界文学殿堂里的"一朵奇葩"吗？柳青是我很欣赏的一个作家，仅凭他为文学献身的精神就令当今的诸多所谓写"农村题材"的作家的人品黯然失色，在那个年代里，他能够举家迁入皇甫村做一个地地道道的农民来体验农村生活，是任何标举着革命口号的作家都不可能做到的事情，但是，《创业史》能够成为中国文学的"史诗"吗？究其原因，就是当时无限夸张了的民族主义的文学思潮遮住了作家的眼睛，对世界文化和文学的一无所知，使那批工农兵作家走进了创作的死胡同。

浩然从1958年开始创作，由写农村男女的爱情趣事转向阶级斗争的"重大题材"，到"文化大革命"时期被捧上了中国文学创作的"第一把交椅"，成为当时红极一时的"文学巨人"，可谓中国文学的笑柄。一个农民作家被吹捧得如此之高，除去彼时的政治因素，难道我们的文学批评家没有责任吗？

我以为，20世纪中期到世纪末的文学中，中国是没有真正意义上的文学批评家的，不要说像别林斯基这样敢于高喊出自己见解的批评家，就连敢于说出对作家作品不满的批评家都是凤毛麟角的，中国盛产的是"评论家"。

别林斯基站在时代转折的关键时刻，对媚俗的民粹主义和蒙昧的宗教主义文化与文学思潮进行了无情的抨击，对俄罗斯的强大的斯拉夫农民意识进行了无情的嘲讽，认为这是阻遏科学进步与发展的反动力量。他甚至赞扬彼得大帝撼动沙俄封建制度的勇气，因为他认为革命须得循序渐进式地向前发展，而非完全毁灭一个旧有国家和社会，所以他所提倡的是彼得大帝式的"改革"。别林斯基在给友人的信中说出的话语是值得革命者反思的。别林斯基拥护革命，但是他厌恶皮相而肤浅的革命后果——"解放了的俄国没有组织议会，只会奔进酒馆，狂欢、摔杯子，把绅士吊死，因为他们刮胡子、穿欧洲衣服。"别林斯基又反对革命，因为革命给俄国人民带来的却是更多的思想迷茫和精神困惑——"法国经两次革命，结果又行宪政，而在这个立宪的法国，思想的自由远远不及独裁专制的普鲁士。""德国才是现代人类的耶路撒冷。"我以为，所有这些复杂思想的形成，都是与别林斯基革命观在现实世界的毁灭有关，因为他是崇拜法国大革命的精神领袖罗伯斯庇尔的，但也从现实世界的残暴中真切地体验到了革命的荒唐性，所以他才试图拥戴有权威、有智慧、有统治能力的独裁者，才宣布"强权即公理"的合理存在。作为一个民主主义的革命者，在多如牛毛的法国革命中，别林斯基无疑是站在资产阶级革命的立场上来反对专制的，但是，革命后的许多无产者的革命行为使他产生了深深的怀疑，可惜的是，就在1848年的法国大革命如火如荼进行的时候，别林斯基就溘然长逝了，他看不到1870年的"九月革命"后人类历史上第一个无产阶级专政的政权巴黎公社的身影了，尽管这个政权是如此短命。因此，他对后来的革命暴力毫无所知，也不可能有所预言，他对革命的认知也就只停留在1789年至1794年的法国大革命上。因为他没有将法国大革命与美国革命相比较，也没有窥见到1917年"十月革命的曙光"，所以他指望的资产阶级民主革命没有在俄国爆发，迎来的却是一场轰轰烈烈的无产阶级革命。但是他早年对马克思设计的理想中社会主义的乌托邦却是充满憧憬："有朝一日，没有人会被活活烧死、没有人会头颅落地……没有富户、没有穷人，无人是君、无人为臣……人人都是兄弟。"然而，他晚年回顾和反省这一理念的时候说出的这样一段话却使我震惊："我痛恨与一个可鄙的现实和解的可鄙欲望，伟大的席勒万岁——高贵的人性辩士、灿烂的救世之星、使社会脱离血腥传统的解放者！普希金说得好，'理性万岁,但愿黑暗消灭'!现在,我认为人性的人格(the human personality)高于历史、高于社会、高于人类……天啊,想到自己这一向的主张,使我感到发烧、疯狂,悚然而惊。我如今的感受有如大病一场。"也就是说,别林斯基已经意识到从感性出发的对革命的认知是不可靠的,只有在理性烛照下对革命的辨识才是可靠而科学的。他渴望民主宪政,但是又看到革命后宪政的种种弊端,从而又转向开明的独裁,也就是所谓的"民主独裁"。殊不知,民主只有在制度与法律的保障下,在人民监督的阳光下才能充分发挥它的活力和作用。

别林斯基为自己的批评确立了一个批评家应该具备的人文准则——介入社会现实生活的批评理念成为他文学批评的轴心理论:"不和谐是和谐的一个条件!""走入社会,否则不如速死!这是我的口号。只要个人还受苦,普遍的东西对我有何意义?当人群在泥沼里打滚,孤独的天才却住在天堂里,这与我何干?我的人类弟兄、我在基督里的弟兄,只因无知,实际上就变成陌生人、敌人;即使我领悟……艺术或宗教或历史的本质,如不能与他们共享,则此悟与我何益?……阴沟里嬉戏的赤脚儿童、衣衫褴褛的穷人、烂醉的车夫、下班的军人、手夹公文包而步履蹒跚的官员、沾沾自喜的军官、倨傲的贵族——这些景象,我都无法忍受。向一名士兵和一位乞丐施舍一文钱,我居然几乎要哭出来,一路跑开,仿佛干下了不可告人的勾当,好像不希望听到自己的脚步声似的……世界如此,一个人有权利到艺术或科学里埋首自忘吗?"

如此反差的社会图景和人物素描则促使别林斯基的批评走向对苦难的揭发和对专制的抨击，这就是他被称为"俄罗斯的良心"的原因。

二

别林斯基一生中最深刻、最有代表性、最有见地也是最激动人心的批评就是他在即将离开这个世界时所发出的批评的最强音——对果戈理的暴风雨般的批评，这成为他批评文字的绝唱！

果戈理是在别林斯基的评论中成长起来的作家，一个一贯赞赏和培育果戈理的大批评家为什么会在临终时突然对自己一手扶植起来的作家进行最愤怒、最严厉和最无情的抨击呢？起因就是这位讽刺作家在1847年发表了一本反自由、反西方、欲求恢复农奴制和沙皇统治的小册子《与友人通讯选粹》[1]，引起了别林斯基巨大的愤怒和反弹，他在病入膏肓的最后日子里奋笔疾书，痛击果戈理"背叛真理、出卖光明"！他在1847年7月15日撰写的《致果戈理的公开信》中义正词严地宣称："以宗教作掩护，皮鞭为倚恃，虚伪与悖德被当成真理与美德来宣扬的此时，我不能

---

[1] 伯林在此特别加了一条注释：果戈理在名著《死魂灵》中立志揭露"世人闻所未闻的俄国灵魂富藏"，但书未成而亡。他梦想这笔财富，盛赞农奴之美德，但他的基本理想是要使农奴永处被欺辱的既有状态，这与沙皇政策殊途同归。《与友人通讯选粹》更进一步，判定农民不应该受教育，认为教士的话比一切书本更有用。

缄默。""你，提倡皮鞭的教士、宣扬无知的使徒、捍卫蒙昧主义与黑暗反动的斗士、鞑靼人生活方式的辩护士——你在干什么？瞧瞧你的立足之地吧，你正站在深渊的边上。你根据正教而阐发你的高论，这，我了解，因为正教向来偏爱皮鞭和牢狱，向来对专制独裁五体投地。然而这与基督有何关系？……比起你那班教士、主教、长老、大主教，那个以嬉笑怒骂，将欧洲的迷信与无知之火扑灭的伏尔泰，当然更是基督之子，基督肉中之肉、骨中之骨……我们的乡下教士是粗劣通俗故事的主角——教士往往无非饕餮之徒、守财奴、阿谀媚俗和寡廉鲜耻之流，不是迂腐玄学的烦琐冬烘，就是盲目无知的小人。只有我们的文学在野蛮的检查制度下仍然露出生命与前进运动的信号。之所以我这般尊崇作家的志向，之所以认为渺小的文学也能成器，之所以认为文学职业能够成为炫目的徽章而使艳丽的制服黯然失色，之所以相信一个自由作家即使才能微薄也能引起广大人民的瞩目，就是因为他们握有真理与社会正义。而出卖天资以服侍正教、独裁与民主主义的大诗人，很快丧失众望……俄国民族是对的，看出俄国作家是它仅有的领袖、辩护者，以及将它从俄国的君主专制、东正教义与民族至上的昏天黑地里解放出来的救星。俄国民族可以原谅一本劣书，但不能原谅一本有害的书。"别林斯基为何如此激动、如此愤慨？就是因为果戈理所犯下的是一个真正的知识分子不可饶恕的罪行——以人民信任的名义出卖了人民的利益！助纣为虐、为虎作伥！写到这里，我想，别林斯基作为一个行将就木的人，当然是没有任何顾忌了,"只欠一死"者是毫无畏惧之心的,因为他是不再怕被杀头的病人。再仔细想想,也不尽然,按照别林斯基的一贯性格,即使此时他健康良好、家庭幸福,他仍然会举起投枪与匕首刺向自己思想和精神上的敌人。因为在19世纪的俄罗斯文坛上有着一大批坚守着真理与社会正义的作家和批评家,正是他们的存在,才构成了俄罗斯文学史中的"黄金时代"和"白银时代"的辉煌文学,这是一种有骨有血的文学——反对专制、提倡自由、渴望民主成为他们共同的母题。而作为批评家的别林斯基的伟大之处,就在于他用批评的武器聚集了这一大帮作家,是他授予了普希金19世纪俄罗斯文学的桂冠,是他把包括果戈理在内的一大批默默无闻的小作家推上了俄罗斯文学史的花坛,但是,使他始料不及,也是使他极度悲哀的是,在原本以为全是同路人的队伍里竟然出现了思想的叛徒,果戈理在《钦差大臣》里嘲讽的王公贵族,却成了其笔下的德政者,这是别林斯基绝不能饶恕的,他的愤怒也可能正是这个大批评家的天真之处——殊不知,知识分子群中最容易产生思想的变节者,而最可贵的是那种道德的守持者。

同样,在中国20世纪的文学史中,我们也看到许多貌似果戈理的作家和批评家。更可怕的是这些思想的变节者并非清醒地意识到自己已经成为自由民主的叛徒,已经成为某种势力的"叭儿狗"或"乏走狗",也更罕有人指出他们种种劣迹的本质所在——因为我们没有别林斯基!我们没有产生别林斯基的思想土壤。尽管在整个20世纪当中,我们是吮吸俄罗斯和苏联文学的乳汁最多的国家和民族,可惜的是,我们所汲取的往往是有毒者居多。更关键的是,我们往往是喝着他们二三流作家的乳汁,读的是被曲解了的批评家文字——像被披上了马克思主义哲学和美学外衣的别车杜(指别林斯基、车尔尼雪夫斯基、杜勃罗留波夫),像被斯大林主义巨人化和红色化了的高尔基……而这些人物背后真实的历史是被遮蔽着的。所以,我们很少在诸如别林斯基对果戈理的批判事件中寻觅到批评的真谛——为知识分子施行补钙医治的精神手术。

我们的一部20世纪文学史从来就是臣服于政治,臣服于权势的"歌德派"的历史,患上了严重的软骨症,就像别林斯基形容他眼里的中国(笔者认为别林斯基对中国的看法虽有偏见,但是他看到的正是鸦片战争时衰败不堪的大清帝国景象,那是一幅真实的图景,所以,这个比喻是可以成立的)那样:"像软骨病的幼童般撑在铁架子上才站得起来的国家。"不错!就因为20世纪初的"五四"启蒙运动没有使得中国的知识分子真正站立起来,才使得现代启蒙在民间流产,其根本原因就是知识分子的自我启蒙都远远没有完成,何谈启蒙大众呢?!这就造成了如鲁迅所说的那种情况,即在"血和污秽"来临时,许多人很快就背叛了启蒙的初衷,投向了旧体制的思想和精神的庇护所,在其势力的保护伞下或求得荣华富贵,或求得平和冲淡,或求得苟延残喘。果戈理"死魂灵"式的作家在中国20世纪的文学史中还少吗?中国新文学史上还没有一个能够如别林斯基那样发言的作家和批评家，即使有闻一多、朱自清那样有骨气的作家敢于说出真言，却也没有像别林斯基那样对现代人性观和自由理念理解得如此透彻、如此具有个性特征、如此保有哲学素养的作家出现。

别林斯基是有骨头的！别林斯基在巴黎朗读了这封信，赫尔岑事后对安年科夫说"这是天才之作。我想，也是他的遗嘱兼最后的证言"。伯林认为，"这项著名文件成为俄国革命者的《圣经》"！众所周知，沙皇时代俄国的政治压迫也是举世闻名的，谁敢触碰专制的政治利益当然就不会有好下场，而陀思妥耶夫斯基却敢于在一次聚会时宣读别林斯基的这封信，当然因此换来了一个死罪，后改为发配西伯利亚。而别林斯基本人也在死去之后获得了当局迟到的拘捕令。

三

伯林认为："最后阶段的别林斯基是人文主义者，是神学与形而上学的敌人，也是激进的民主派，更因其信念极端、言论强烈，将文学的争辩变成社会与政治运动的开端。屠格涅夫由他而归纳了两类作家：一种具有焕发精彩的想象力与创造力，但始终停留在他所属社会的集体经验的边缘上；另一种生活在他的社会核心里，而与这个共同体的情绪和心灵状态产生'有机'关系。别林斯基知道——只有真正的社会批评家知道——一本书、一个见解、一位作者、一派运动、一整个社会的道德何在。俄国社会的核心问题不是政治问题，而是社会与道德问题。聪慧且觉醒了的俄国人最想知道的是该做什么，如何过个人的生活。"无疑，19世纪下半叶的俄国作家和知识分子都在探索和讨论的大问题就是"做什么"和"怎么办"，由此而产生了一大批文学的巨人，当然这与别林斯基犀利的文学批评有着极大的关系。回顾中国20世纪的文学，我们不能不遗憾地看到这样一个事实，那就是在我们的文学思潮史当中也同样充满着社会学的文学批评，但可惜的是，不少是庸俗社会学的文学批评，我们就把别林斯基这样的以批判为宗旨的文学批评淹没了、阉割了、歪曲了，以致一直到20世纪80年代在废除了"为政治服务"的清规戒律以后，人们还喋喋不休地去批评所谓的社会批判的文学批评。在提倡文学回归本位"向内转"的文学思潮下，文学的先锋性占据了上风，这种文学的实验在中国文学的土壤里难以生根，人们终究还是没有分清庸俗的社会学的文学批评与真正的社会批判的文学批评，所以，往往把别林斯基式的社会批判的文学批评也拒之门外，其直接后果就是导致中国文学批评中缺乏那种有真知灼见、一针见血的文学批评，也就不能从文学的范例中抽绎出大量的思想提供给作家和知识分子进行参照和引导，致使社会生活和精神世界缺少了正确的价值和前进的方向。

俄国（包括苏联时期）的现代文学史的经验教训告诉我们：一旦某个时代的文学陷入了形式主义的思潮当中，文学就会失去活力，文学就会僵化！而在为一切意识形态服务的语境里，我们正是缺少了有骨血的社会批判的文学批评与之抗衡和协调，才使得我们的文学批评一直走在黑暗的死胡同里。中国新文学的文学批评因没有别林斯基这样的批评家而悲悯，也因为没有认识到代表社会良心的文学批评对中国文学的重要性，所以我们才在今天仍然高喊着要"钻进象牙塔"的文学口号；当然，还有另一个极端就是完全被商品化的市场所左右，文学失去了它应有的高贵血统——这是别林斯基时代所没有遇到的新世纪病。其实这两种文学思潮都是别林斯基社会批判的批评方法所能解决的文学现实问题。

伯林一再提醒我们："别林斯基对艺术创作过程固然不乏洞见，但他所关注的主要是社会与道德之事。他是传道家，热烈传道，却并非时时能够控制自己的语气与腔调，桀骜不驯的个性形诸笔端。尽管普希金的那班朋友——美学家、文坛当道者——本能上就畏惧这个兴奋狂热的凡夫俗子，但是，因为别林斯基在其文学上的辉煌成就使得人们仰慕和钦佩，他撰写了大量的文学批评，这就使普希金陷入了深深的屈辱之中。然而，普希金无法改变别林斯基的天性，也无法改变、修饰或略过他往往是看得无比清楚的真理——他献身于的一项崇高的事业。这项事业就是：忠于不加粉饰的真理。他愿为此而生，也可以为此而死。"尽管普希金是别林斯基捧出来的代表着那个时代文学顶峰的大批评家，但是普希金和他的那帮美学家的朋友的尴尬和侧目，是丝毫不能改变别林斯基这个从底层成长起来的文学批评家的现实主义批评初衷的，因为他已经将他的文学批评上升到一种信仰的层面，而非仅仅停留在一种贵族般的伪绅士的批评方法和形式主义的层面，是任何外在的政治和人际力量都不可能改变的，除非是自身认知的改变。

然而，与其他俄国作家、批评家和思想家不同的是，别林斯基丝毫没有斯拉夫主义的民粹思想的偏执，因为"别林斯基思想上如此热衷西方，而情感上比他任何同时代人都深刻而又痛苦地眷恋着俄国"。也就是说，别林斯基对俄罗斯民族的热爱之情并不比任何挂着民粹主义冠冕的作家和批评家淡薄，但是他把这种情感化成深切的批判意识来抵达对俄罗斯社会丰富责任感的彼岸："他猛击、怒骂、指责最神圣的俄国机构，而不离开他的国家。"和贵族出身的赫尔岑、屠格涅夫他们不同的是，他们流亡国外，持有先进的西方文明思想的观念是毫不奇怪的，而别林斯基能够持有西方文明理念却是不容易的，其中一个重要的因素就是："斯拉夫主义者与反动派都是敌人，但是，你必须在本国土地上，才能与他们作战。他无法缄默，也不愿意远涉异域。他的头脑亲近西方，而他的心、他多苦多病的身体，亲近无言的农民与小商人群众——陀思妥耶夫斯基的'穷人'、果戈理丰富而可怕的喜剧想象世界里的居民。"读到这里，我想到了在20世纪80年代叱咤风云的许多文坛上的风骚人物，他们在去国后，完全割断了对祖国文化的切身体验，就不可能真切而真实地触摸到中国二十多年来文学走向的命脉，就不可能准确地体会到这个国家和民族中的人民在想什么、做什么和怎么办的困厄。

与19世纪60年代车尔尼雪夫斯基和涅克拉索夫的主张——"直接服务社会，告诉社会何事为急务、提供口号、令艺术为某项计划服务"不同，别林斯基的创作观和批评观具有强烈的道德信仰色彩，为真理而艺术，为现实世界的痛苦而文学，为人的自由、人性、人道而批评，才是他追求的终极目标，我想，如果别林斯基再多活十几年，他一定也会像批判果戈理那样去批判车尔尼雪夫斯基的！因为，"别林斯基与高尔基都相信，艺术家的职责是把他才有能力看到并吐露的真理，化成自己的思想观念告诉人们……他相信，这真理必然是社会真理，所以，凡与环境隔绝者、凡逃避出境者，隔绝愈深，逃避愈远，必定愈扭曲真理、背叛真理。据他所见，人、艺术家、公民，都是一体的；无论写小说、诗、历史或哲学著作、一首交响曲、一幅画，都应该是表现你的本质，而非仅表现你受过职业训练的那一个部分，而且，在道德上，你作为一个人，须为你作为艺术家的所作所为负责。真理是不可分的，你举手投足、一言一行都必须是真理的见证。没有纯属美学的真理，也没有纯属美学的法则。真理、美、道德乃人生属性，无法从中抽离；思想上的荒谬、道德上的丑恶，都不可能造就美"。在这里，伯林总结了别林斯基的批评个性的几点要素——追求崇高的真理，为人民的利益而介入文学的社会批评，坚守道德本质的文学和批评，将美学融入人性的文学批评之中。所有这些，都体现出了别林斯基在本质上仍然是一个理想主义的批评家。

诚然，在中国20世纪的文学史中，我们也不缺乏这样有理想、有担当、有思想的批评家和文学家，但是，在文学体制的制约下，在文学制度的消磨下，这些应有的品格就渐行渐远了。当然，还有一个更重要的原因就是他们容易被目迷五色的各种思潮所左右，失去最终的判断力和批判力，在批评方法的选择中失去方向感。但是，别林斯基同样也面临了这样的困惑，他为什么能够坚持自己的信念、坚持始终如一的批评方向和方法呢？"19世纪渐进，社会阶级斗争日益尖锐明显，使得别林斯基饱受思想观念矛盾的痛苦。马克思主义者、土地改革派的社会主义者、无政府主义者"各种观念和复杂的文坛人际关系，同样使得别林斯基十分纠结，但是，他最终还是坚持"文学与人生的关系不可分割"的批评理念，为"忠于不加粉饰的真理"而付出毕生的精力。所以，在他生命的最后时刻，他还能不顾一切地冲破统治者的政治压迫，撕掉朋友的面具，向着自己追求的真理抛出了举世震惊的《致果戈理的公开信》那样的文学批评檄文。这样清晰的理念、这样泾渭分明的价值立场、这样充满激情的批判意识，是一个批评家最宝贵的品格所在，而俄罗斯的其他批评家缺的就是这样的崇高品格。

伯林在评论屠格涅夫那一章里，特别将别林斯基这位英年早逝的批评家跟许多俄国当时的作家和批评家相比较，所得出的最后结论是：别林斯基是"正义与真理的寻求者"！无疑，在屠格涅夫生活的那个时代里能够如别林斯基那样从各种思潮中突围出来，为自己"人性的人格"而战斗的人也是罕见的，所以伯林说："他（指屠格涅夫。——笔者按）那个时代最热烈、最有影响力的声音，就是批评家别林斯基的声音。这个穷困潦倒、肺疾缠身、家世贫寒、教育贫乏但刚正不阿、性格刚毅的人，成为他那个时代的萨伏纳罗拉（Savonarola）[1]——一个提倡理论与实践合一、文学与人生合一的火热道德家。他的批评天才、他对困扰激进新青年的社会与道德问题核心的本能洞识，使他成为那些青年的天然领袖。他的文学论著是一种殚精竭虑、不屈不挠追求人生目的的真理。"承认别林斯基是一个道德批评家似乎也不过分，不要以为在文学界一谈到文学陷入道德层面，被"现代性"作家嗤之以鼻是一件羞愧之事，恰恰相反，正因为我们今天的文学离开道德太久太远了，才使得我们的许多作家在商品的文学的旋涡中沉沦！像别林斯基那样去弘扬道德的文学与批评的宗旨吧，这样我们的文学才有希望。

别林斯基去世之前写出了激怒了沙皇的《致果戈理的公开信》，此时正是尼古拉一世加强俄国文学检查制度，施行残酷的镇压政策之际，对别林斯基也发出了拘捕令，据新考，别林斯基先于拘捕令而死[2]。拘捕别林斯基的理由就像伯林所描述的那样："因

---

[1] 意大利文艺复兴时期反罗马教令的宗教领袖，曾短期统治佛罗伦萨，后被火刑处死。——原文编者注
[2] 晚近苏联关于这位大批评家生平的故事里，有一则说，他去世之时，当局对他发出拘捕令。杜贝尔特后来确实说可惜林斯基先死，"我们本来要让他在牢里烂掉"。见 M. K. Lemke:《尼古拉一世（1825—1855）时代的警察与文学》。——原文注

为信中以格外直率宏辩之辞历驳当局、痛斥教会和社会制度,抨击皇帝及其官员的滥用权力,兼向果戈理问罪,指责他中伤自由与文明之大义,并且诋毁饱受奴役与困顿无助之祖国的性格与需求。这篇辞激气烈的名文,作于 1847 年,手稿辗转流传,远出莫斯科与圣彼得堡境外。陀思妥耶夫斯基获死罪,两年后几遭处决,大致因他在不满分子的一场隐秘集会中宣读了此信。"

未来的新世纪文学史中,我们的社会能够产生别林斯基式的批评家吗?

"白银时代"文学的
最后回望者(一)

——解读伯林《苏联的心灵:共产主义时代的
俄国文化》[1]并与中国现代文学比较

原美国布鲁金斯学会主席斯特罗布·塔尔博特这样评价以赛亚·伯林的信念观:"以赛亚·伯林相信观念起着非凡的作用,它不仅仅是知识分子头脑里的产物,而且是制度的创造者、治国的指南、政策的制定者,是文化的灵感和历史的引擎。"我不敢说伯林对整个人文学科领域的贡献有多伟大,但是说他的思想观念是"文化的灵感",更确切地说是"文学的灵感",大抵是不错的。

在谈论这些访谈录时首先遇到的一个不可回避的问题是,伯林所采访和论述的这些文学家几乎都是俄罗斯"白银时代"的伟大作家,而且大多数都是"阿克梅主义"文学流派的中坚力量。

---

[1] [英]以赛亚·伯林著,潘永强、刘北成译,《苏联的心灵:共产主义时代的俄国文化》,译林出版社,2010年版。

我以为，从某种意义上来说，在这个世界上，没有哪个国家比20世纪中国历史（包括文学史）的进程更像苏联历史（包括文学史）了。因此，当代著名汉学家李福清先生在《俄罗斯白银时代文学史》一书的序言《致本书的中国读者》里说出了这样的话："说中国读者非常熟悉俄罗斯文学，这话并不夸张；如果我们说中国几乎翻译了俄罗斯作家的所有作品，比其他国家翻译得都多，这说法也未必过分。"是的，从新文学运动的源头开始，我们就不缺少俄罗斯文学的滋养，当然，也不缺乏其极"左"文学思潮的影响。从新文学先驱者鲁迅到左联的无产阶级文学运动，再到中华人民共和国成立以后的"十七年文学"当中的苏联红色经典文学的传播热潮，乃至后来"解冻文学"的影响，20世纪的中国文学中随处可见苏联文学的影子，甚至今天的一些老作家的作品还难以抹去苏联文学创作方法的痕迹。但是，除了少数研究俄罗斯文学的专家以外，中国有多少知识分子知晓那个曾经辉煌的"白银时代"呢？用李福清的话来说就是十月革命以后"崭新的苏维埃文学的出现，遮蔽了丰富而独特的白银时代的文学"。而"白银时代"文学就是"把19世纪末20世纪初的俄罗斯文学称呼为'白银时代'的文学，用以区别普希金时代的俄罗斯文学"，我以为李福清的话只说了一半，其划界只说了上限，而没有说出下限——与1917年十月革命后的苏维埃文学相区别，才是伯林要在此书中表达的核心理念。在俄罗斯，也是从20世纪60年代以后才逐渐有人开始研究"白银时代"文学，尽管谢苗·阿法纳西耶维奇·文格罗夫早在1914年就在其所著的三卷本的《二十世纪俄国文学史》中将这一段文学史概括为"新浪漫主义阶段",但是,可以看出当时的俄国知识分子在没有后来出现的苏维埃文学巨大反差的比照当中,是很难鉴别和认清那段文学史的真正本质的。

所谓"白银时代"与"黄金时代"完全是一种比附,始作俑者将拉丁文学中的公元前70年至公元18年称作"黄金时代",而将其后至公元133年称作"白银时代"。此种比附的结果是将19世纪中期至19世纪末的普希金时代说成是"黄金时代",而将其后至20世纪20年代这段众声喧哗的时代,后来被苏联文学压制但逐渐为世界文学所公认的大师级人物辈出的时代称为"白银时代"。当然,也有不同看法,有人认为这段文学史甚至比普希金的"黄金时代"的成就还要高,所以应该称作"白金时代",因为它产生了一大批作家和思想家,其中就有别林斯基(车尔尼雪夫斯基在伯林眼里则是民粹主义者)、屠格涅夫、巴枯宁、赫尔岑(这些人被伯林在《俄国思想家》中称为俄国"知识阶层")这样的批评家,当然也包括别尔嘉耶夫这样的批评家在内,还有许多我们眼里著名和不著名的作家与批评家,所有这些,构成的一个庞大的文学队伍,也足以自立于世界文学之林。

可是,我更感兴趣的问题是,俄国的许许多多的研究者对这段文学史的时间划分却各有不同的说法,最典型的几种分法就是:一是将"黄金时代"一并纳入"白银时代",使这一时期向前推进到19世纪中期；二是将其发端的19世纪末一直延长至20世纪60年代以后。无疑这两种分法都被许多专家否定了。但是，在19世纪末的起始时段没有异议的情况下，对其终点究竟是1913年、1915年、1917年还是1934年，苏联第一次作家代表大会产生了分歧。我以为他们所遇到的问题与中国新文学开端究竟是1915年、1917年、1919年还是1912年的定位一样，不过一个是终点，一个是发端而已。但是，最终聚焦的问题乃是文学史划界的价值标准——究竟是以文学内部的变化为标准，还是以这个国家民族文化、政治、社会外部的剧变为依据来划界，亦即以微观的眼光，还是宏观的视野来对阶段文学做一科学的判断。我以为，在俄国，十月革命无疑是宣告了一个旧时代的终结，一个崭新的无产阶级专政的时代到来——请不要忘记，她的名字叫"苏联"！同样，在中国，1912年宣告了最后一个封建帝国的终结，从此开始的是"中华民国"的历史（当然包括文学史在内），而我们有什么理由一定要强调以所谓的1919年的五四新文化运动为划界的标准呢？我要反诘一句：没有民国，何来"五四"？同理，没有十月革命的产儿"苏联"，何来"白银时代"的终结？正如《俄罗斯白银时代文学史》序言中所言："在暴风骤雨的历史时期，艺术的命运与社会历史的联系往往更加深刻，并且更加贯彻始终，不像在其他年代那样显得比较'平静'。"因此，我很同意普希金之家文学研究所编纂的四卷本《俄罗斯文学史——十九世纪末二十世纪初的文学

（一八八一——一九一七）》的划界观点。虽然"苏联时期的文学出版物，依然把1917年十月视为划分界限的分水岭，这种观点至今风行"有"左"倾理念包含其中，然而，不管是出于何种动机，我们应该仍然坚持以政治、社会、文化剧变为依据的大视野来看待文学史划界的观念，用研究专家瓦季姆·克赖德的话说就是，"1917年以后，国内战争开始"，"以个人的创作和共同的劳动创造了白银时代的大部分诗人、作家、批评家、哲学家、画家、导演、作曲家还活着，但时代本身结束了"。多么精当的描述啊！我想这也是与伯林一系列分析俄国文学史和作家的观点相吻合的。于是，我就想把1998年俄罗斯教育科学院院士、莫斯科师范大学教授弗·阿格诺索夫在南京大学的演讲中将"白银时代"作家分为三类的观点呈现给大家，因为我觉得他的说法是有一定道理的。

"没有解决农民命运的1861年改革的失败导致俄国出现了新的革命阶级，这个阶级准备把实现人民的理想——建立公正、平等和自由的社会的斗争进行到底。在政治领域，这标志着摒弃早期民粹派的启蒙运动和后期民粹派的恐怖主义，转向有组织的群众斗争，直至用暴力推翻旧制度，确立无产阶级对所有阶级的专政。流氓造反者、工人革命者成为高尔基和追随他的一批作家之作品中的主人公。

"另一群作家（伊·布宁、列·安德列耶夫、早期的弗·马雅可夫斯基）痛苦地意识到俄罗斯的不幸，在他们描绘的图景

(现实主义的或表现主义的)中得出了悲观主义的或无政府主义的结论。

"第三类作家在1881年3月1日的悲剧性事件("解放者"沙皇遇刺身亡)之后,特别是在1905年革命失败以后,确信革命道路缺少人性而产生了进行精神革命的思想,于是专注于人的个性世界。普希金关于人的内心和谐的思想成为他们不可企及的理想,而后普希金时期的果戈理、莱蒙托夫、丘特切夫、陀思妥耶夫斯基则成为他们精神上相近的作家,因为这些作家感到了和谐破坏的悲剧,但是渴望并寄希望于未来恢复这种和谐。"

诚然,伯林笔下所描述的人物大多数就是第三类作家,他对这些作家的访谈和分析往往就是围绕一个轴心来进行——将"白银时代"文学的价值观、艺术观与"苏联文学"的价值观、艺术观进行比较,从中寻找出俄罗斯作家和艺术家的良知。最后,我想用当代批评家谢尔盖·马科夫斯基的话作结:"白银时代富有叛逆精神,寻找上帝,热衷于美,就是今天它也不会被遗忘。至今还响彻着它的表达者的声音,虽然有点不一样……这最好地说明了传统得到了继承。它成为非马克思主义的、非规训和缺少精神的新俄罗斯具有创造力的源泉。"我之所以啰啰唆唆地介绍"白银时代"文学的背景,正是为了更好地解读伯林与这些生活在苏联文化语境中的旧时代"遗老"的访谈与对话内涵。

为了寻觅伯林思想发展的逻辑,我按写作时间的顺序编排,然后一篇一篇地解析,并与中国文学进行比较。

《访问列宁格勒》

同样又是 1945 年，在伯林的笔下，战后饥饿的列宁格勒（1991 年恢复原名圣彼得堡），"更多的是衣衫褴褛的旧派知识分子或给人类似印象的人，他们身上破旧的衣衫被刺骨的风雪掀起的样子，看起来要比披在更为粗鲁、吃得更好的莫斯科居民身上更让人同情"。这是一幅知识分子的肖像画，他们拥挤在涅瓦大街熙熙攘攘的人群中和电车里，但是饥饿与贫困并没有妨碍他们去观看芭蕾舞、歌剧和欣赏交响乐。伯林不无悲凉地感叹："一座曾经威严堂皇、笑傲四方的古老帝都，如今却被那些莫斯科的新贵看作过气的老古董。"也正是故都里这样的"老古董"对俄罗斯文学艺术的执着精神，对俄罗斯文学艺术的传承起了巨大的支撑作用，即便是残酷的战争摧残，即便是无情的阶级斗争的整肃，也磨洗不掉一个城市古老的文化痕迹。从这个意义上来说，我更喜欢圣彼得堡，因为那里有真正的属于俄罗斯的文化和文学，她更是出品文化人和文学家的圣地。我以为圣彼得堡才是俄罗斯的文化灵魂，其深厚的文化底蕴滋养和造就着一代又一代贵族式的文学艺术家和知识分子，那里才是俄罗斯文学艺术家成长的摇篮和驻足停泊的诗意栖居地。很多人都有这样的感觉，而我也在伯林六十七年前的这篇文章里找到了有力的印证。

伯林用简约而明快的手法很快就拉出了一个人物速写，一个名字叫根纳季·莫伊谢耶维奇·拉赫林的犹太人，这个人物并非伯林笔下的主人公，似乎就是一个闲来之笔的小人物，却成为伯林串联事件和人物的重要纽带，从中可以窥见战后列宁格勒的文学艺术状况。作为一个销售商，拉赫林不仅是文学书籍的出版者，同时还是文学艺术的传播者，用伯林的话来说，"他一直怀有某种浪漫主义文学梦想"，他不仅推销书籍，更令人敬佩的是，他还组织文学艺术沙龙，结交了许多著名的作家。"在这个小沙龙里人们轻松自由地谈论着文学、艺术乃至政治等各种话题。……和他交往是一件令人愉快的事，因为他扮演着整个列宁格勒的费加罗的角色，他能弄到剧院的门票，开设各类讲座，举办每月一次的文学晚宴，传播知识，散布流言，总之从事无数琐碎的工作，而他所做的这些让生活变得更加有趣，更加愉快，事实上是变得更加可以忍受。"把文学作为一种信仰，以一种虔诚敬畏的心情去膜拜她，文学怎能不在神圣中变得可爱？！正因为圣彼得堡拥有了像拉赫林这样不名的文学工作者，她才能洗尽铅华，走进文学艺术的最高殿堂。拉赫林在毫无功利目的的工作中一次又一次地完成了对许多文学艺术爱好者的精神洗礼，这样的人才是俄罗斯文学艺术的脊梁。我十分欣赏伯林这段话中的最后一句话，因为文学艺术在通常的情况下是给人们带来身心的愉悦，使"生活变得更加有趣，更加愉快"，但是，当生活的境遇变得十分恐惧可怖时，当人们无法忍受生活的折磨的时候，文学艺术让你"变得更加可以忍受"。这就是俄罗斯人从最残酷的战争和最无情的阶级斗争中走出来的真正原因，文学艺术的巨大潜能在圣彼得堡得以应验。

伯林在这次对列宁格勒的访问中，接触了一些文学家和文学评论家，他们不无自豪地表达了一种理念，就是诋毁当前（1945年）许多粗制滥造的宣传品，认为这些宣传品"导致鼓励和宣扬一大批假冒的古代抒情诗、伪造的民谣和史诗以及普遍意义上的宫体诗。这些作品完全失去了原本创作于这些原始或半原始的民族中的任何原创性。他们非常自豪地宣称列宁格勒的文学作品很好地避免了这一问题，莫斯科的文学周刊到处充斥着这样的作品……就他们自身而言，他们一直都为拥有普希金和勃洛克、波德莱尔和凡尔哈伦的传统而自豪"，而不愿意"遵循相同路线的文学作品来取代他们的传统"。他们不希望用所谓标准化的方式来培养下一代，包括文学教育，他们更加注重的是"人文主义的价值"。从这里，我们看到的是这些自命不凡的人，继承"黄金时代"和"白银时代"文学精神的肖像，他们"深信在经历了十月事件的人的创作中，白银时代的精神，它以黄金时代为方向，它那对铁时代的敏锐的和不接受的态度依然继续着"。可惜在中国20世纪的文学史词典当中，我们没有过"黄金时代"和"白银时代"，即便有过辉煌的"五四"时期，我们也没有去"敏锐地"坚持过，也没有将其提升为一种可贵的精神传统继承下去，除了缺乏能力以外，我们还缺乏勇气。

伯林在访问中小心翼翼地问及文学体制问题的时候，人们对作协主席这样的文学寡头被称作"老板"的现象避讳言谈："给我的总体印象是人们对苏联作家作品的真实质量几乎不抱什么幻想,开诚布公的讨论也有,但公开发表的文字还实属罕见。因此所有人似乎都想当然,比如鲍里斯·帕斯捷尔纳克是一位天才的诗人,而西蒙诺夫是一个伶牙俐齿的记者,仅此而已。"从中,我们可以看出圣彼得堡的文学居民们对文学的看法是准确的,近七十年过去了,历史证明了这个城市文学人的眼光是经得起考验的,因为他们的文学传统的直觉会告诉他们怎样去选择和取舍。

当然,当时的文化语境的限制,苏联和世界的隔膜,尤其是与西方文化和文学的隔阂,造成了他们知识的缺失和判断事物参照系的模糊。他们除了知道海明威那样的作家外,"不知道弗吉尼亚·伍尔夫和 E. M. 福斯特(曾在普里斯利特的文章里提到过)的名字,却听说过梅森、格林伍德和阿尔德里奇"。这些现象足以使 1945 年生活在西方文化语境中的伯林感到惊讶,但是,对于那些长期生活在苏联政治文化体制下的文学艺术家来说,却是再正常不过的事情了。而在中国 20 世纪 40 年代以后,由于推行以工农兵为主体的作家制度,那种对世界文学和文化的认知缺乏更是令人讶然,其造成的后果当然比苏联还要严重得多。问题就在于列宁格勒的作家们"已经非常深刻地感受到他们与世界的隔阂",而莫斯科以及中国 20 世纪 50 年代的作家们却沉浸在文学的自我陶醉中不能自拔呢。我们不能说这种夜郎自大的观念就是典型的阿 Q 精神,但是,我们可以看出一种排外思想能够在列宁格勒得到自觉的扼制,这是出乎意料的,"在列宁格勒我没有发现任何仇外的迹象，而在莫斯科，即使是一些最开明的知识分子也能看到这种仇外的情绪，更别说诸如政府官员这类人了。事实上，列宁格勒仍在某种程度上把自己看作'向西看'的思想家和艺术家的家园"。我们不能说"向西看"就能够成为一个好作家，但是，没有世界文学，尤其是西方文学作为自己创作的参照系，是一定不可能成为文学创作大家的。

伯林1945年笔下的列宁格勒——一个经过战火洗礼的文化城堡——还承载着如此巨大的俄罗斯文学的重任，她使我们看到了俄罗斯文学的过去、现在和未来之希望！

《在苏联的四个星期》

伯林说："1945年我在莫斯科待了四个月一直到年底，时隔十一年之后，1956年8月，我又重返莫斯科。"于是，我们就又看到了伯林眼里1956年的苏联景象。在这篇文章里，伯林最大的观感就是对两种人的分析——"苏联社会中最深刻的裂痕是统治者与被统治者之间的差异。""被统治者大多是一些性情温和、彬彬有礼、柔弱温顺、谨小慎微、充满想象力而又天性淳朴的人，他们的道德信念、审美情趣和价值观念带有浓厚的维多利亚时代的色彩，他们看待外部世界的眼光充满了好奇而又略带敌意，甚至恐惧。"在谈及被统治者中的作家时，伯林认为其中有一部分人对斯大林主义保持着批判的态度，"这些在他们的言辞中可以说表达得非常大胆、激烈而又无所畏惧。他们读他们所能获得的外国读物并有他们自己封闭的圈子,很难有机会见到他们,很难有机会与他们进行自由而坦诚的交流。尽管官方没有提到过他们,但在广大知识分子中都知道他们的存在,而且对他们推崇备至,敬仰有加,因为他们自己还做不到像他们那样特立独行、愤世嫉俗的程度"。正因为1956年的苏联在工业化的道路上走得很远,且取得了巨大成绩,但是其专制的恐惧仍然存在,所以,俄罗斯作家对社会的坚韧批判精神的承传显得尤为珍贵,它就是俄罗斯民族良知的火种,正如伯林所言:"虽然被统治者已经接受了这个政权,但他们为通向自由化的每一步而欢欣鼓舞。"

而"统治者完全是另一番模样……他们是一帮强硬、冷酷、好斗、国家至上的无赖,他们憎恨他们自己的知识分子,这种情感主要源于他们的社会出身和社会感情,以及他们可能已经接受的某种意识形态。他们讨厌文雅,讨厌文明的举止,讨厌知识阶层等任何同样出身的权力集团,怀着对中产阶级教养老板的积怨,面对这类事物都会如此表现"。"从这个意义上说,斯大林的传统和政策依然延续不变。苏联的文化,只要存在一天就不是一种无阶级社会的文化(就此而言我们至少可以说新西兰是一个通往无阶级社会的例子),而是一种被解放的奴隶阶级的文化,他们仍然没有改变对原来主人的整个文化的敌意,仍然在面对这种文化时感到极度的社会不适,特别是在面对和对待西方的外交代表和其他访问者时表现得尤为明显。在这方面,他们的感受与美国中西部更为原始的那些人的感受比起来并没有什么两样。在我看来，与其说是自觉的意识形态政策或大俄罗斯爱国主义，不如说是这种社会道德观念，在更大程度上导致了对知识分子的迫害以及与西方的摩擦。"

20世纪50年代苏联两类截然不同的人群被伯林分成了被统治者和统治者，"你能在苏联的任何一个社会团体中清楚地分辨出谁属于被统治阶级——他们说的是日常的语言，没有非分的野心，做的是任何地方的人都在做的事情，在他们身上体现着某些俄罗斯传统的性格特征，他们是伟大的小说家和短篇小说作家描写的那类俄国人形象最纯正的原型。另一方面，你也能从其粗俗的话语、虚伪的温情……对上司阿谀奉承、对下属蛮横欺压看出，这帮人根本就不配做统治者。他们为全体人民所敬畏、所憎恨但又不得不接受。在我看来他们之间的鸿沟是不可逾越的"。在严酷的文化语境当中，伯林在被统治者中看到了"某些俄罗斯传统的性格特征"，他们究竟囊括的是哪些人呢？

《鲍里斯·帕斯捷尔纳克》

显然，伯林在寻找"俄罗斯性格"的时候，把目光投向的是帕斯捷尔纳克和阿赫马托娃这样的知识分子作家。这篇评析帕斯捷尔纳克的文章写于1958年，应该是在当年9月《日瓦戈医生》在英国出版、10月帕斯捷尔纳克获得诺贝尔文学奖之前，关于这一点亨利·哈代在编者序言中已经说明，不过最终付梓在1958年岁末。《星期日泰晤士报》上的《日瓦戈医生》的赏析文章与本文有所不同，我们不妨来看看伯林对《日瓦戈医生》的评价吧："鲍里斯·帕斯捷尔纳克的《日瓦戈医生》在我看来是一部天才之作，它的出版是我们这个时代无与伦比的文学和道德事件。这部书在意大利出版的特殊背景，特别是，铁幕两边出于政治宣传目的对该书粗俗而又可耻的滥用，或许使人忽略了这样一个更为重要的事实：它是俄罗斯文学传统主流中一部伟大的史诗性的杰作，或许是这个传统中的最后一部，同时也是自然世界以及根植于他们那个时代历史与道德的社会的产物，是一份绝对直率、高贵和深刻的个人声明。"伯林毫无保留地发表了一个真知灼见："它的主题是普世性的，与大多数人的生活（人的出生、衰老和死亡）密切相关。与屠格涅夫、托尔斯泰和契诃夫作品中的主人公一样，该书的主人公处于社会的边缘，与社会发展的趋势和命运密切相连，但又不与之同流合污，在面对各种毁灭社会、摧残和消灭许许多多其他同类的残暴事件时，仍然保持着人性、内在的良知和是非感。"显然，对一个伟大作家的评判会有不同的评价标准，那其实都是意识形态在作祟，真正的伟大作品的衡量标准就是伯林在这里提出来的"普世性"——永远"保持着人性、内在的良知和是非感"。这就是伯林一直在寻找的"俄罗斯的文学传统"，它不仅适合于俄国（当然也包括苏联时期）作家，同样也适用于任何时空中的作家。它应该是超阶级、超国家、超民族的作家价值标准。所以，伯林不无感慨地宣称"他赢得了共产主义者、非共产主义者和反共产主义者的一致尊敬。在我们这个时代，其他作家没有哪位获得过与之相同的地位"。伯林对文学的观念和定义是令人信服的，他对伟大作家的定义也是独到的："有些作家——包括一些伟大的诗人——他们的诗与他们的生活和散文毫不相干。布朗宁、马洛礼或 T. S. 艾略特他们所过的生活和从事的其他活动并不是只有诗人才能做的。而帕斯捷尔纳克身上则不存在这些差别。他所说、所写的每一件事都富有诗意。他的散文不是散文作家的散文，而是诗人的散文，带有诗人所具有的一切优缺点：他的观念，他对生活的感悟，他的政治观点，他对俄国、对十月革命、对未来的新世界所抱有的极其坚定的信念，都带有诗人清澈透明而又具体形象的视域。他是俄罗斯文学史上所谓'白银时代'的最后一位也是其中最伟大的一位代表。在世界上任何地方都很难再有一位在天赋、活力、无可动摇的正直品行、道德勇气和坚定不移方面可与之相比的人。"是的，这个世界上有很多很多在艺术表现层面十分优秀的作家，但是这些技术型的作家永远成不了伟大的作家，其关键就在于他们没有是非标准，他们没有人文情怀，他们更没有对社会与世事的批判能力。回眸我们那些东施效颦的所谓"先锋""新潮"作家们的作品，你能在其中寻觅到什么样的人文精神吗？所以那些扬言作家要和知识分子划清界限的鼓吹者，俨然是与多年来鄙视知识分子的无知观念紧紧相联系的。俄罗斯"白银时代"文学为我们提供的不仅仅是那些异彩纷呈、数量巨大的文学文本，更重要的是它为我们展示了一个国家与民族文学精神强大的感召力和自觉的生命力。

伯林对帕斯捷尔纳克的作品的分析，尤其是对《日瓦戈医生》中爱情描写的分析可谓入木三分、鞭辟入里，其艺术见解令人叹为观止。但是，我还是更欣赏伯林对帕斯捷尔纳克作品那种知识分子良知的表达方式："多年来苏联批评家一直指责他太深奥、复杂、繁琐，远离当代苏联现实。我想他们指的是他的诗既没有宣传性，也没有粉饰性。……帕斯捷尔纳克遵循着所有伟大的俄罗斯创作的主流，根据自己的亲身经历来创作，包括个人的、社会的，当然还有政治方面的经验。……那是因为他的艺术本质上是为了变形而不是为了记录。有一种说法认为所有俄国作家的作品都是一份个人的忏悔书，一份供词，而帕斯捷尔纳克却没有像果戈理、陀思妥耶夫斯基、托尔斯泰乃至屠格涅夫经常做的那样进行直接的说教，在这个意义上，他或许倒像一个西方派。"其实，这个道理恩格斯早已阐释过了：观点越隐蔽对作品就越好！从这个意义上来说，接受主体如果具有一定的艺术的感悟能力和阅读能力，就会更加青睐这样的作品。伟大的作品绝不是伺候那些低能的读者的，更不能成为政治的宣传品。而我们中国的许许多多作品至今尚未脱离宣传品的窠臼。艺术品不能成为宣传品这是文学的常识，但是并不意味着它不需要表达一个作家正确的价值观——创作主体良知的表达。这就是文学艺术的辩证法。

"白银时代"文学的
最后回望者(二)

——解读伯林《苏联的心灵:共产主义时代的
俄国文化》[1]并与中国现代文学比较

《一位伟大的俄罗斯作家》

1965年,伯林又一次来到了苏联,写下了这篇文章,悼念死于集中营里的伟大诗人——奥西普·艾米里耶维奇·曼德尔施塔姆,这个陌生的名字没有出现在苏联文学史的教科书里。与1945年相比,这时的伯林在思想和艺术上都更加成熟深刻了,难能可贵的是,在又经历了苏联二十年革命历程后,他几乎是洞穿了苏联社会的本质,尤其是对知识分子思想状态的认识更加鞭辟入里。我以为,伯林之所以用文学评论随笔的文体来评判一个被苏联文学所遗弃的作家,在"大清洗"的废墟中挖掘出象征着俄罗斯文

---

[1] [英]以赛亚·伯林著,潘永强、刘北成译,《苏联的心灵:共产主义时代的俄国文化》,译林出版社,2010年版。

学艺术灵魂的"舍利子"来，就是想在这位被埋没的文学艺术大师身上寻觅到俄罗斯文学的良知和诗意的精神栖居。

从英诺肯季·安年斯基到普希金，伯林叙述了曼德尔施塔姆与他们的渊源关系，也谈到了曼德尔施塔姆与古米廖夫、阿赫马托娃共同创立的"诗人行会"对诗歌观念的阐释："诗歌不是一种生活方式，也不是宗教启示，而是一种技艺，一种将词汇排列成行的艺术，是创造一种与创造者个人生活无关的公共物品。"当然，作为这个流派的领袖诗人，曼德尔施塔姆"拥有一种俄国文学再也没有达到过的纯粹与完美的形式"。但是，在一个需要为专制服务的时代里，诗人能够以一种所谓的纯美的姿态苟活下去吗？

伯林的文学评论眼光是犀利的，他把诗人分成两类进行比较，所得出的结论是令人回味后转而佩服的："有一些诗人，只有当他们写诗的时候他们才是诗人，他们的散文是没有写过任何诗的人都能写出来的。还有些诗人（好坏都有），他们是一切表现都透着诗人的特质，有时这会危害到他们的整体作品。普希金的小说、历史著作和书信无一不是优美流畅的散文典范。当他不写诗的时候，他就不再是一位诗人，弥尔顿、拜伦、维尼、瓦莱里、艾略特或奥登都是如此。而济慈、邓南遮，尤其是亚历山大·勃洛克则不同。曼德尔施塔姆的全部作品都透着诗人的特质，他的散文是诗人的散文——在这一点上他与帕斯捷尔纳克完全不同，但仅此而已。他们既是朋友，又身处同一时代，地位还相当（作为作家，他们彼此倒不大认同），只不过帕斯捷尔纳克对他那个时代的历史，对他自己在其中所处的位置，以及他作为一个大丈夫、一个天才、一个代言人和预言家所负的职责太过于敏感。无论他有多么的天真和叛逆，他都是或者说变成了一个政治动物。他与俄罗斯和俄罗斯历史的关系一直困扰着他——自始至终他一直对他的人民宣讲公共责任，证明它的存在，并在晚年将这份沉重的责任完全承担起来。"无疑，伯林把诗人分为两类是有些武断的，但是仔细想想，也不无道理：平庸的诗人只会单纯地写诗，而一个有"公共责任"意识的诗人，即使他的诗歌再高蹈、再唯美，即使"诗歌是他生活的全部，是他的整个世界"，他的内心深处仍然保存着那份沉重的"公共责任"！这种所谓的"公共责任"恰恰是苏联大多数作家所缺少的。推行工农兵文艺造成作家的非知识分子化，文化修养的严重缺失、知识分子钙质的流失，都是形成无视"公共责任"现象的主要原因。而"曼德尔施塔姆凝聚了丰富的人生经历，大量的文学修养滋养了他极为丰富的内心生活，加之他对现实的洞悉，使他像列奥帕第一样既有悲天悯人的情怀又有不受迷惑的眼光，这些都让他与更强调主观感受、更爱自我表现的同时代俄国人区分开来"。与俄罗斯作家相比较，我们缺少的是俄罗斯文学的那种文化与文学的语境；尽管苏联的政治高压击垮了一部分作家的精神，但是，毕竟他们还生长在"一个接受忏悔文学教育、强调或过分强调艺术家的社会责任和道德责任的国家里"。所以，他们还时不时地发出一种

"不合时宜"的声音。

伯林说曼德尔施塔姆是一个具有英雄气概的作家,"十月革命对他来说无疑是致命的。由于他不愿意,事实上也无法改变自己的天性以适应新社会的要求,因而他无法说服自己与新生活的保民官、组织者和建立者合作。羞怯、瘦弱、亲切、充满爱心、多愁善感,在他的朋友看来他就像是一只温文尔雅但又略显滑稽的小鸟,但他却能做出惊人之举;这样一个羞怯而又容易受到惊吓的人,却具有大无畏的英雄气概"。就是这样一个看似胆小懦弱的唯美诗人,却表现出一个诗人的执着和勇敢。伯林为我们讲述了这样一个故事:在夜晚的咖啡厅里,一个契卡军官正在抄写秘密处决名单,曼德尔施塔姆突然在众目睽睽之下抢过名单撕成碎片,消失在夜幕中。虽然后来他被托洛茨基的姐姐救了,但是最终还是被处以终身流放。"《哀歌》恰好是他的第二部诗集的名字。他是一个国内的流亡者,一个在万能的独裁者面前无助的奥维德。"1933年他写了一首讽刺斯大林的小诗,导致斯大林大发雷霆,1938年他在流放地的符拉迪沃斯托克(海参崴)集中营里被残酷地迫害至死。故事到此并没有结束,更加令人匪夷所思的情节是,当斯大林在电话里一再追问帕斯捷尔纳克,曼德尔施塔姆在朗诵这首讽刺诗的时候他是否在场,"帕斯捷尔纳克避而不答,而是一味强调与斯大林会面的重要性"。即便是"大清洗"的制造者也懂得一个人的正义立场和"公共责任"操守对于一个作家的重要性,说实话一般的作家和知识分子都是无法做到在那样的场合下做飞蛾扑火状的,我们就不能苛求帕斯捷尔纳克做出自杀性的行为。所以,斯大林冷冷地说:"我要是曼德尔施塔姆的朋友,我本应该更清楚如何去保护他。"随后,斯大林挂断了电话,而帕斯捷尔纳克却不得不一再忏悔,"终生背负着这段记忆度过他的余生"。帕斯捷尔纳克的忏悔与自我批判构成了俄罗斯作家整体的心灵救赎,只有在忏悔之中,他们才能找到前行的方向,只有在忏悔中,他们才能找到精神的沉疴而加以疗救。

在这里,我想到的是两个问题:第一,在中国,没有出现过像曼德尔施塔姆这样勇敢的知识分子型作家。我们缺乏大智大勇的作家。相比之下,俄罗斯文学精神与传统为什么能滋养和造就诸多知识分子型作家?这与其文化历史有着深刻关系,他们更具备那种大智大勇的批判气质和素养。所以,表象懦弱而内心坚韧的曼德尔施塔姆只有在俄罗斯文学土壤中才能得以充分展示自己无尽的勇气与才华,尽管他被扼杀了。第二,俄罗斯也存在着怯懦的知识分子,像帕斯捷尔纳克那样瞬间怯懦(之所以如此说,是因为他在后来的表现中,尤其是在其作品的表达中呈现出了非凡的勇气)的人也不在少数,但是,在这个群体之中,尚有一大部分人具有忏悔意识,因为他们知道自己错了!然而,在中国作家群体当中,甚至在知识分子群体当中,我们罕见忏悔者,即便是错了,即便在不承担任何历史责任的情况下,也不见忏悔者的身影出现。一个民族文化与文学的昌盛与复兴,需要这种精神的自我修复能力。

"曼德尔施塔姆为了坚持自己做人的尊严，付出了常人几乎无法想象的代价。他欢迎革命，但在上世纪30年代，据我们所知，他又是对革命所必然产生的后果最不妥协的一个。我真的再想不出还有其他哪位诗人比他更坚决地抵抗这个敌人。"从这里，我才深深地体会到伯林为什么把曼德尔施塔姆标榜为"一个伟大的俄罗斯作家"——一个革命的作家对革命的反思使他付诸行动，用自己的血肉之躯完成了伟大的杰作，尽管这个作品有点幼稚可笑，但是它嵌入的是俄罗斯民族精英的灵魂。

伯林对曼德尔施塔姆作品的艺术分析也是独具慧眼的，那种精到与透彻时时让我们这些人羞赧。他往往是以开阔的眼光去剖析作品，拿它们和一流的作家作品相比较，其宏观的视野喷射出一个思想家的烈焰与光芒。伯林把霍夫曼、陀思妥耶夫斯基、贝娄，乃至音乐家巴赫、莫扎特、贝多芬、舒伯特、柴可夫斯基、斯克里亚宾这样的文学艺术大腕"一网打尽"，并入曼德尔施塔姆作品所要表达的两个主题：一个是"苦闷而又畏缩的犹太人形象"；另一个是"不同层面上的"音乐家的艺术表现。伯林用他们作品的主题和艺术表现来烘托曼德尔施塔姆天才般的文学艺术表达。在精细的微观艺术分析当中，伯林也同样表现出他对曼德尔施塔姆作品的分析才能：《时间之喧嚣》中亚历山大·赫尔岑暴风骤雨般的政治雄辩术与贝多芬的一首奏鸣曲之间的比照，就是这些比喻中最为典型和精彩的一例。在那段对两个形成鲜明对照的波罗的海海滨胜地的精彩描写中,这两个主题交汇在一起。一个是德国人的海滨胜地,在那里演奏的是理查·施特劳斯的曲子,而犹太人早已被排斥在听众之外。另一个则是犹太人的海滨胜地,那里萦绕着的则是柴可夫斯基和各种小提琴的曲子。在他的抒情诗里,那首关于忧郁的犹太音乐家赫尔泽维奇的诗可能不是最好的,却最直接地表露了他的情感。在这首诗里,也会看到两个主题的交汇。这是一篇感人至深、令人心碎的作品,就像舒伯特那支被音乐家们一遍又一遍演奏的奏鸣曲单曲一样。"我之所以不厌其烦地引用伯林对曼德尔施塔姆作品的分析,就是要说明,正因为俄罗斯民族中还有一批像曼德尔施塔姆那样的真正称得上"伟大作家"的知识分子,他们的文学承传就不会被任何外在的力量所摧毁。因此,伯林才满怀希望地说出了这样激动的语言:"东方欲晓,光明不会遥远,到那时,新一代的俄罗斯人将会知道,在苏维埃共和国早期那段饥渴而又荒芜的年代里,还曾经存在过一个怎样丰富而不可思议的世界;而且它没有自生自灭,而是仍然在渴望着充实和完成,从而不让自己湮没在某一段不可挽回的历史之中。"这就是"白银时代"文学精神的延续。

反躬自问,在中国,我们也有十七年"那段饥渴而又荒芜的年代",但是,我们没有曼德尔施塔姆那样"伟大的作家"诞生!尽管我们没有伟大的作家,那段历史也十分苍白,然而,我们应该在反思中总结经验,才有可能去缔造"伟大的作家"。

《与阿赫马托娃和帕斯捷尔纳克的交谈》

时间的指针指向了 1980 年,当已经七十一岁的伯林回忆三十五年前,也就是"1945 年秋天的一个温暖而又阳光明媚的下午",去拜访帕斯捷尔纳克时的情形,心中仍然保留着那份眷恋之情,因为,"在所有俄国诗人当中,最著名最受推崇的是鲍里斯·帕斯捷尔纳克。他是我在苏联最想见到的人"。同样,对于阿赫马托娃,伯林说:"我一直都期待着能够见到她。"

在这篇回忆长文中,伯林首先不忘的是介绍当时的政治文化背景:"十月革命在俄国的各个艺术领域激起了一股巨大的创作浪潮;大胆的实验精神处处得到鼓励;只要能体现是给资产阶级趣味'一记耳光',那些新的文化监控者就不加干涉,不管你是马克思主义的还是非马克思主义的。"是的,十月革命以后虽然有内战,但是无产阶级文化力量以其巨大的能量使得知识分子和作家得到进一步的规训,直到"30 年代中期成立作协以强化官方的正统思想。于是不再有争论,不再有人们思想的骚动。接下来是死水一潭的顺从。最终惨剧降临——大清洗、作秀的政治审判、1937 年至 1938 年间愈演愈烈的恐怖,野蛮地、不分皂白地摧残个人和团体,然后是整个民族。我无须细述那个杀人时代的血淋淋的事实,这在俄罗斯历史上既不是头一回,恐怕也不是最后一回。有关那个时期知识分子生活的真实记录我们可以从比如娜杰日达·曼德尔施塔姆、莉季娅·楚科夫斯卡娅等人的回忆录，以及在另一层意义上从阿赫马托娃的诗歌《安魂曲》中找到。1939年，斯大林停止了各种迫害活动。俄国文学、艺术和思想所表现出的境况就像一个刚刚遭受过轰炸的地区，只有几座像样的建筑还相对完好，孤零零地站立在已经荒无人烟、满目疮痍的街道上"。这个比喻伯林不止一次地运用过，可见在他心里对这种文化和文学的屠戮是何等的愤慨与痛心。

在伯林与帕斯捷尔纳克的交谈中，除了谈及创作、分析作品时帕斯捷尔纳克表现出极大的兴奋外，他在极力地回避他生活的语境。所以，伯林才敏锐地发现"对于俄国的现状，他无话可说。我不得不意识到俄国（我注意到，不论是他还是我拜访过的其他作家都不曾说"苏联"这个词）的历史已经停在了1928年前后，那时它与外部世界的一切联系事实上都被切断了"。其实，就在与伯林交谈的时候，帕斯捷尔纳克已经完成了《日瓦戈医生》前几章的草稿，我以为，这种沉默的态度应该是当时内心有想法但是不愿意表达的大多数知识分子的姿态，他们认为自己是属于黄金时代或白银时代俄罗斯文学的，而非规训了的"苏联文学"模式中的作家。

虽然伯林在这次访谈当中又一次与帕斯捷尔纳克谈及了后者与斯大林的那次通话，因为斯大林指摘他没有为曼德尔施塔姆辩护，他就忏悔了一辈子，因为在他的道德词典里，没有为"我们"的同类做辩护，那是一种耻辱。为什么会如此呢？用帕斯捷尔纳克的话来说,"他是在托尔斯泰的阴影下长大的——对他来说,托尔斯泰是一位无与伦比的天才,比狄更斯或陀思妥耶夫斯基更加伟大,是一位堪与莎士比亚、歌德和普希金比肩的作家"。毫无疑问,他们都遵循着文学的最后底线同时也是最高目标——以人性与自由为描写轴心的原则。于是,伯林才可以十分武断地说:"帕斯捷尔纳克深爱着俄国,心甘情愿地包容祖国的所有缺点,除了斯大林的野蛮统治;尽管如此,他还是把1945年看作黎明前的黑暗,他睁大双眼来发现那黑暗中的晨曦——他在《日瓦戈医生》最后几章中表达了这一希望。他相信自己将与俄罗斯民族的精神生活交融在一起,共同分担她的恐惧,分享她的希望和梦想,将像丘特切夫、托尔斯泰、陀思妥耶夫斯基、契诃夫和勃洛克一样,以他们各自独特的风格,表达出她的心声(这时我才知道他对涅克拉索夫一点也不认同)。"但是,所有的解释能够消除他与斯大林通话的负面影响吗?帕斯捷尔纳克担心的问题是:"有人会把这归结为他为摆平当局做了一些不该做的事,为逃避迫害不惜让良心做出一些卑鄙的妥协。"从"白银时代"走过来的帕斯捷尔纳克们永远过不了这道"良知"的坎,这就是俄罗斯作家的灵魂!

但是,伯林严肃地批判了帕斯捷尔纳克对革命的幻想,因为帕斯捷尔纳克认为要充分理解战争和十月革命带来的剧变,认为它们"是一系列超越了所有道德和历史范畴的改天换地的事件。因此那些关于背叛、清洗、对无辜者进行大屠杀的梦魇,和紧随其来的一场令人恐惧的战争,在他看来似乎也变成了实现某种不可避免的、前所未闻的精神胜利的必要前奏"。不管是对革命抱有不切实际的幻想，还是政治上阿Q式的幼稚，他那种如高尔基那样在革命前的理想主义激情（散文诗《海燕》）曾经激励过无数的俄罗斯作家，同时也深深地影响了中国几代文学人。但是，革命后的失望会使他们说出一些"不合时宜的话"来，鲁迅批评这种人不知道"革命会有污秽和血"，那是因为鲁迅先生并不真正了解十月革命以后的真实情形，也没有看到1937年至1938年斯大林的"大清洗"运动，当然更没有看到它后来的发展和结果。的确，像帕斯捷尔纳克这样为人性与自由的文学迷狂的作家，一旦被革命的假象所迷惑，就不会理智地去思考问题了。"涅高兹一遍又一遍地反复说帕斯捷尔纳克是一个圣徒：他太不谙世故了——他指望苏联当局会允许出版他的《日瓦戈医生》，这简直太荒谬了——牺牲作者反倒更可能。帕斯捷尔纳克是这几十年俄国涌现出的最伟大的作家，因而他也会像许多人一样遭到政府的迫害。这是独裁政治的内在要求。传统俄国和新俄国之间无论有什么样的差别，对作家和艺术家的怀疑和迫害则是共同的。"我们能够容忍一个伟大作家在政治上的幼稚，但是不能容忍他对人性与自由界限的模糊，好在帕斯捷尔纳克是遵守人性与自由这一底线的俄罗斯作家，而非那些专门为政治服务的苏联作家。

所以当伯林向他说明"全世界有教养的人都非常钦佩他，不仅仅因为他是一位作家，而且因为他是一位自由而独立的人"时，他才说出了这样发人深省的宣誓："我敢像海涅那样说：'作为诗人，我或许不值得被记住，但作为为人类自由而战的战士，我必将被人们永远铭记。'"裴多菲的那句"若为自由故"的诗句早就在中国流行，但是我们有多少作家能够像俄罗斯作家那样为自由和人性而战呢？当然，这样的理念也影响了帕斯捷尔纳克的创作观念与方法，他在阐释与阿赫马托娃之间分歧时的那种激动的情绪就不难理解了，当伯林说道："阿赫马托娃曾经对我说她无法理解为什么会推崇契诃夫。他的世界完全是灰暗的，从未闪耀过阳光，没有刀光剑影，一切都被可怕的灰雾所笼罩，契诃夫的世界就是一潭泥淖，悲惨的人物深陷其中，无依无靠。这是对生活的扭曲。帕斯捷尔纳克说，阿赫马托娃大错特错。'你见到她的时候告诉她——我们无法像你一样能随意到列宁格勒去——是我们这里的所有人对她说的，所有的俄国作家都在对读者进行说教，连屠格涅夫都告诫我们说时间是一剂良药，是一种可以医伤痛的药物；契诃夫却没有这样做。他是一位纯粹的艺术家——完全融入艺术——他就是我们的福楼拜。'"在这里，帕斯捷尔纳克不仅是在阐释现实主义的创作方法问题，更是在宣扬一种写作的立场——契诃夫才是真正代表俄罗斯民族创作思想灵魂的作家，这也是帕斯捷尔纳克最终获得诺贝尔文学奖的真正原因所在。

作为"白银时代"阿克梅派的代表作家，鲍里斯·帕斯捷尔纳克与安娜·阿赫马托娃，虽然在创作方法上略有不同，但是总体的人文理念却是一致的，正如有些俄国学者所说，他们"崇拜尘世，接受生活……他们笔下的'日常生活'与自然主义没有丝毫共同之处：无论是在米·库兹明、安娜·阿赫马托娃、奥·曼德尔施塔姆笔下，还是在鲍里斯·帕斯捷尔纳克笔下，它总是充满着人的高尚精神，成为存在的一部分——'在个别中发现永恒'（谢·阿韦林采夫）。而且，他们相当快就确信了，生活既包含着阴暗面，也包孕着光明面……正是在尼·古米廖夫、安·阿赫马托娃和奥·曼德尔施塔姆的创作中流露出从普希金（"世上没有幸福，但有安宁自由"）开始的斯多葛派思想，而19、20世纪之交的象征派诗人亚·勃洛克、倾心于未来派的鲍里斯·帕斯捷尔纳克、中立的马·沃洛申、以自己悲剧性之死证明忠于这一思想的农民诗人们都继续着这一思想"。

我曾两度去瞻仰这个盛产作家和艺术家的美丽摇篮，每一次都令我震惊，它美丽的建筑，它那安谧氤氲的氛围，它那富有文化底蕴的非凡气质，都会使每一个有教养的文化人肃然起敬、流连忘返。在这样的环境中，伯林回忆起战后那次与阿赫马托娃的晤面，当然是深刻难忘的。

"穿过阿尼奇科夫桥，接着再向左拐，沿着喷泉河的河堤一直向前走。喷泉宫，原是谢列梅捷夫伯爵的宫殿，是一座华丽的巴洛克晚期风格的建筑，宽敞的庭院（和牛津或剑桥中一个比较大的学院的方庭差不多），而建筑的精致铁门是列宁格勒一个著名的标志。我们爬上一段昏暗陡峭的楼梯，来到上一层，并得到许可进入阿赫马托娃的房间。""安娜·安德列耶夫娜·阿赫马托娃极为雍容高贵。她举止从容，道德高尚，容貌端庄而略显严肃，而且表情总是流露出一种深深的忧郁。看起来我做得非常得体，因为她的尊容和举止就像悲剧中的一位女王。"这是伯林与阿赫马托娃见面时的场景，这个画面似乎永远定格在伯林的记忆之中。在这样的环境中，伯林在聆听阿赫马托娃朗读拜伦的《唐璜》和她本人那时尚未完成的《没有主人公的叙事诗》时，那简直就是在谛听天籁。虽然伯林说"当时我还无法像今天一样完全领略这首诗的多重内涵和绝妙之处"，但是直觉告诉他，"这是一篇神秘而又触动灵魂的作品：它很快就被汗牛充栋的评论所掩埋"。请注意，当她朗读自己的《安魂曲》的时候，她突然就与伯林絮絮叨叨谈起了1937年至1938年她的丈夫和儿子被送进集中营时的心情，"苏联的城市笼罩在一张死亡的大幕之下，数百万无辜者还在经受着折磨和屠杀"。在她断断续续的哽咽声中，她提到了曼德尔施塔姆打阿·托尔斯泰[1]那一记耳光后带来的无可挽回的悲剧命运。所有这些都是构成这个被日丹诺夫斥为"半是修女，半是荡妇"的伟大诗人的内在因素。他斥责列夫·托尔斯泰[2]是"自负的魔鬼，自由的敌人"！他喜欢陀思妥耶夫斯基，更喜爱普希金，这是因为她是把文艺复兴看成"一个想象的世界"，理想主义才是诗人最终的追求。"她怀念那个世界——正如歌德和施莱格尔曾经构想的，它渴求一种曼德尔施塔姆所说的普世的文化——渴

1　是指写《苦难的历程》的小托尔斯泰。——笔者注
2　是指写《战争与和平》的老托尔斯泰。——笔者注

求那些已经变成艺术和思想的东西：本性、爱情、死亡、绝望和牺牲——一种不受历史限制，没有任何例外的（放之五湖四海而皆准的）真实。"伯林的分析很透彻，但是，我以为用阿赫马托娃自己的话来表述就更有说服力："相信我，包括帕斯捷尔纳克、我、曼德尔施塔姆还有茨维塔耶娃，我们这帮人是从19世纪开始经过长期苦心孤诣的结果。我和我的朋友们都认为我们说的是20世纪的声音。"她甚至认为马雅可夫斯基是"朋友的背叛把他推向了绝望的深渊"。她认为自己的《没有主人公的叙事诗》就是伴随着他们这一代人走向坟墓的作品——它是那个时代生活和人性的见证——"它不是写给永恒的未来，甚至不是写给子孙后代的；唯有过去对诗人才有意义……那是他们渴望重生、渴望复活的情结。"

伯林不无深情地为阿赫马托娃的一生作结，其感人至深不亚于恩格斯所作的《在马克思墓前的讲话》。"阿赫马托娃生活在一个可怕的时代，但如娜杰日达·曼德尔施塔姆所说，她表现得非常英勇。她从未公开地，或对我私下地说过一句反对苏联政府的话。但她的一生，如赫尔岑描述俄国文学状况时曾经说过的，在不断地对俄国的现实进行控诉。今天在苏联，对她的怀念和崇敬虽然没有公开表达却非常广泛，据我所知，无人可比。她一直坚持抵制她认为对她的祖国和她自己来说是可耻的事，使她（如别林斯基曾经对赫尔岑的预言）不单成为俄国文学界的重要人物，而且成为我们这个时代俄国历史上的重要人物。"倘若，哪一天有哪一位思想家能够在一个伟大的中国作家的墓前说出这样的话，且不是盲目而夸张的语言，那我们的文学就达到了一个真正辉煌的高度。起码，我们现在还没有资格来说这样的话。

伯林在《苏联的心灵：共产主义时代的俄国文化》这本书里所寻觅的是俄罗斯文学传统中最富有活力的元素——真诚的人性和自由——应该是每一个具有良知的作家必须具备的人文素养。如果舍弃了这一点，一切形式上的技巧都是徒劳的，它就不可能具备一个伟大作品的内在素质，如果用这个标准去衡量中国自20世纪以来的作品，我们有多少作家作品可以进入我们文学史的序列之中呢？

高尔基告诉作家："一切在于人，一切为了人！"

——"十月革命"前后的高尔基

一

最近在读伯林的《俄国思想家》和《苏联的心灵》，同时又读了许多相关史料，当然也包括像周有光这样的学术人瑞对苏联的解读，恰在此时，专攻俄罗斯和苏联文学的专家汪介之教授的皇皇巨著《伏尔加河的呻吟：高尔基的最后二十年》[1]出版了。介之兄毕其半生之学术功力著就的近四十万字的著述是我翘首以盼的宏论，我请译林出版社以最快的速度送来此书，如饥似渴地读起来。说实话，已经许多年没有过这样的阅读急迫感了，因为我们这几代喝着俄罗斯文学，尤其是苏联文学乳汁长大的人，由于缺乏专业知识，难以分清俄罗斯与苏联文学之间的区别，对它们错综复

---

[1] 汪介之著，《伏尔加河的呻吟：高尔基的最后二十年》，译林出版社，2012年版。

杂的政治背景、人际关系和作品表达的真相根本就不甚了了，更加上多年来极"左"的斯大林主义对历史的掩盖和歪曲，致使我们对俄罗斯文学、苏联文学，以及生长在那个狂热革命时代的许多作家作品的理解多数是曲解的，甚至是完全错误的。因此，在历史真相的聚光灯下，我们看到的将是另一幅惊人的俄罗斯与苏联文化和文学的真实图景。从文化和文学的接受史上来看，我们逐渐发现中国在过去的近一个世纪以来所接受的许许多多关于俄罗斯和苏联的文学思潮、文学现象和作家作品信息都是有谬误的，当历史的真相被揭示出来的时候，俄罗斯和苏联的一切文学史必须改写，而20世纪中国的文学史也同时要接受反思和重释，因为在20世纪20年代一直到世纪末的近一个世纪里，我们的文化和文学受其影响太深了。

介之兄此著在大量的第一手资料的基础上（包括远赴俄罗斯各地去搜集连俄罗斯学者都有所忽略的珍贵资料），试图力排高尔基研究中的许多误植和盲点——对俄罗斯本土研究者和西方研究者的许多关于高尔基在"十月革命"前后的思想变化的误读都予以一一甄别，更难能可贵的是，此著对中国的高尔基研究中的许多误区也同时予以严肃的纠正，不仅使我们看到了一个真实的高尔基，同时也给我们开启了一扇重新了解俄罗斯和苏联文学史与政治史之间关联性的窗口，使我们从中获得新的价值观念。

其实，我对此书最大的兴趣点就在于高尔基对1905年的俄国民主革命，以及1917年的"二月革命"和"十月革命"的不同态度；在于高尔基对待无产阶级专政下的暴力行为的态度；在于高尔基对"文学就是人学"的价值立场的终极阐释。

1905年的俄国大革命是高尔基向往的推翻沙皇统治的革命，其著名的散文诗《海燕之歌》（我们自20世纪50年代以后的中学课本一直将其作为传统的课文使用）是推翻沙俄封建专制、讴歌民主主义革命的不朽诗篇，然而，六十多年来，我们对其主题的阐释都千篇一律地、含糊地表述为高尔基在呼唤着无产阶级革命风暴的到来。恰恰相反，高尔基对革命的渴求是建立在非暴力的人道主义的基础上的，因为高尔基本质上毕竟不是一个政治家，而是一个彻底的人道主义作家，他所继承的是代表着"俄罗斯良知"和人性力量的传统作家观念，是"黄金时代"和"白银时代"俄罗斯作家的血脉延续，诚如汪介之先生所言："这位在20世纪初年曾以一曲横荡天涯的《海燕之歌》热情呼唤革命的作家，在第一次俄国革命之后的黯淡年代里，并没有以高昂激越的旋律为另一场革命风暴的到来而呐喊。"这是为什么呢？！

汪介之先生为此提出了七个振聋发聩的问题，这些问题的确是我们每一个研究俄国和苏联文学史，甚至政治史的学者不可回避的重要问题。

为什么高尔基这只曾经热情呼唤过1905年革命风暴的"海燕"，竟在十月革命前夕写下了试图阻止革命的《不能沉默!》，并在那前后连续发表了八十余篇文字，表达了自己的"不合时宜的思想"？

为什么这位被称为"无产阶级艺术的最杰出的代表"的作家，却在布尔什维克夺取政权后离开了俄国，长期流落异邦？

为什么他在1928年首次回到苏联后，一方面被奉为贵宾，受到高规格的礼遇，另一方面仍继续受到明暗不一的批判、指责和抵制；而且，在那以后的数年中，他一直来往奔波于莫斯科和索伦托之间，直到1933年才最终选择了回国定居？

为什么他一直漠视苏联国家出版局负责人对他的反复催促，拒绝撰写《斯大林传》？他对苏联的社会现实、个人崇拜和文坛状况究竟持什么样的态度？

为什么高尔基被说成是"社会主义现实主义的奠基人"？"社会主义现实主义"这个概念究竟是谁首先提出来的，又是谁首先对其内涵和实质做出权威性解释的？它是如何被确立为"苏联文学的基本创作方法"的？

为什么关于高尔基的死因，历来有多种不同的说法，令人真假莫辨？他究竟是自然死亡，还是被杀害的？如何解释他去世前周围出现的一系列反常现象？

为什么一提起高尔基，人们就想到他的《母亲》《海燕之歌》等少数几部早期作品？他在自己的"晚期"究竟完成了哪些作品？他以最后十年时间创作的长篇小说《克里姆·萨姆金的一生》，究竟有何价值？

这些问题归结为最关键的问题就是：我们如何去评价"十月革命"后无产阶级专政下的暴力革命问题。

二

众所周知，1917 年的"十月革命"前的 3 月，也就是俄历的 2 月，俄国发生了一场推翻封建沙皇制的民主主义的大革命，史称"二月革命"，无疑，高尔基是十分激赏这一民主主义革命的，我以为这场革命就是高尔基呼唤的那只迎接暴风雨的"海燕"！因为这场革命带来的结局是不同的阶级对于共同的敌人——封建专制的彻底摧毁，就此而言，它的目标是建立一个多党联盟的政体。但是，布尔什维克党与其他民主党派，尤其是孟什维克社会主义者在这场革命中的思想观念和利益的冲突，导致了随后而来的"十月革命"，因而改变了民主革命的格局，从而逐步开始全面实行了无产阶级专政。就我目前所阅读到的材料而言，可以做出的判断是：高尔基和许多著名的俄罗斯作家和艺术家都是对"十月革命"持保留态度的，即便有些人暂时拥护布尔什维克党人的这次革命行动，但是，在面对其后来的许多政治施政措施时，当他们认识到这种专政的后果时，就与之保持距离了。这也是高尔基在"十月革命"后不断地写信给他的朋友列宁和斯大林，为许多不公平的事件、丧失人性的阶级剿杀表达自己的看法和劝诫，或为许多遭到政治迫害的作家进行辩护与求情的真正原因。虽然后来苏联当局为了年轻的苏维埃的政治颜面，让高尔基担任了苏联文学与文化团体的重要职位，但是，对他的许多政治态度却是不予理睬，甚至予以批判的，所以，当他的政治影响力越来越小时，他就不得不找借口去继续他那俄罗斯作家式的逃亡流浪生活了。

可是，无论是在苏联时代，还是回到了俄罗斯的时代，在整整一个世纪的时间里，左派们说他是资产阶级的代言人，而右派们却又说他是斯大林主义的御用文人。无疑，在不同的年代和不同的人物那里，我们可以看到不同的高尔基，那是因为我们都只是看到了高尔基的一个侧影，要得到一个高尔基的全息成像，就必须在兼听则明、偏信则暗的观念基础上，全面地考察高尔基每一个时期的行为举止。从这个意义上来说，汪介之教授的这部著作尽可能地做到了对各方面史料的全面收集，比如对高尔基最后二十年的评价，汪先生采用了三个具有不同身份的文化大家的价值判断概括出了三种不同的意见，极富典型性。他们是卢那察尔斯基、索尔仁尼琴和罗曼·罗兰。

苏维埃的文化领导者卢那察尔斯基为了无产阶级专政的根本利益，将高尔基绑架在这个新兴国家机器的战车之上，这只能使高尔基无言和无奈，因为，高尔基的确在这个国度里享受到了至高无上的荣誉和物质利益，"十月革命"以后，"从此高尔基便同我们缔结了最亲密的、不可分割的联盟。从此高尔基在国外所站的岗位，便是宣扬苏联真相的一名勇猛的、公开的、坚定不移的战士的岗位。从此他对资产阶级的憎恨比先前增加了好几百倍。……高尔基用不可磨灭的文字,将自己的姓名记入了人类的庄严史册"。果真如此吗?随着高尔基《不合时宜的思想》的披露,人们看到的是高尔基的质疑,他的这种不配合的言论甚至遭到了斯大林的严厉抨击。斯大林在1917年针对高尔基的《不能沉默!》一文,亲自撰写了《许多膘肥体壮的公牛包围着我》,指责高尔基"从革命队伍中临阵脱逃","我们担心这些'栋梁们'(指普列汉诺夫、克鲁泡特金等人)的桂冠会使高尔基不能入睡。我们担心高尔基会被'死命地'拖到他们那里、被拖进档案馆里去"。更有极"左"的斯大林主义者道出了他们真正的价值判断:"高尔基自从成为资产阶级知识分子的组织者以后,不由自主地也和他们一起反对工人阶级……反对无产阶级文化。"[1] "无产阶级文化派"和"拉普"都把高尔基视为无产阶级文化的另类作家,甚至将他定性为"一个巧于规避和伪装的敌人","越来越成为苏联文学中的一切反动人物的传声筒和防空洞"。[2] 面对托洛茨基的指责和马雅可夫斯基的悲叹,以及"拉普"们的批判(这也是高尔基在1928年回国以后首先解散"拉普"的原因),高尔基应该认识到他对"十月革命"的态度才是他与苏俄的文化和文学体制有着根本思想分歧的真正原因,他坚守的是一个俄罗斯作家未泯的人性和"良知"。

---

[1] 白嗣宏编选,《无产阶级文化派资料选编》,中国社会科学出版社,1983年版。转引自汪介之著,《伏尔加河的呻吟:高尔基的最后二十年》,译林出版社,2012年版。

[2] 同上。

即便如此，像获得诺贝尔文学奖的索尔仁尼琴那样的反对派作家仍然不满意高尔基的行为："我一向把高尔基从意大利归来直到他死前的可怜行径归结于他的谬见与糊涂。但不久前公布的他20年代的书信促使我用比那更低下的动机——物质欲——解释这种行为。高尔基在索伦托惊讶地发现，他既未获得更大的世界荣誉，也未获得更多的金钱（而他有一大帮仆役要养活）。他明白了，为了获得金钱和抬高荣誉，必须回到苏联，并接受一切附带条件。他在这里成了亚戈达的自愿俘虏。斯大林搞死他其实完全没有必要，纯粹是出于过分的谨慎：高尔基对1937年也会唱赞歌的。"[1] 显然，我不能同意索尔仁尼琴的这种观点，也许，由于索尔仁尼琴受到政治的刺激太深，因此他对在那个时代得到任何荣誉和利益的作家都抱有成见，一叶障目，使他看不到高尔基对"十月革命"的基本立场。所以，我根本不会相信高尔基会赞扬斯大林式的"大清洗"，因为高尔基的"文学是人学"的观念就是他的政治观和社会观的总和。至于1928年以后这只"双头海燕"折断了翅膀，全面投靠斯大林的专制，那是另一篇文章所要交代的问题。

"十月革命"前后，高尔基则是一个彻头彻尾的代表着俄罗斯良知和人性的作家与文人，他并不属于哪个特定的阶级和阶层。就像中国的鲁迅死后被各个时代各种各样的文化需要所阐释那样，

---

[1] ［俄］亚历山大·索尔仁尼琴著，田大畏等译，《古拉格群岛》（中册），群众出版社，1996年版。转引自汪介之著，《伏尔加河的呻吟：高尔基的最后二十年》，译林出版社，2012年版。

高尔基也在被许多不同的政治和文学需要解构与误读。即便是在苏联解体以后，那个创作《这里的黎明静悄悄》的鲍·瓦西里耶夫和佐洛图斯基还在批判高尔基1928年回国后面对严酷的现实一言不发，以及参与了30年代斯大林"个人崇拜"的鼓噪。直到1990年8月3日，科洛德内依在《莫斯科真理报》上还发表了具有代表性的文章《双头海燕》："高尔基像有两个脑袋、两副面孔，这只曾经呼唤革命风暴的海燕，晚年竟在证明斯大林主义的正确性，甚至支持其恐怖手段、暴力和屠杀。"无疑，随着大量的史实被无情地披露，我们对高尔基思想在1928年的大逆转有了一个基本的看法，但是，包括索尔仁尼琴在内的许多作家和研究家对晚年的高尔基，尤其是1935年以后与斯大林之间开始产生的裂缝没有进行仔细的研究，所以判定死于1936年的高尔基也会对1937年的斯大林"大清洗"表示赞同。我倒以为，如果高尔基还活着，保不准还会来一次"不合时宜的思想"表态，所以一切无端的指责都只是毫无依据的推论。我更相信的是俄罗斯世界文学研究所高尔基文献保管、研究出版部主任斯皮里东诺娃在其《马·高尔基：与历史对话》里的观点："与索尔仁尼琴的断言相反，他不会歌颂1937年，不会为其辩护，也不会忍耐屈服。""人性的真诚和真正的艺术家的内在嗅觉，不允许他成为斯大林时代的御前歌手。"虽然1928年以后高尔基背叛过自己的人道主义原则的初衷，但是，他临死前也是有所反思的。

但是，我们不能不看到这个伟大作家内心深处隐藏着的矛盾与痛苦，我以为汪介之先生从帕·瓦·巴辛斯基那里找到了高尔基的思想核心病灶，只不过他是用另一种表达方式来阐明自己的观点的："究竟是什么样的思想促使当年的阿列克赛·彼什科夫（高尔基原名）走上了马克西姆·高尔基的道路？为什么他曾有过一次未遂的自杀？他获得了无论陀思妥耶夫斯基还是列夫·托尔斯泰生前都不曾领受过的那些来势凶猛、轰动一时的荣誉，其原因究竟何在？'革命海燕'为什么断然离开革命取得了胜利的祖国？他又为什么一再拖延，迟迟不回国？那位被称为'铁女人'的玛丽娅·布德贝尔格在他的命运中到底起过什么作用？他唯一的儿子和他本人究竟是在什么样的情势下去世的？……"这一系列的诘问就回答了这只"海燕"之死的谜团——理想和现实之间的冲突造成了高尔基不可自拔的"双头海燕"形象。而我们需要看到的是这只"双头海燕"的真实内心世界，透过《不合时宜的思想》的表达和一系列为受迫害者而进行的解救行动，我们不难从中找到可信的答案。所以，巴辛斯基得出的结论才似乎是合乎逻辑的："即他的理想的现实体现正在导致对个性自由的扼杀。"然而，这个结论也并不见得有其深刻性，因为还有更具慧眼的人早就看出了问题的根本原因所在。

同样是诺贝尔文学奖的获得者，高尔基的亲密朋友罗曼·罗兰作为一个西方作家，他的看法或许更加具有局外人的清醒与客观："他没有能骗过我：他的疲惫的微笑说明，昔日的'无政府主义者'并未死去，他依旧对自己的流浪生活眷恋不已。不仅如此，他还徒然地企图在他所参与的事业中只看到伟大、美和人性（虽然确有伟大之处）——他不愿看见但还是看到了错误和痛苦，有时甚至是事业中无人性的东西（这是任何革命所难免的）。他痛苦，他要避开这种场面，他带着惊恐的目光向那些迫使他直面这种现实的人求饶。但也是徒然；在像高尔基这样的人的意识深层，任何时候也去不掉那些阴郁的景象。在他的内心深处总是充溢着痛苦和悲观，虽然他并不显露自己的情感……"这个曾经也如高尔基那样激赏和支持过革命的西方作家，通过高尔基的切身思想的转变，看到了这种革命非人性的一面，充分理解了高尔基在革命语境中的困厄与痛苦。也许这个答案更加客观、更加合乎高尔基在"十月革命"前后的思想逻辑。也许高尔基曾经赞同过革命，但是，一旦革命的污秽损伤作家的人性和良知，他就必然会发出"不合时宜"的声音，因为他是一个会"思想"的"大写的人"。

高尔基的革命理想是什么呢？早在"二月革命"和"十月革命"之前，他就筹备过"一个介于'左翼'和'右翼'党派之间的'激进民主党'的工作"。1905年的俄国革命失败后，高尔基"曾倾向于社会—民主主义类型的社会主义，即社会主义与民主制的结合，重视社会主义理想在其发展过程中的历史继承性和人道主义化"。就因为高尔基坚持反对以武装斗争的形式改变"二月革命"的民主主义社会政治现实的态度，所以，当"十月革命"来临之时，他是站在孟什维克的立场上指责托洛茨基等人是拿工人阶级的血肉进行一场革命的实验，作为一个作家，一个人道主义的知识分子，高尔基反对"剥夺剥夺者"的逻辑，其原因就是不能沿袭封建专制的暴力手段来建立一个新的暴力制度，用以压迫人民，尽管他在某些方面赞同他的朋友列宁同志实行的革命，但是他毕竟不是政治家，而是一个充满着人性普世价值和人道主义理念的知识分子，面对"十月革命"的新政权，他声明："无论政权掌握在谁手中，我都保留着批判地看待它的个人权利。"尽管无产阶级的"左派"痛斥他是革命的"直接叛徒"，但是他坚信"思想是不能用肉体上的强制手段战胜的"。从这个意义上来说，高尔基在"十月革命"后所做的事情无非是两件：一件是为那些受难的知识分子和普通的公民向当局的领导者求情；另一件就是发表了五十五篇"不合时宜的思想"随笔，捍卫人道主义和人的尊严。

高尔基又告诉作家："敌人不投降，就叫他灭亡！"

——1928年以后的高尔基

引 言

刚刚写完高尔基"十月革命"前后"不合时宜的思想"的评介文章，试图对高尔基做出一个客观的历史性判断，盛赞了他所坚持的一个作家应有的"社会良心"的人道主义立场，从而对苏联人道主义的失落进行了深刻反思。但是，如何看待高尔基1928年回国后直至1936年逝世期间，背离自己一贯坚持的人道主义立场的种种做法呢？无论是在高尔基的生前还是死后，无论是在俄国→苏联→俄国，还是在中国的学界空间里，都有着种种相异的观点和严重的分歧，直至今日都无法统一。而在中国社会层面，尤其是在中国的民众与一般学者眼中，高尔基仍然是俄罗斯文学的一座圣像。近些年国内过多的对他"不合时宜的思想"的评介，更进一步抬高了他的身价。然而，却少有人对他后期附和斯大林专制主义进行批判，而像索尔仁尼琴那样过于猛烈的批判和攻击者的言论一般也不为人所知。就在我瞻前顾后，不知从何下笔之际，读到了金雁女士上个月刚刚出版的皇皇三部曲中的第一部《倒转"红轮"：俄国知识分子的心路回溯》[1]。我十分佩服金雁教授的治学方法，和其他大多数从事外国历史与文学研究的学者不同的是，她在大量史料搜集的基础上，厘定了一条清晰的逻辑理路和价值评判体系，从而阐述出了自己独特而深刻的见解。作者敢于面对惨淡的史实阐发他人未发现或未敢说的真理，尤其是常常将这些政治与文学的现象与中国的文学现象进行勾连，以触发中国学者对自己国家民族文化和文学历史的进一步反思。这才是最有用的学术。作为一名读者，我将陆续发表对她这部书和下两部书的系列读书札记，旨在对苏联文学与中国文学的内在政治文化关系进行进一步的梳理。

一

金雁教授在《倒转"红轮"》一书的第二章中，用了一章四节四十七页的篇幅去"破解'高尔基之谜'"，可谓响鼓重锤。我很赞成金雁教授对高尔基思想行为变化的大切分法——不纠缠高尔

---

[1] 金雁著，《倒转"红轮"：俄国知识分子的心路回溯》，北京大学出版社，2012年版。

基一生中许许多多次思想忽左忽右的起伏，而把眼光投注在他是否还坚持着一个知识分子的独立思考上，是否还坚持"社会的良心"上。我也始终以为高尔基思想真正的"大起大落"，亦即思想行为的大转折，显然不是来自1905年的民主革命和1917年"二月革命"与"十月革命"前后与俄罗斯知识界的思想分歧和种种论战，即使是与俄国贵族知识分子、与"路标派"别尔嘉耶夫等人的论战，以及围绕陀思妥耶夫斯基《群魔》与斯坦尼斯拉夫斯基为首的俄国艺术家的论战，也还是属于思想观念的争论，尽管高尔基经常"变脸"，时而有"左"倾思想冒头，但是那还基本上是属于知识分子间的思想分歧，换言之，彼时的高尔基尚未丧失一个知识分子的社会属性和思维方法，其行为的后果虽然有害，但并不完全涉及个人的道德品质问题。当然，在1905年这个俄国知识分子"分水岭"的年代里，高尔基向左转，为暴力革命提供了舆论的支持，甚至有人认为1906年的高尔基比列宁还要左，到了1909年，他成为比列宁更为激进的极"左"革命家，被列宁称为"更加头脑发热"的"左的蠢人"[1]。据此，能否就认定他的道德底线出了问题呢？虽然许多学者都痛陈他这次对"社会良知"的大背叛，但是我仍然犹豫是否应对他进行道德的宣判，以及将他归入极"左"的"另册"之中。

---

1 《列宁全集》第2版，第12卷。转引自金雁著，《倒转"红轮"：俄国知识分子的心路回溯》，北京大学出版社，2012年版。

然而，可以明确断定的是，从1928年高尔基回国开始，这个"红色文豪"显然是背叛了自己所设计的一个文学家和思想家的人道主义原则，也就是突破了其做"大写的人"的道德底线。金雁说："从那以后，他没有捍卫过人民，没有捍卫过文化、真理、正义、法律，尽管一切罪恶都发生在他的眼皮底下。"这是确凿无疑的铁案！1928年成为高尔基思想和人格的分水岭，用金雁教授的观点来说，在这之前，他是一个知识分子，在这之后，他就不是知识分子了。这个判断十分准确，因为作为一个俄罗斯的传统知识分子，一旦失去了批判意识，成为思想的奴仆，那就意味着丧失了一个知识分子最基本的言说功能。所以，人们怎么也不能理解，高尔基会堕落到这种地步——从人道主义的勇猛"海燕"、"雄鹰"变为"游蛇"；从"爱真理的啄木鸟"转变为"撒谎的黄雀"；"从普罗米修斯到流氓"；"由有关被压迫者的捍卫者和鼓舞者变成了压迫者的辩护人和谋士"。[1] 究其原因，除了金雁教授所说的两点（一是"人格底线的溃退、沾染权力后独立性的丧失"，二是他的虚荣心。其实这两点都可归结为第一点人格的丧失）之外，我们是否还能够找到更深层次的原因呢？

其实，金雁教授在概括高尔基蜕变原因时也用高尔基的观点来反证了蜕变的根本缘由："如果你不愿意向制度做出妥协，你就

---

[1] ［波兰］古·格·格鲁德金斯基，《高尔基的七次死亡》。转引自金雁著，《倒转"红轮"：俄国知识分子的心路回溯》，北京大学出版社，2012年版。

休想从它那里得到任何东西。"——也许，这才是问题的要害，知识分子的通病往往是能够做到"威武不能屈"，而难以抵挡得住"富贵"的诱惑做到"不能淫"，"士可杀而不可辱"的气节可以使之扬名天下，但高官厚禄与声色犬马往往会使一个正直的人堕落，高尔基这样的文豪也概莫能外。当1928年5月28日的太阳照耀在高尔基的头顶上的时候，当高尔基从列车踏板上将第一只脚迈向莫斯科白俄罗斯火车站的那一瞬间，当仪仗队的鼓乐齐鸣的时候，当布哈林、伏罗希洛夫、卢那察尔斯基等许多国家领导人与之拥抱的时候，一个政治的传声筒、一个"鼻孔穿上铁环的老熊"（高尔基的老朋友罗曼·罗兰对高尔基晚年形象的评语）的高尔基便诞生了。作为一个有"良知、善性、人道"的作家，高尔基不仅违背了自己早年就给文学所立下的"大写的""人的文学"的定义，而且，他也同时违背了俄罗斯知识分子约定俗成的"规则"："在俄罗斯的传统中，知识分子的力量不在于智慧，而在于心灵，在于良知。知识分子过去和现在的责任是：认识，领悟，反抗，保持自己精神上的独立，永远不说假话。"[1] 我们还不能估量高尔基在他生命的最后八年中对苏联的政治造成的影响有多大，但是，我们却知道在他领导下的苏联文学界创造的许多文学制度对世界范围内无产阶级阵营中的文学产生了巨大而深远的影响。

---

1 这是俄罗斯"国学大师"利加乔夫的说法。转引自金雁著，《倒转"红轮"：俄国知识分子的心路回溯》，北京大学出版社，2012年版。

二

我以为，在1928年"大清洗"的语境里，斯大林需要高尔基来统领知识分子的思想；而高尔基也需要斯大林给他一个天梯爬上文学的圣坛，得到丰厚的物质和精神的赏赐，以此来满足安度晚年的奢望。且不说苏维埃政府给他的巨大物质待遇有多丰裕，就拿他与斯大林两人可以随时叼着烟斗、喝着红酒促膝长谈的政治待遇来说，这是任何一个苏联公民与官员都无法企及的梦境。那个在1923年还对娜杰日达"焚书坑儒"事件表示强烈愤慨，并宣示"一旦全部证实了这些残暴的事实，我将写信给莫斯科"，声明退出这个"罪恶国家的国籍"的高尔基不见了，用斯大林的话来说就是："高尔基虚荣心强，我们应当用粗绳索把他拴在党的身上。"当然，这个党的化身就是斯大林。用瓦季姆·巴拉诺夫的话说就是："在制度的范围内用别人的鲜血为自己谋到一个距离斯大林不远的位置。"[1]

人们不能理解的是，这个曾经桀骜不驯的"革命的海燕"，为什么会心甘情愿地变成这样呢？如果仅仅用列宁以往对高尔基性格的评价"最没有主见而且容易感情用事"来做判断，显然是不

---

[1] ［俄］瓦季姆·巴拉诺夫著，张金长、李业勋译，《高尔基传》，漓江出版社，1998年版。转引自金雁著，《倒转"红轮"：俄国知识分子的心路回溯》，北京大学出版社，2012年版。

足以说明问题的本质所在的，他之所以抛弃了"革命的海燕"的角色，就是因为知识分子潜在基因中最强大的无意识的裸露——试图在集权之下分得一份权力的剩羹。所以，"斯大林甚至在苏联发起了一场吹捧高尔基的群众运动，并以'领导'整个苏联文学界作为条件。只要高尔基踏上国土，就注定要扮演斯大林所希望的角色，配合党的意识形态……完成布尔什维克话语霸权下只存在革命与反革命两维图像的宏大叙事，成为斯大林在意识形态的'旗帜'和吹鼓手"。无疑，在对知识分子进行"大清洗"的岁月里，人们引颈盼望的是"革命的海燕"的归来，再次拯救出更多的知识分子和无辜的人民，因为在"十月革命"前后，就是这只"革命的海燕""救出了很多知识分子"，但是，人们失望了，从意大利回国的高尔基由"海燕"变成了"老熊"。

索尔仁尼琴对高尔基所倡导的"无产阶级人道主义"嗤之以鼻，是因为高尔基将斯大林的"劳动营"说成是"改造新人"的好方法，索尔仁尼琴认为高尔基已经成为"俄国文学史上破天荒的第一次颂扬奴隶劳动"的开创者，证明高尔基已经沦为"舆论界和科学界暴力的卫道士"。在这样的思想背景下，高尔基参与了建立一个对作家和知识分子进行管束的团体，并制定了各种规则。

三

人们喜欢用高尔基谩骂"路标派"那篇文章的题目"从普罗

米修斯到流氓"来描述高尔基晚年的表现，诚然是不过分的。金雁教授对"十月革命"前后"不合时宜"的高尔基和1928年后"红色文豪"的高尔基进行比照后，用了一个非常有意味且颇为深刻的比喻："在前一种情况下，高尔基的形象就如同雨果《九三年》中那个出于比革命更崇高的人道精神而放走了贵族的高尚的革命者郭文。而在后一种情况下，他的形象就如同那笃信'贫下中农打江山坐江山'的阿Q式'革命'者。"1928年以后，不能将他说成流氓，他也与阿Q相去甚远，因为高尔基并非真正是生活在"底层"的贫下中农，他早就过上了奢华生活，正是因为他晚年在意大利的日子并不十分适意，而斯大林统治下的苏维埃可以给他更特别、更优渥的物质待遇和政治待遇，所以他才有此选择。与阿Q式的那种不觉悟的懵懂"革命"不同的是，高尔基知道自己的利益在哪里，同时也清楚自己在做什么，和阿Q相比，阿Q只能造成革命的悲哀，而高尔基是造成了革命的悲剧，因为他是在为那个庞大的专制制度效力，而阿Q的思想认知和行动能力还远远达不到这样的水平。

"十月革命"的时候，高尔基的言论就惹怒了斯大林，他在1917年针对高尔基的《不能沉默！》一文，亲自撰写了《许多膘肥体壮的公牛包围着我》，指责高尔基"从革命队伍中临阵脱逃"。可见斯大林从一开始就没有信任过高尔基，但是，高尔基后来附和斯大林却着实令人费解。尽管我们在前文对此给出了可以解释的理由，然而，似乎仍然不能解释高尔基在其生命的最后一年里，也即 1935 年—1936 年间,"与斯大林的关系发生了逆转"的事实。以我个人的推测,很有可能是高尔基的思想又发生了转变,以致斯大林不太理睬这个"红色文豪"了,为了让这个"红色文豪"永远定格在"齿轮和螺丝钉"的位置上,"斯大林不需要活着的伟大作家,也许却非常需要一个死去的伟大作家"。

索尔仁尼琴是一贯抨击高尔基的作家,他甚至对"十月革命"前后的高尔基也不屑一顾,他在《古拉格群岛》《癌病房》《红轮》中指名道姓地骂高尔基"谄媚和卖身求荣,与那些身陷囹圄仍能体现人性光芒的知识分子毫无共同之处"。像索尔仁尼琴那样坚持己见的作家和知识分子能有几人?我们不能苛求每一个作家都像索尔仁尼琴那样去为信仰而牺牲自己的生命,但是我们也绝不应该随时抛弃真理而献媚于权贵。

苏联解体以后,人们对高尔基的评价越来越开放了,1990 年 8 月 3 日科洛德内侬在《莫斯科真理报》上撰写了题为《双头海燕》的文章,说"高尔基像有两个脑袋、两副面孔,这只曾经呼唤革命风暴的海燕,晚年竟在证明斯大林主义的正确性,甚至支持其恐怖手段、暴力和屠杀"。这样的观点逐渐被人们所接受。但是,以赛亚·伯林在《苏联的心灵:共产主义时代的俄国文化》一书中却认为高尔基扮演了"俄国人民良心"的角色,他的死使俄国文学失去了"与早先相对比较自由的革命艺术传统的最后一丝联系"。和大多数学者一样,伯林只把注意力集中在高尔基思想闪光的年代,而对他晚年的变节忽略不计了。我同意金雁教授的观点,"其实人是复杂的",也许他性格里与生俱来就带有一种如他诤友列宁所说的"没有主见"的基因,高尔基的一生始终是在左→右→左的摇摆中度过。从他的身上,我们不是也能看到许许多多中国作家的面影吗?!

四

在高尔基回国后的日子里,他的创作并没有停止,除了撰写百万字的理论文章以外,他还写下了两部特写集《苏联游记》(1929)和《英雄的故事》(1930);两部剧本《叶戈尔·布雷乔夫等人》(1932)和《陀斯契加耶夫等人》(1933)。可以看出,这些作品显然是为政治服务的应景之作。倒是他倾注极大精力创作的共四部总计百万字的长篇小说《克里姆·萨姆金的一生》是值得探讨的巨制。萨姆金是一个生长在民粹主义家庭里的知识分子,他迥异于他人的性格和极端个人主义的思想,使他从一个革命的知识分子堕落成一个反对列宁无产阶级革命的反革命分子,最终在群众游行集会中被人踩死。高尔基是想通过一个知识分子成长蜕变的思想过程,将四十年来俄国知识分子的心路历程做一个客观公正的描写,其副标题就叫"四十年",用他给老朋友罗曼·罗兰的一封信中的话来说,就是:"这部长篇小说的意义在于它是我过去所做的一切的总结。"从某种意义上来说,它应该被看作高尔基"自传体"的小说创作。

无论是苏联的文学史，还是中国版的《苏联文学史》或《俄罗斯文学史》，都会从不同角度去评判《克里姆·萨姆金的一生》，或颂扬它为社会主义现实主义"史诗性"创作所做出的巨大贡献，或贬斥它为"齿轮和螺丝钉"的样本，是"传声筒"式的作品。我个人以为，这部作品透露出来的恰恰就是高尔基晚年微妙的心理。用高尔基自己的话来说："我不能不写《克里姆·萨姆金的一生》，我积累了惊人的丰富材料，这些材料有权要求我把它们连贯起来，加工完成。不把这项工作完成，我没有死的权利……也许，我的这部作品不会一下子被理解。但是，总有一天人们会认识它的价值。"[1] 是的，这部作品并非旨在批判像萨姆金这样的知识分子，而是呈现了他们的思想历程，当然，也并非像阿·托尔斯泰那样去表现俄国和苏联的知识分子的思想历程。所以，当有人认为此书就是抨击萨姆金的时候，高尔基做出了曲意的辩解，他在1930年2月18日至19日致格鲁兹杰夫的信中说："假如我过于'恶狠狠地抨击'萨姆金，那么这是很不好的。我在1905年、1906年以后就形成了对这类人断然否定的态度，而且过去——'从我青年时代起'——对他们就不信任。可是假如是'过于'抨击，那么这就已经是主观主义的了，并意味这本书写坏了。"[2] 从这里我们可以看出，高尔基使用的并非是自己所标榜的"社会主义

---

[1] 汪介之编，《高尔基自传》，江苏文艺出版社，1998年版。
[2] 同上。

现实主义"的创作方法，而是老巴尔扎克式的旧现实主义创作方法，因为它无须遵从党的召唤，客观现实主义的创作方法是大于世界观的，只要抵达现实主义的彼岸，就可以克服世界观上的不足。所以，高尔基的聪明和狡猾都包含在其中了。当然，高尔基有时也会说一些左右逢源、模棱两可、使人难以捉摸的话，例如他在谈及萨姆金形象原型的时候，先是批判萨姆金这样的反革命分子是如何诽谤苏联，而后又说布尔什维克当中也有这样的典型人物，最后才说道："我想描写以萨姆金为代表的这样一个中产阶级的知识分子，他怀着种种忧郁心情，为自己寻找生活中最独立的位置，在那里他在物质上和内心里都会感到舒服。他后来会当上地方自治会和城市联合会的英雄之一，战时会穿上制服，然后到前线去劝兵士进攻。最后他将在国外某地做现有的一家报纸的撰稿人或记者，从而结束自己的一生。也许他会有另一种结局。"[1]就是这样一个既平庸又卑微的中产阶级人物，正是许许多多知识分子的真实写照，也带有高尔基本人的影子。为什么选择一个中产阶级知识分子，而不是一个无产阶级知识分子的成长历程，问题本身就可以说明一切了。所以，高尔基在1934年11月20日致扎祖勃林的信中说："《萨姆金》并非揭露知识分子'无所事事'。"[2]他甚至对自己倡导社会主义现实主义创作方法产生了根本

---

1 汪介之编，《高尔基自传》，江苏文艺出版社，1998年版。
2 同上。

的动摇,他在1935年2月19日致谢尔巴科夫的信中说:"我怀疑,在社会主义现实主义——作为一种方法——以完全必要的明确性显示自己之前,我们已经有权来谈论它的'胜利',并且是辉煌的'胜利。'"[1] 如果让我对高尔基的创作动机做一个具有浪漫主义元素的推测的话,我想,此时的高尔基已经失势,预感到自己不妙的政治结局,他假想自己会不会像萨姆金那样被专政的铁蹄踩死呢?!如是,那么为萨姆金所预设的悲剧显然也就预示着高尔基自身的悲剧命运了。

金雁教授对其一生的最后结论是:"高尔基一生演完了正剧、喜剧、滑稽剧、讽刺剧,最后以悲剧告终。"我以为还得添上一个"闹剧"才算完整。

---

[1] 汪介之编,《高尔基自传》,江苏文艺出版社,1998年版。

以革命的名义去完善人性的理想

——汉娜·阿伦特《论革命》[1]

尽管我在情感上并不喜欢阿伦特,因为她与那个支持纳粹的海德格尔始终保持着那种说不清道不明的既为师生又是情人的暧昧关系,在情感与理性的天平上,正义的价值观始终没有能够完胜人性的邪恶。但是,她在《论革命》中的许多精彩的理性论断还是使我折服了,从这个意义上来说,她的理性最终还是倾向了对人类残暴行径的抨击。

少年时代看过一部印象很深的电影,名字就叫《以革命的名义》,影片讲述了几个少年在"十月革命"的风暴里如何成长为布尔什维克人。它给我的直觉印象就是革命是庄严而神圣的,做一个伟大的革命者,在激荡的时代里将自己的生命与热血献给壮丽的革命事业,是人生最崇高的理想——那就是我们在仰望革命

---

[1] [美]汉娜·阿伦特著,陈周旺译,《论革命》,译林出版社,2007年版。

时的真实心情。于是，我们那一代人就把《钢铁是怎样炼成的》作者奥斯特洛夫斯基的人生格言镌刻在我们年轻的心田里，作为革命的座右铭。尽管我们知道革命会有污秽和血，但是，献身最壮丽的革命事业应是英雄的壮举，是一种最伟大的精神信仰，但谁也不知道它会给社会与人的精神世界带来什么样的后果，因为那时我们只知道一味地向往与追求。用托克维尔对法国大革命的本质进行总结时所说，那就是"以宗教革命形式展开的政治革命"。

阿伦特在法国大革命和美国革命两种不同革命的比较中，最后得出的结论是：革命的暴力只能使用一次，如果革命后不建立有效的民主的法律与制度，就不会有真正的自由，会进入一个循环往复的继续革命的阶级斗争暴力运动之中而不可逆转。

阿伦特在追溯"革命"的词源时说："'革命'一词本来是一个天文术语，由于哥白尼的《天体运行论》而在自然科学中日益受到重视。在这种科学用法中，这个词保留了它精确的拉丁文意思，是指有规律的天体运动……就像使天体在宇宙中遵循预定轨道运动的力量一样。没有什么比一切革命的行动者拥有并为之着迷的观念，离'革命'一词更远的了。换言之，他们以为，在宣告一个旧秩序必然死亡，迎接一个新世界诞生的过程中，自己是一名当局者。"是的，为了迎接那个革命的硕果——一个新世界的诞生，我们在不断美化革命的同时，遮蔽了它的另一面。

在中国，"革命"一词显然带着它的"现代性"，因为晚清改良主义的失败，所以"革命"之兴起，旨在推翻一个旧世界，而缔造一个新世界。它骨子里更多的是吸收了法国大革命中的那种"左"倾的时尚，以及俄国"十月革命"后严酷的阶级斗争学说。

反观中国百年来的"革命"，正如阿伦特所言："从历史上看，注视在这一刻，大革命蜕变为战争，蜕变为内部的内战和外部的对外战争，刚刚取得胜利但还没来得及正式建构的人民权利也随之蜕变为暴力骚乱。"20世纪前半叶的中国在军阀混战、抗日战争和内战中度过，人们满以为"辛亥革命"会赢得一个和平的年代，但是，新世界的主宰者开始了对异端者的清剿，这就是阿伦特一针见血地指责法国大革命时总结出的获得权力者的思维方式："因为，接下来的就是'允许为革命而行动的人'为所欲为。"所以，"如何防止昨天的穷人一旦暴富，就发展出自己的行动规则，将它们强加于政治体之上，这些忧虑来自今天，它们在18世纪是不存在的"。用阿伦特的理论来解释就是，推动一场"革命"走向真正民主与法制的关键就在于合理地采用美国"革命"的法理式立国方式，而非仅凭情感和情绪治国的歧途："美国革命的方向始终是致力于以自由立国和建立持久制度，对于为此而行动的人来说，民法范围以外的任何事情都是不允许的。由于痛苦的即时性，法国大革命的方向几乎从一开始就偏离了立国进程；它取决于从必然性而不是从暴政中解放的迫切要求，它被人民的无边痛苦，以及由痛苦激发的无休无止的同情所推动。在此，'允许为所欲为'的无法无天依然源自心灵的感情，感情的那种无限性推波助澜，将一连串无限制的暴力释放出来。"

阿伦特在两种革命——法国大革命和美国革命的比较中，所要述说的核心观念是很明确的："从法国大革命之日起，正是革命者们感情的无限性，使他们对现实一般而言都麻木不仁，具体而言是对个人麻木不仁。这一切都是令人难以置信的。为了他们的'原则'，为了历史进程，为了革命事业本身，他们将个人牺牲掉而毫无悔意。这种对现实充满感情的麻木不仁，在卢梭本人的行为中，在他极度的不负责任和反复无常中，已然相当明显，但只有当罗伯斯庇尔将它引入法国大革命的派别冲突之中，它才成为一个举足轻重的政治因素。"毫无疑问，阿伦特对罗伯斯庇尔和卢梭在法国大革命以及启蒙运动中所起的作用并没有予以充分的肯定，反而是肯定了这种"革命"给社会，以及后继的"革命"带来的种种弊端。说实话，对于我们一向都崇敬的伟大的启蒙主义者卢梭，我是不愿意否定他所缔造的启蒙思想和理论的。但在两种立国制度的选择中，阿伦特更心仪美国式的革命——即使使用暴力，也只是一次性的。阿伦特宁可赞颂孟德斯鸠，也不颂扬罗伯斯庇尔："我们却正是借此而见识孟德斯鸠更伟大的先见之明，回忆起罗伯斯庇尔统治伊始，他那源于怜悯的美德，是如何践踏法律，给正义带来浩劫的。"（阿伦特为此还特别加注引用了罗伯斯庇尔的一段话，从而抨击"罗伯斯庇尔以伪善来为民间司法的无法无天正名"。）

"当然，事实上，美利坚合众国的立国者最初代表的，继而又在政治上塑造的那种民众，要是存在于欧洲，那么只要一靠近下层百姓，就一定会烟消云散。被法国大革命从苦难的黑暗中解救出来的不幸的人，是纯粹数量意义上的群众。卢梭'联成一体'并被单一意志所驱使的'群众'意象，是他们真实一面的准确写照，驱动他们的是对面包的需求，而吵着要面包的声音总是一样的。"显然，法国大革命的行动者的出发点就是为了底层人民，尤其是无产阶级，一切都符合启蒙的人性标准，这应该是毫无疑义的。但是，"革命"恰恰导致启蒙人性走向了反面。罗伯斯庇尔最后的预言证明了启蒙失败的原因："我们将会逝去，不留下一抹烟痕，因为，在人类的历史长河中，我们错过了以自由立国的时刻。"这一悖论恰恰证明了启蒙被盲目的革命绑架上暴力的战车后所引起的灾难性后果的历史事实。

20世纪70年代刚进大学时，我拼命地阅读世界名著，让我印象深刻的有雨果的《悲惨世界》和《九三年》，因为当时对法国大革命的背景不甚了了，读不懂其中的许多真实内涵，但是，犹记得那个反革命叛军首领战败后顾不得逃跑，从烈火中救出几个孩子，革命军司令郭文深受感动，将其私自释放，革命军事法庭因之判处郭文死刑，主持死刑判决的法官是郭文的恩师、义父，当郭文的头颅从断头台铡刀下滚落时，这位法官却又把子弹射进自己的胸膛。在《九三年》这部世界名著里，雨果当然是站在革命者的立场上认同了不可避免的革命残忍性，但又对其戕害人性的残酷性提出了道义谴责："在绝对正确的革命之上有一个绝对正确的人道主义。"这就是人类共同存在的普世价值，它是绝对的人性，是超越任何革命的价值理念，即便在法西斯的铁蹄之下，也会出现像辛德勒、拉贝这样的人物。

法国大革命没有能够像美国革命那样建立起有效统治的法律和法规，所以一直徘徊在暴力革命的边缘而不可休止，颇具黑色幽默和讽刺意味的是，法国大革命的许多思想者们，在找不到革命的灵丹妙药时，居然寻觅到那个行将就木的大清帝国封建吏治作为革命的理想和典范，托克维尔在总结刚刚过去的法国大革命时就这样说："他们在四周找不到任何与这种理想相符的东西，便到亚洲的深处去寻找。我毫不夸张地说，没有一个人在他们著作的某一部分中，不对中国倍加赞扬。只要读他们的书，就一定会看到对中国的赞美；由于对中国还不了解，他们对我们讲的尽是些无稽之谈。被一小撮欧洲人任意摆布的那个虚弱野蛮的政府，在他们看来是可供世界各国仿效的最完美的典范。他们心目中的中国政府好比是后来全体法国人心目中的英国和美国。在中国，专制君主不持偏见，一年一度举行亲耕礼，以奖掖有用之术；一切官职均经科举获得；只把哲学作为宗教，把文人奉为贵族。看到这样的国家，他们叹为观止，心驰神往。"[1]

当然，阿伦特也无情地批判了美国革命的行动者们对人类苦难的漠视："美国立国者在理论和实践上的超人智慧够引人瞩

---

[1] ［法］托克维尔著，冯棠译，《旧制度与大革命》，商务印书馆，1992年版。

目和叹为观止的了，然而这种智慧要想主导革命传统，却从来都难以让人信服。似乎美国革命是在某种象牙塔里取得成功的，人类苦难的历历惨状、赤贫生活的遍地哀号，从未穿透这一象牙塔。这些惨状、这些哀号，长期以来始终是关乎人类而不是人性的。由于周围没有什么痛苦可以唤起他们的激情；没有极其迫切的需要诱使他们屈从于必然性；没有怜悯导致他们偏离理性，因此从《独立宣言》一直到制定《联邦宪法》，自始至终美国革命者都是行动的人。"同是"革命的行动者"，美国革命遵从的是理性，而非激情，他们不以普泛的人性为革命的依据和目标，也不以人性中最有世俗效果的"同情与怜悯"为旨归，而是超越这些人性的痛苦，向着更加辽远的目标义无反顾地前行！阿伦特在这里所提出的是超越一般人性的"人类学"眼光，正是从更高的层面提出了革命的最终目标问题——革命需要建立的是一个更加完美的，并有恒久生命力的政治体制！而非大众革命情绪的一时狂欢般的宣泄后又陷入专制的革命结果。美国革命正是由于具备了这样的眼光，才取得了成功。我以为"人类学"的概念是大于"人性学"概念的——没有前者作为前提，后者是难以实现的。

对比之下，激情的革命和理性的革命往往会造就不同革命领袖人物的不同品格，那么激情革命者的品格往往却是惊人地相似："罗伯斯庇尔对他人甚至他最亲密的朋友，都存在一种神经质的不信任感，这归根结底源自对自我的怀疑。怀疑自我，并没有那么神经质，而是十分正常的。既然他的信条迫使他每天都要公然表演他的'不可腐蚀性'，每周至少一次展示他的美德，尽自己所知地敞开心扉，他如何才能确信自己不是一个伪君子呢？"阿伦特以俄国（应该是"苏联"时期）的"大清洗"运动为例，追溯了它的源头——法国大革命带来的直接后果，同时又尖锐地指出"清洗运动"与法国大革命的根本区别："恐怖作为一种制度化手段，被有意识地用来为革命推波助澜，而它在俄国革命之前还是不为人知的。"俄国的"清洗，本来就是模仿那个决定了法国大革命进程的事件，并以此来为自己正名的。缺少了执政党的自我清洗，革命就不完整"。俄国的"清洗主要是意识形态分歧所推动的。在这一方面，专政和意识形态的内在联系一开始就表露无遗。……两种清洗是不同的，然而有一点是共同的，即都受到历史的必然性概念的指导，而历史的必然性的进程取决于运动和反运动、革命和反革命，是故某种反革命'罪'必须加以查处，即便还不知道是否犯有此罪的罪犯"。

"从19世纪伊始，历史必然性就在人们的心灵中投下了魔咒，这一魔咒通过十月革命强化了它的威力。……不过这一次并不是与前人不谋而合的意外经验，而是在刻意模仿一个已逝时代和事件经验的行动过程。"

阿伦特的分析应该说是有一定道理的。以贫困为前提的革命是得反思的："无论如何，年轻的马克思无疑相信，法国大革命不能以自由立国的原因，就在于它没能解决社会问题。从这一点他得出了自由与贫困互不相容的结论。马克思对于革命事业最具爆炸性同时也确实最富创见的贡献就是，他运用政治术语将贫困大众那势不可挡的生存需要解释为一场起义，一场不是以面包和财富之名，而是以自由之名发动的起义。马克思从法国大革命中学到的是，贫困是第一位的政治力量。他的理论中的意识形态因素，他对'科学'社会主义、历史必然性、上层建筑和'唯物主义'的信念等等，相比之下都是次要和派生的。这些东西都是他和整个现代所共有的，今天我们不仅在形形色色的社会主义和共产主义中，而且在整个社会科学的体系中都找得到它们。"阿伦特在尊重马克思理论的基础上，指出了其革命理论的不足之处："然而也正是马克思，在《共产党宣言》之后的几乎所有的著作中，运用经济术语来重新定义他年轻时赤诚的革命激情。其他人相信某种必然性是人的条件所固有的，马克思是从这里看到了人为的暴力以及人对人的压迫，但他后来又在每种暴力、罪行和侵犯的背后，看到了潜伏着的、历史必然性的铁的规律。"我个人以为，阿伦特所说的"又在每种暴力、罪行和侵犯的背后，看到了潜伏着的、历史必然性的铁的规律"，也就是我们革命者后来所奉行的"暴力是历史的必然性"的革命伦理，也即恩格斯所说的"恶是历史的杠杆"之革命原理。

因此，阿伦特如是说："1871年，即便已到垂暮之年，马克思仍然以革命般的热情欢迎巴黎公社，尽管它的爆发与他的一切理论、一切预言相抵触。……暴力和必然性之间的现存关系一旦成立，马克思就没有任何理由不根据必然性来思考暴力。"这一理论在以后各国的无产阶级革命中被无限放大了。但是，请千万不要忘记！列宁在取得革命胜利后，却有过一段对这一理论的彷徨与修正。这就是阿伦特所指出的，列宁给"十月革命"下的一个"古怪的公式"："电气化加苏维埃"。"这个答案之所以引人注目，首先是因为它所忽略的东西：一方面是党的作用，另一方面是社会主义建设。取而代之交给我们的，是一种完全非马克思主义的政治与经济的分离，一种作为俄国社会问题解决方案的电气化，与一种作为俄国新政治体和革命期间从一切党派中脱颖而出的苏维埃制度之间的分野。对于一位马克思主义者来说，也许更令人吃惊的是指出贫困问题不是通过社会化和社会主义来解决，而是通过技术手段来解决的。相对于社会化而言，技术在政治上当然是中立的，既不囿于也不排斥任何特定的政府形式。换言之，摆脱贫困的魔咒要通过电气化，但自由的兴起要通过一种新的政府形式：苏维埃。列宁身为一名政治家的天才压倒了他的马克思主义素养和意识形态信念。"也就是说，列宁的这一"古怪的"决策首先强调了用技术手段来提升社会主义建设，以此来巩固革命的成果和政权，而不是将"暴力和必然性"延续至革命取得政权之后，也就是淡化甚至取消"以阶级斗争为纲"的"继续革命"。可惜列宁这样的设计最终被斯大林残酷的阶级斗争所终止。

反观中国在 20 世纪 50 年代所憧憬的"共产主义理想"——"楼上楼下，电灯电话"的幸福生活，大概就是列宁这一理论的延展,可惜的是,盲目的"大跃进运动"造成了灾难性的后果。而到了80年代初,邓小平正是采取了列宁的这种经济政治模式,比较顺应了历史律动的实践性规律,才在社会历史发展的过程中选择了进步的路径。但是,俄国革命并没有按照列宁这一"古怪的公式"运行下去,而是又折回了"暴力和必然性"的原点。

阿伦特总结法国大革命经验时说:"大革命貌似一场内核大爆炸,这是一个未受腐蚀也不可腐蚀的内核,但它的外壳已经腐烂并散发出腐臭气味。正是在这种语境中,将革命专制的暴力比作伴随着旧有机体的死亡、新有机体即将诞生这一过程的阵痛,这一通行的隐喻一时令人膺服。然而这还不是法国大革命使用的隐喻呢。他们钟爱的隐喻是,大革命提供了一个机会,撕下了法国社会脸上伪善的面具,暴露它的腐朽性,最终,撕破腐败堕落的外衣,露出下面人民的纯朴、诚实的面庞。"无疑,法国大革命对于推翻那个腐朽的王朝是有历史的进步意义的,亦如革命领袖用"阵痛"来形象地隐喻着一个新的生命到来时的喜悦那样,但是,由于革命后的立国立法形式没有被充分地重视,所以才出现了无休止的"继续革命",把政权的运转带入了阶级斗争暴力的延续之中,将这个"阵痛"作为没有休止符的革命乐章,无疑带来的是人性的沦丧和人民的痛苦。"对于两个通常用于描述和解释革命的隐喻来说十分奇怪的是,有机体的比喻既为历史学家也为革命理论家所青睐(其实马克思十分喜欢"革命的阵痛"),而法国大革命的演出者则偏爱从剧场语言中刻画自己的形象。"

"从蒙昧时代起人类的生活就为贫困所苦,在西半球之外的所有国家,人类都苦于贫困而劳作不息。从来就没有一场革命一劳永逸地解决了'社会问题',将人们从匮乏的困境中解放出来。但是,一切革命都以法国大革命为榜样,在反对暴政或压迫的斗争中,动用和误用了苦难与赤贫巨大的力量,唯一例外的是1956年的匈牙利革命。尽管以往革命的全部记录都毋庸置疑地证明了:运用政治手段解决社会问题的每一次尝试都会导致恐怖,而且正是恐怖把革命送上了绝路。然而几乎无可否认的是,当一场革命在大众贫困条件下爆发时,要避免这种致命的错误几乎是不可能的。跟着法国大革命走上这条注定要失败的道路,之所以一直都充满如此可怕的诱惑力,不仅在于要从必然性中解放出来的迫切性总是优先于建立起自由,而且在于一个更重要也是更危险的事实,那就是穷人反抗富人的起义与被压迫者反抗压迫者的造反相比,具有一种截然不同而且势力更大的力量。愤怒带来的这种力量近乎不可抗拒,因为它是由生命本身的必然性所孕育和滋养的("胃的造反是最糟糕的",弗兰西斯·培根在讨论作为暴动根源的"不满"和"贫困"时如是说)。"所以,阿伦特说:"今天我们可以说,没有什么比企图通过政治手段将人类从贫困中解放更老掉牙的了,也没有什么比这更徒劳和更危险的了。"其直接原因就是它导致的是必然的暴力。应该反思的革命的最迫切也是最本质的问题就是,怎样免除暴力在革命中的巨大惯性。

显然,阿伦特的立国思想的终极目标就是建构自由和民主的社会制度，她在本书的第四章中就明确指出："在交互契约中，权力通过承诺的手段而建构，这种交互契约（主要）包含两条原则。一是共和原则，根据这一原则，权力属于人民，在这里，'互为从属'使统治变得荒谬：'如果人民是统治者，那么谁将是被统治者？'另一个是联邦原则，即'叠增之国'原则（如哈林顿称他的乌托邦为大洋国），根据这一原则，构建起来的政治实体可以联合成一个长期同盟而不至于丧失自身认同。"说到底，阿伦特所描述的自由王国就是美国革命的产物。从表面上来看，它似乎漠视了人类的苦难，但却从根本上保证了每一个公民的权利与自由，从而也避免了更大规模的人类屠杀和暴力倾向："这些真理就像杰弗逊在《独立宣言》的初稿中写的那样，是'神圣不可否认的'。杰弗逊提升到'更高法律'地位，赋予新的国内法和旧的道德规范效力的，并不是合理理性，而是一种神启理性，是'理性的光芒'，那个年代喜欢这样称呼它。它的真理启蒙了人的良知。"也就是说，当这些权利和义务一旦成为每一个公民的自觉意识后，国家与人民才能融为一体，公民才真正成为国家的主人，国家才能更有效地为每一个公民服务。

总之，"美国立国者可以将哪些成功归入自己囊中？大的衡量标准就在于这个简单的事实：他们的革命在别人失败的地方大获成功，也就是说，他们建立了一个稳定得可以经受后世考验的新政治体"。在充分肯定美国革命的同时，阿伦特将两种革命进行了实质性的对比，中肯地指出了两种革命的弊端所在："我们必须承认，法国大革命的传统并不比美国政治思想史自由的、民主的以及直言不讳的反革命趋势保存得好多少。而法国大革命的传统，是唯一有影响的革命传统。我们之前已经提到这些原则，沿用18世纪的政治语言，我们称之为公共自由、公共幸福、公共精神。在美国革命精神被遗忘之后，它们就剩下公民自由、大多数人的个人福利以及统治一个平等主义的民主社会的最大力量即公共意见，这就是民主社会。这种转型恰好与社会对公共领域的侵犯遥相呼应，就好像本来的政治原则被置换为社会价值。但是这种转型在那些受法国大革命影响的国家中是不可能的。在法国大革命的学校里，革命家学到的是，早期鼓动人心的原则，已经被需求这一赤裸裸的力量所压倒。……他们永远被'社会问题'的巨大的紧迫性，即被贫苦大众的幽灵所纠缠，而每一次革命都一定会将这个幽灵解放出来，于是他们一成不变地，也许是不可避免地抓住了一根稻草，那就是法国大革命最暴力的事件，希望能借暴力征服贫困。诚然，这是一种绝望的祈求。因为，他们若是承认，从法国大革命中汲取的最大教训，即 la terreur（恐怖）作为达成 le bonheur（幸福）的一种手段，将革命带入了死胡同；那他们也将不得不承认，在大众满载苦难的地方，不可能革命，也不可能建立一个新的政治体。"

"对于意料之外的事情，马克思纯粹是一位目击者。在那一瞬间他理解了，1871年巴黎公社的Kommunalverfassung，因为据说成了'最小乡村的政治形式'，便就成为'为劳动的经济解放而最终发现的政治形式'。但是，他不久就明白了，这一形式在多大程度上与一切'无产阶级专政'观念是矛盾的。这一专政依靠一个政党，它们对权力和暴力的垄断，是模仿民族国家高度中央集权的政府。马克思得出结论：公社委员会毕竟只是革命的临时性组织。经过一代人，我们在列宁身上找到几乎一模一样的态度。列宁一生中在1905年和1917年两次处于事件本身的直接冲击之下，也就是说，他从一种革命意识形态的影响中被暂时解放出来。因此，在1905年，列宁可以由衷地赞扬'人们的革命创造力'，他们在革命中自发地开始建立一种全新权力结构，就如同十二年后，他能够以'一切权力归苏维埃'的口号发动和赢得十月革命一样……当共产主义者在1919年决定'唯有拥立一个苏维埃主义者已经成为共产主义多数的苏维埃共和国'时，他们实际上是像普通的党派那样行事。他们对人，甚至对最激进、最不守旧的自己人，对没见过的事物，对没思考过的思想，对没尝试过的制度怀有多大的恐惧啊。"其实，阿伦特的这段话触动到的是取得革命政权后的最本质的问题所在。

其实，在欧美学界，"人民"与"大众"的概念是完全不同的，前者是民主的象喻，后者却是"乌合之众"的代名词。所以，阿伦特说："从理论上说，其中最重要、最有害的是将'人民'与大众混为一谈。对于生活在大众社会之中饱受其刺激的每一个人来说，它听起来是非常合理的。对我们所有的人来说都是如此。不过除此之外，我所援引的作家还生活在这样的一个国家之中，在那里，党派堕落为大众运动已经很久了，这种大众运动在议会之外运作，已经侵入家庭生活、教育、文化和经济问题这一私人领域。在这些情况下，将'人民'与大众混为一谈的合理性就变得不言而喻了。"